◇21世纪高职高专规划教材·旅游酒店类系列

旅游公共关系原理与实务

（修订本）

主　编　梁冬梅
副主编　贾红文

清华大学出版社
北京交通大学出版社
·北京·

内 容 简 介

旅游公共关系是一门新兴学科。本书重视理论与实践相结合的实用价值,力求结构合理,可操作性强。特别是结合了我国近两年的新政策、新形势,引用了最新的例证,弥补了原有教材实例的滞后性。

本书介绍了公共关系与旅游公共关系原理的区别与联系,同时概述了二者的定义、含义、特征及发展历史。对理论和实务问题进行了富有创新的探讨。在密切结合我国旅游业实践的基础上,对诸多理论和实务工作中的重要问题,如旅游公共关系的三要素、主要职能、工作的原则和过程、主要的专题活动、旅游公共关系危机处理、旅游公共关系礼仪、CIS 在旅游业中的应用等进行了深入探讨。本书在各章还配有丰富的图表、阅读材料、阅读材料的启示、案例分析、案例思考、课堂练习、情景模拟训练题等,可作为大专院校或旅游从业人员培训的教材。

本书封面贴有清华大学出版社防伪标签,无标签者不得销售。
版权所有,侵权必究。侵权举报电话:010-62782989　13501256678　13801310933

图书在版编目(CIP)数据

旅游公共关系原理与实务/梁冬梅主编. —北京:清华大学出版社;北京交通大学出版社,2008.4(2019.8 重印)
(21 世纪高职高专规划教材·旅游酒店类系列)
ISBN 978-7-81123-243-1

Ⅰ.旅… Ⅱ.梁… Ⅲ.旅游业-公共关系学-高等学校:技术学校-教材　Ⅳ.F590

中国版本图书馆 CIP 数据核字(2008)第 033467 号

旅游公共关系原理与实务
LÜYOU GONGGONG GUANXI YUANLI YU SHIWU

责任编辑:吴嫦娥　　特邀编辑:石晓飞					
出版发行:清华大学出版社　邮编:100084　电话:010-62776969					
北京交通大学出版社　邮编:100044　电话:010-51686414					
印　刷 者:北京时代华都印刷有限公司					
经　　　销:全国新华书店					
开　　　本:185×260　印张:14　字数:353 千字					
版　　　次:2019 年 8 月第 1 版第 1 次修订　2019 年 8 月第 10 次印刷					
书　　　号:ISBN 978-7-81123-243-1/F·315					
印　　　数:17 501~18 500 册　定价:35.00 元					

本书如有质量问题,请向北京交通大学出版社质监组反映。对您的意见和批评,我们表示欢迎和感谢。
投诉电话:010-51686043,51686008;传真:010-62225406;E-mail:press@bjtu.edu.cn。

出版说明

高职高专教育是我国高等教育的重要组成部分，它的根本任务是培养生产、建设、管理和服务第一线需要的德、智、体、美全面发展的高等技术应用型专门人才，所培养的学生在掌握必要的基础理论和专业知识的基础上，应重点掌握从事本专业领域实际工作的基本知识和职业技能，因而与其对应的教材也必须有自己的体系和特色。

为了适应我国高职高专教育发展及其对教学改革和教材建设的需要，在教育部的指导下，我们在全国范围内组织并成立了"21世纪高职高专教育教材研究与编审委员会"（以下简称"教材研究与编审委员会"）。"教材研究与编审委员会"的成员单位皆为教学改革成效较大、办学特色鲜明、办学实力强的高等专科学校、高等职业学校、成人高等学校及高等院校主办的二级职业技术学院，其中一些学校是国家重点建设的示范性职业技术学院。

为了保证规划教材的出版质量，"教材研究与编审委员会"在全国范围内选聘"21世纪高职高专规划教材编审委员会"（以下简称"教材编审委员会"）成员和征集教材，并要求"教材编审委员会"成员和规划教材的编著者必须是从事高职高专教学第一线的优秀教师或生产第一线的专家。"教材编审委员会"组织各专业的专家、教授对所征集的教材进行评选，对所列选教材进行审定。

目前，"教材研究与编审委员会"计划用2～3年的时间出版各类高职高专教材200种，范围覆盖计算机应用、电子电气、财会与管理、商务英语等专业的主要课程。此次规划教材全部按教育部制定的"高职高专教育基础课程教学基本要求"编写，其中部分教材是教育部《新世纪高职高专教育人才培养模式和教学内容体系改革与建设项目计划》的研究成果。此次规划教材按照突出应用性、实践性和针对性的原则编写并重组系列课程教材结构，力求反映高职高专课程和教学内容体系改革方向；反映当前教学的新内容，突出基础理论知识的应用和实践技能的培养；适应"实践的要求和岗位的需要"，不依照"学科"体系，即贴近岗位，淡化学科；在兼顾理论和实践内容的同时，避免"全"而"深"的面面俱到，基础理论以应用为目的，以必要、够用为度；尽量体现新知识、新技术、新工艺、新方法，以利于学生综合素质的形成和科学思维方式与创新能力的培养。

此外，为了使规划教材更具广泛性、科学性、先进性和代表性，我们希望全国从事高职高专教育的院校能够积极加入到"教材研究与编审委员会"中来，推荐"教材编审委员会"成员和有特色的、有创新的教材。同时，希望将教学实践中的意见与建议，及时反馈给我们，以便对已出版的教材不断修订、完善，不断提高教材质量，完善教材体系，为社会奉献更多更新的与高职高专教育配套的高质量教材。

此次所有规划教材由全国重点大学出版社——清华大学出版社与北京交通大学出版社联合出版，适合于各类高等专科学校、高等职业学校、成人高等学校及高等院校主办的二级职业技术学院使用。

21世纪高职高专教育教材研究与编审委员会
2008年3月

前 言

近年来,旅游业的发展突飞猛进,各国、各地区都把其列为发展经济的"朝阳产业"。为了在激烈的市场竞争中立于不败之地,旅游产业各部门纷纷找方法、寻策略,正可谓:"八仙过海,各显其能"。其中,公共关系学科的作用便是首当其冲的。

公共关系集社会学、经济学、管理学、传播学、营销学等多种学科于一身,是一门应用层面广、应用价值大的新兴学科。任何社会组织都存在于它的种种内外关系之中。公共关系是帮助组织塑造形象、联络公众、协调关系并促进各项事业成功的一种管理工作,是一门生存与发展的艺术。公共关系不仅能够帮助社会组织树立良好的公众形象、赢得公众的了解和支持、增进组织的活力与效应,还具有优化各行业人员的素质,培育良好的组织竞争风气,推进社会精神文明建设等作用。因此,公共关系学科和旅游产业发展的有效结合,便兴起了一门崭新的学科——旅游公共关系学。旅游业在该理论的指导下,不断完善经营管理,提高了自身的竞争能力。而公共关系理论也在旅游业中得到了运用、发展和深化。

《旅游公共关系原理与实务》这本书正是立足中国旅游发展进程中所必须面对的公共关系问题,结合学科的特殊性,广泛吸收和借鉴国内外有关公共关系研究方面的著作,以公共关系研究的基本原理为理论框架,针对旅游行业自身的特点来研究旅游公共关系的实际问题,旨在对旅游行业导入公共关系原理时起到指导作用。

参加本书编撰的人员都是各高校多年从事旅游公共关系教学的一线教师,他们既有深厚的教学理论知识,又有丰富的教学实践经验。全书共分9章,编写分工为:第1、2、9章由梁冬梅撰稿;第3、7章由贾红文撰稿;第4、5章由戴金枝撰稿;第6、8章由郝凌霞撰稿,全书由梁冬梅统稿。鉴于旅游公共关系是一门正在发展的新兴学科及编者阅历和水平所限,书中缺陷在所难免,敬请广大读者斧正。

为方便教学,本书配有教学课件,可从北京交通大学出版社网站(http://press.bjtu.edu.cn)下载,或发邮件至 cbswce@jg.bjtu.edu.cn 下载。

编 者
2008年3月

目 录

第1章 绪论 ………………………………… 1
 1.1 公共关系概述 …………………………… 1
 1.2 旅游公共关系概述 ……………………… 8
 1.3 公共关系与旅游业 ……………………… 15
 ◇ 本章小结 ………………………………… 17
 ◇ 案例分析 ………………………………… 18
 ◇ 课堂练习与思考 ………………………… 19
 ◇ 情景模拟训练题 ………………………… 19

第2章 旅游公共关系的要素 ……………… 20
 2.1 旅游公共关系主体——旅游组织 ……… 20
 2.2 旅游公共关系的客体——公众 ………… 37
 2.3 旅游公共关系的手段——传播 ………… 51
 ◇ 本章小结 ………………………………… 61
 ◇ 案例分析 ………………………………… 61
 ◇ 课堂练习与思考 ………………………… 63
 ◇ 情景模拟训练题 ………………………… 63

第3章 旅游公共关系的主要职能 ………… 64
 3.1 实施双向信息交流 ……………………… 64
 3.2 塑造良好的旅游组织形象 ……………… 69
 3.3 提供公正的咨询建议 …………………… 74
 3.4 进行全方位的协调沟通 ………………… 77
 3.5 坚持长期的教育引导 …………………… 80
 ◇ 本章小结 ………………………………… 85
 ◇ 案例分析 ………………………………… 85
 ◇ 课堂练习与思考 ………………………… 87
 ◇ 情景模拟训练题 ………………………… 87

第4章 旅游公共关系工作的原则和过程 … 88
 4.1 旅游公共关系工作的原则 ……………… 88
 4.2 公共关系工作过程 ……………………… 93

 ◇ 本章小结 ………………………………… 113
 ◇ 案例分析 ………………………………… 113
 ◇ 课堂练习与思考 ………………………… 114
 ◇ 情景模拟训练题 ………………………… 115

第5章 旅游公共关系专题活动 …………… 116
 5.1 新闻发布会 ……………………………… 116
 5.2 社会赞助 ………………………………… 120
 5.3 展览会 …………………………………… 123
 5.4 庆典活动 ………………………………… 128
 ◇ 本章小结 ………………………………… 131
 ◇ 案例分析 ………………………………… 131
 ◇ 课堂练习与思考 ………………………… 132
 ◇ 情景模拟训练题 ………………………… 133

第6章 旅游公共关系危机处理 …………… 134
 6.1 旅游投诉的受理和处理 ………………… 134
 6.2 旅游公共关系的危机意识 ……………… 139
 6.3 旅游公共关系危机的防范 ……………… 145
 6.4 旅游公共关系的危机处理程序和策略 … 149
 ◇ 本章小结 ………………………………… 156
 ◇ 案例分析 ………………………………… 157
 ◇ 课堂练习与思考 ………………………… 158
 ◇ 情景模拟训练题 ………………………… 158

第7章 旅游公共关系礼仪 ………………… 159
 7.1 旅游公共关系礼仪的一般性原则 ……… 159
 7.2 旅游公共关系活动的基本礼节 ………… 163
 ◇ 本章小结 ………………………………… 179
 ◇ 案例分析 ………………………………… 179
 ◇ 课堂练习与思考 ………………………… 180

◇ 情景模拟训练题 …………………… 181
第8章 CIS在旅游业中的应用 ……… 182
  8.1 CIS简介 …………………………… 182
  8.2 旅游公共关系与CIS ……………… 186
  8.3 旅游组织导入CIS的时机和
      程序 ……………………………… 192
  ◇ 本章小结 …………………………… 201
  ◇ 案例分析 …………………………… 201

◇ 课堂练习与思考 …………………… 202
◇ 情景模拟训练题 …………………… 203
第9章 综合案例分析 ………………… 204
  9.1 长城饭店 ………………………… 204
  9.2 蓝岛饭店 ………………………… 209
  ◇ 课堂练习与思考 …………………… 214
  ◇ 情景模拟训练题 …………………… 215
参考文献 ……………………………… 216

第1章

绪　　论

学习目标：
1. 了解旅游公共关系的概念、含义；
2. 认识旅游公共关系的发展历程；
3. 掌握旅游公共关系的特征；
4. 掌握旅游公共关系与公共关系之间的联系。

　　作为一种现代化的经营管理艺术，公共关系所取得的卓越成就有目共睹，日益受到国际社会的广泛重视和应用。现代组织经营者都深知，必须依靠全体成员的精诚协作，充分发挥公共关系信息交流、形象策划、传播沟通、内外协调等功能，本着"内求团结，外求发展"的宗旨，对外引导公众舆论，对内营造"全员公共关系"的和谐环境，全面提升组织的凝聚力与综合形象竞争力，方能在激烈的市场竞争中立于不败之地。为实现这一目标，社会组织就需要有计划地组织和实施一系列的公共关系活动。

　　近年来，我国旅游业发展突飞猛进，到2006年旅游创汇已达8 850亿元，2007年10月份达9 766亿元，同比增长6%。这些成就的取得与公共关系在旅游业中的运用是分不开的。在我国，80%以上的饭店、旅行社都设有公共关系部，由此形成了具有行业特征的旅游公共关系。本章将对公共关系和旅游公共关系最基本的原理及其特征、发展历程及二者之间的关系进行概述。

1.1　公共关系概述

1.1.1　公共关系的相关概念

1. 公共关系定义

　　公共关系简称公关，源于英文 Public Relations。Public 既可翻译为"公共的"，又可翻译为"公众"，所以有的书中使用"公众关系"。然而，目前"公共关系"的译法因已成为约定俗成而被人们所接受。

　　关于公共关系的定义，目前还未形成一个较为公认的统一的认识。尽管各种表述各不相同，但这不是公共关系本身的问题。因为不同的研究者从不同的角度来观察研究同一个事物，当然就有不同的感受和理解，由此产生的定义的表述形式也就不同了。下面是对公共关系的发展产生过重要影响的代表性几种定义。

1）管理职能论

国际公共关系协会认为，公共关系是一种管理职能，属于一种经常性与计划性的工作，不论公私机构或组织，均通过它来保持与其相关公众的了解、同情和支持，并借助对舆论的估价，使本组织的政策与措施尽量与之配合，再运用有计划的大量资料，争取建设性的合作，而获得共同的利益。

2）传播沟通论

美国学者弗兰克·杰夫金斯认为，公共关系是为了达到与相互理解有关的特定目标而进行的由各种有计划的沟通联络所组成的，这种沟通联络与组织及公众之间，既是向内的也是向外的。

3）社会关系论

英国公共关系协会认为，公共关系是一种积极的、有计划的、持久的努力，以建立和维护一个组织与公众之间的相互了解。

4）现象描述论

美国公共关系协会征询了2 000多名公共关系专家的意见，从中选择了四则定义，其中的一则是：公共关系是组织管理机构经过自我检讨与改进后，将其态度公之于社会，借以获得顾客、员工及社会的好感和了解的经常不断的工作。

本教材综合上述几种定义表述认为，公共关系是社会组织运用各种信息传播手段，在其内部和外部形成双向的信息流通网络，从而不断地改善管理与经营，以赢得公众的信任与支持，取得自身效益与社会整体效益完美统一的政策和行动。

2. 公共关系的含义

1）从静态的角度看

静态的公共关系是指客观存在的公共关系现象、状态。它并不以社会组织及其成员的意志为转移，也不管人们是否承认、喜欢，它总是客观存在的，是任何社会组织都无法回避的。静态公共关系是一种公共关系的自然状态，即一个组织在社会活动中自然而然形成的组织形象，也就是这个组织在内外公众心目中的现实形象。

静态的公共关系的优劣主要取决于社会组织素质的好坏和组织是否具有公共关系意识。组织的素质好，公共关系意识强，就可以形成良好的公共关系状态；反之，则形成不良的公共关系状态。

2）从动态的角度看

动态的公共关系是指社会组织为了建立和改善公共关系状态，使一般公共关系状态变为良好公共关系状态而进行的公共关系活动。

公共关系活动可分为日常公共关系活动和专门公共关系活动两大类。日常公共关系活动是人人都可以做到的，如谦虚有礼、诚实待人、尊重公众等。一个社会组织的日常公共关系活动是依靠组织的全体成员去进行的，它是组织生存和发展的基础。专门公共关系活动是指有计划、有系统、有组织地运用有关技术和手段，为达到一定的公共关系目标而进行的专门性活动，如举办新闻发布会、记者招待会、产品展览会及进行赞助活动等。

在静态和动态的两种公共关系中，动态的公共关系一般总是占主导地位，社会组织总是致力于谋求良好的公共关系状态；静态的公共关系是相对的"静"，组织一旦对其公共关系状态有了认识，公共关系的自然状态就结束了，组织也从而开始了动态的公共关系。

1.1.2 公共关系的基本特征

1. 公共关系是一种群体间的社会关系

公共关系是社会组织与其内外公众的关系，它不是私人之间的交往，而是一种群体间的社会关系。公共关系人员在开展工作时，必须以组织和公众的共同利益为出发点，而不能用个人利益去干扰甚至损害公众利益。但是社会关系与个人关系紧密相连，一定的社会关系必然表现为一定的人际关系，而人际关系又受到一定社会关系的制约。也就是说，公共关系这种群体间的社会关系常常借助于个人之间的关系表现出来。公共关系人员，必须处理好个人情感与自己所从事的工作和与群体利益的关系。例如，遇到服务员与顾客发生纠纷时，酒店的公共关系人员应当通过个人的言行，协调酒店与顾客的关系，维护酒店的整体形象。

2. 公共关系是一种传播活动

传播活动是一种有效的信息交流活动。公共关系工作过程，就是通过信息交流，调节好主体与客体，即组织与公众的关系。传播是公共关系工作的主要方式和手段，也是公共关系工作的基本内容。

在信息交流过程中，公共关系人员所利用的传播方式是多种多样的。可以借助于一定的新闻媒介进行大众传播，也可以借助社会公益活动进行人际传播、群体传播，还可以通过演讲、社交礼仪等活动进行亲身传播。其目的都在于使公众更好地了解组织，扩大组织的知名度。

3. 公共关系是一种管理职能

公共关系是一项专业性很强的管理工作。它有一套系统的工作程序，有完善的调查研究计划，有双向的信息沟通渠道，同各类公众保持密切联系和良好关系，因而公共关系工作人员常被参与组织的决策活动，向决策者提供咨询服务、舆论分析报告和形势调研报告等。从这一方面上说，公共关系又是一种管理职能。

4. 公共关系是一种长期行为

社会组织要想建立可靠的信誉和良好的形象，绝不是一朝一夕之功，必须经过有计划的、长期不懈的努力，必须经过平时点滴的扎实工作。因此，公共关系工作不是一时心血来潮、权宜之计，而是一项长期的战略任务，这也是公共关系工作所必须遵循的基本方针。

1.1.3 公共关系的相关界定

旅游公共关系是公共关系在旅游业中的应用。作为分支学科，旅游公共关系的综合性、应用性更强些。由于公共关系涉及许多不同的实践范畴和学科领域，因而在实践和理论上存在着一些模糊思想或误解。对这些模糊思想和误解加以辨析，对公共关系概念做科学的界定，对于学习和研究旅游公共关系学是十分必要的。

1. 公共关系与庸俗关系

公共关系引入我国时，我国还没有摆脱"短缺经济"的困境，对公共关系产生的最常见误解就是——公共关系就是"拉关系"的学问。庸俗关系腐蚀了个别干部，败坏了民风，被公众深恶痛绝，而公共关系则是对庸俗关系彻头彻尾的否定。无论从形式上还是从本质上考察，公共关系与庸俗关系都没有丝毫相同之处，没有任何必然联系。

1) 公共关系与庸俗关系产生的社会经济背景不同

公共关系是商品经济高度发展的产物，是通过商品交换关系反映出来的社会关系。由于竞争激烈，在买方市场的条件下，组织组织的生存和发展，有赖于公众对它的了解、信赖和合作。公共关系是作为处理和协调组织与公众的关系，以便使组织适应外部环境，实现其目标市场的管理科学。而庸俗关系则是"短缺经济"的产物——由于产品和服务供不应求，某些组织或个人为得到有限的资源，做出以权谋私、徇私舞弊、走后门、拉关系等庸俗"关系学"表现。

2) 公共关系与庸俗关系的性质和目的不同

公共关系以组织为主导，以公众利益为出发点，力求高的经济效益和好的社会效益的统一。公共关系以优质产品和优质服务为基础，在公众中建立良好的组织形象，从而赢得了公众的理解、支持和合作。庸俗关系以谋取个人或小集团私利为目的，编织不正常的人际关系网，不择手段、损人利己、损公肥私，甚至贪赃枉法，为了私利，损害公众利益和社会利益。

3) 公共关系与庸俗关系的活动方式和手段不同

公共关系以事实真相为基石，利用报纸、电视等传播媒介与公众进行双向沟通、双向交流。这种传播交往活动是公开、合法、正当的，是在公众的参与和监督下进行的。公共关系的职业道德行为准则和行为规范就是社会精神文明的一种体现。庸俗关系则是用不正当的方式去谋取不正当的私利，其方式和手段主要有投机钻营、溜须拍马、送礼搭线、吃喝拉拢等低级习俗的做法。

4) 公共关系与庸俗关系造成的社会后果不同

公共关系"内求团结，外求发展"的必然结果是树立了组织良好形象，给组织带来了经济效益，也促进了社会的安定团结、文明进步，产生了良好的社会效益。庸俗关系可能会一时得利，但从长远的角度看，实则饮鸩止渴，非但组织的形象受损，身败名裂，还会成为社会的"恶性肿瘤"，滋生腐化堕落，污染社会风气。其违法乱纪的所作所为终将受到党纪国法的制裁。

2. 公共关系与人际关系

人际关系就是人与人之间的相互联系、相互需要、相互影响、相互作用的交往关系。公共关系与人际关系既有联系又有区别。

1) 公共关系与人际关系的联系

(1) 公共关系的实现离不开人际关系

组织与公众的关系，往往表现为一个人与另一个人的关系，例如，饭店公共关系部经理接待旅行团投诉代表。从内容方面说，公共关系就包括了因个人扮演了代表组织的角色而形成的人际关系。

(2) 人际关系传播的方法、手段有助于公共关系

人际关系传播的许多方法，如促膝谈心、相互走访、赠送节日礼物等有助于感情交流，消除误会，促进公众对组织的信任和支持。公共关系人员具备了较强的人际沟通能力，必然有助于组织公共关系的成功。

2) 公共关系与人际关系的区别

首先，公共关系的主体是社会组织，客体是与组织相关的公众；人际关系的主体是个人，客体则是与组织无关的大量的个人。其次，公共关系的实现需要专门的组织、专门的人员和专门的传播工具进行远距离、大范围的沟通；人际关系的实现主要依赖个人的交际技巧和能力，小范围或面对面的交流。最后，公共关系的目的是为了组织发展创造和谐的环境，使组织和公众相互了解、相互支持、真诚合作，以期达到最佳的组织利益、公众利益和社会效益；人际交往的目的是为了联络感情，建立和维持朋友关系，以期实现个人之间的某种利益。

3. 公共关系与营销

公共关系也被作为一种促销、推销手段，越来越受到工商经济组织的重视和运用。但是公共关系和营销也所区别。目前，尚有不少旅游界人士对这两者缺乏清晰的界定，表现在其工作布置中就是把公共关系工作与营销工作合为一体，以营销取代公共关系，因而在组织机构设置中，不设公共关系部。

1) 公共关系与营销的联系

营销是组织以等价交换为特征的市场交易活动。公共关系从某种角度看也是一种交换活动，但它是信息、观点和感情交流的交换。公共关系不直接推销产品，不能直接满足顾客的物质需求，但良好的公共关系实务与营销结合起来，能间接地为组织和公众双方带来利益。

2) 公共关系与营销的区别

(1) 两者的属性不同

营销属于市场营销学范畴，市场营销学是以研究经济生活为主的经济科学；公共关系是以研究组织与公众的关系为主的管理科学。

(2) 两者的目的不同

营销追求的是组织的经济效益和近期效益，公共关系追求的是组织的社会效益和经济效益的统一，而且着眼于长远利益。虽然有时公共关系追求的目的会与营销追求的目的相矛盾，但从长远、全局看，提高组织的社会效益，考虑组织的长远利益，最终有利于提高组织的经济效益。

1.1.4 公共关系的兴起和发展

1. 公共关系产生的社会历史条件

公共关系是社会经济发展到一定阶段的必然产物。

1) 公共关系兴起的社会经济条件

公共关系学作为一种上层建筑的范畴，它的产生和发展取决于商品经济的发展。17世纪，在工业革命的机器轰鸣声中，资本主义商品经济在欧洲首先冲破了封建自然经济的桎梏，使封闭的小生产逐步转变成开放的社会化大生产。正如马克思、恩格斯在《共产党宣言》中所论述的："蒸汽和机器引起了工业生产的革命，现代大工业代替了工场手工业。""不断扩大产品销路的需要，驱使资产阶级奔走于全球各地，它必须到处落户，到处创业，到处建立联系。"因此，商品成了繁杂交错的社会联系的媒介，使得凝聚在商品流通中的人与人之间的关系高度立体化、复杂化。这一切自然引起人们重视和关注各种社会关系的研究和处理，而在商品经济最为发达的美国，最早开始了这种有意识、有计划的研究与处理，以调整各种相互联系的社会活动，于是公共关系作为一种社会职业就应运而生了。这是现代公共关系兴起、发展的社会经济条件。

2）公共关系兴起的社会政治条件

公共关系产生于美国的独立战争时期。那时，贵族爱国者与资产阶级保守党之间存在着严重的分歧和斗争。为了压倒对方，对立的两派之间在斗争中都千方百计地想赢得公众的支持，因而公共关系的兴起是民主政治战胜专制政治的结果。资本主义民主政治下的政府选举，虽然在根本上不改变其阶级性质，但它十分注意同社会各界人士保持良好的关系；资产阶级为了缓和劳资矛盾，巩固自己的统治，也越来越注重了解民意，同时还努力让民众了解政府的施政纲领和各项政策，以争取民众的支持。这种社会政治状况有利于公共关系的迅速发展。

3）公共关系兴起的技术条件

公共关系的产生与发展的第三个条件是科学技术的发展。这个技术条件主要是指大众传播手段的发展和完善。在落后的农业经济社会里，生产规模狭小、交通工具和信息传递工具落后，使人们处在一种闭塞的状况之中，不可能有广泛的交往。而在工业社会中，生产的社会化要求人们必须互相依赖、互相沟通，这种需要推动了传播手段的发展，而传播手段的发展反过来又使人们大规模的交往成为可能。这就为人们建立和发展公共关系提供了重要的技术和方法。在信息时代，社会关系是种种信息的重要来源。随着新技术革命的深入发展，微观科技的广泛应用，使任何一个组织机构都能更准确、迅速地与各类公众建立关系、沟通信息，并据此在瞬息万变的社会环境中提高应变能力，这必然促进公共关系的进一步发展。

综上所述，公共关系是人类社会发展到一定阶段的必然产物，必将随着社会经济的发展而发展。

2. 公共关系的产生与发展的三个阶段

1）古代公共关系的渊源

在古代，人们已经重视相互间的关系协调，并注意对舆论的作用。

古希腊时代，政治家就认为一个人的语言能力是参与政治过程的基本条件之一。亚里士多德在其经典著作《修辞学》中，就详细阐述了语言的艺术，即如何运用语言来影响听众的思想和行为的艺术。这本书在西方公共关系学界堪称是最早问世的公共关系学的理论书籍。

古罗马独裁者——儒略·恺撒，也是一位精通沟通艺术的大师。当时面对即将来临的战争，他印发大量的传单来进行宣传和鼓动，以争取民众的支持。那本记载着其赫赫战功的《高卢战线》，帮助他登上了独裁者的宝座。这本书后来被公共关系界称为"第一流的公共关系著作"。

我国是一个有着历史悠久的文明古国，公共关系活动在古代政治、经济生活中的例子不胜枚举，又以春秋战国时期尤为鼎盛。不同利益集团并存及复杂的战争环境，出现了一批不同凡响的谋士食客，他们周游列国，用如簧之舌演出了无数精彩激烈、具有极高公共关系艺术的历史剧。"与朋友交，言而有信"；"人而无信，不知其可也"；"天时不如地利，地利不如人和"，这些公共关系思想在现今尤为宝贵。战国时期苏秦游说六国，合纵抗秦，张仪也游说六国，以拆敌合纵关系，与秦连横，使秦得以并吞六国，一统天下，这两位纵横家可以说是我国公共关系的"鼻祖"。

无论在中国古代，还是在外国的历史上，都可以找到大量类似现代公共关系的思想和行

2) 近代公共关系的发端

现代概念的公共关系发端于美国的独立战争期间。当时美国南北双方的政治集团都把争取公众作为争夺的焦点，使公共关系一开始就成为美国各派政治斗争的工具。随着民主政体的建立和健全，公众舆论在政治生活中变得举足轻重，成为对统治者权威最有效的牵制力。同时，统治者也利用公众舆论塑造自己的"形象"，开始进行公共关系活动。

最初的公共关系的工作是极力宣传，因此，现代公共关系的起源与19世纪中叶美国的一系列宣传活动有关。19世纪30年代，首先由美国的《纽约太阳报》带头，掀起了所谓"便士报运动"（即一便士买一份报纸）。此后，以普通劳动人民为读者对象的通俗化的报纸，就如雨后春笋般诞生了。报纸的日渐大众化，成了现代公共关系的先导。

3) 现代公共关系的蓬勃发展

19世纪下半叶，商品经济的迅速发展，导致美国经济从自由竞争走向垄断，经济巨头控制了美国的经济命脉。为了巩固这种垄断地位，经济巨头对内根本无视员工的利益，对外以损害公众利益作为赚钱的重要手段，奉行所谓"只有我能发财，让公众利益见鬼去吧"的经营哲学，引起了社会公众舆论的强烈不满和抨击，2 000多篇揭露实业界、传播界丑闻的文章，形成了近代美国史上著名的"扒粪运动"。

"扒粪运动"的冲击，使许多工商组织领导人意识到取悦公众，与公众建立良好关系的重要性。许多组织开始聘请专家专门从事改变与新闻媒介关系的工作，并且邀请社会各界人士特别是新闻界人士参观组织。这样，一种代表组织利益，沟通组织与公众之间"对话"并从中获取劳务费用的新职业应运而生了。这一崭新职业的第一个开创者就是被誉为现代公共关系之父的艾维·李。

艾维·李1877年7月生于美国的佐治亚州，早年曾在纽约当过报社记者和编辑。1903年开始在一些组织中担任新闻代理人，1905年他向新闻界发表了著名的"原则宣言"，主张一个组织要获取良好的声誉和发展，就必须把真情告诉公众，并保持组织与雇员之间经常性的沟通，后来他成为美国著名的洛克菲勒财团的公共关系高级顾问。他提出的"说真话"成为现代公共关系的基本原则。尽管艾维·李的工作获得了巨大的成功，但是由于他只是凭经验、凭直觉工作，因而缺乏科学性。

在美国历史上，推动公共关系工作科学化的是著名的爱德华·伯内斯。

爱德华·伯内斯1891年生于维也纳，是著名的心理学家弗洛伊德的外甥，他的思想深受舅舅的影响，于1923年完成了一部经典著作《舆论之凝结》，这是世界上第一部公共关系学专著。1928年爱德华·伯内斯又出版了《舆论》一书，1952年出版了教科书《公共关系学》，从而使公共关系的原理和方法形成一个较为完整的体系。由于爱德华·伯内斯的贡献，公共关系活动才从艺术走向了科学，公共关系才能形成一门学科并得到蓬勃发展。

美国著名的公共关系专家斯科特·卡特里普和森特在他们出版的《公共关系咨询》、《有效的公共关系》等著作中，提出了"双向对称"的公共关系模式，这成为现代公共关系科学化的重要标志。他们认为，一个组织要谋取双向沟通和对称均衡的最佳生存发展环境，一方面必须把组织的想法和信息传播给公众，另一方面是把公众的想法和信息反馈给组织。也就是说，公共关系的最终目的，就是通过双向沟通，在组织与公众之间建立一种和谐而良好的关系，以实现组织与公众之间利益平衡的最佳发展。《有效的公共关系》在美国被誉为"公共关系圣经"，使该书作者成为享有声望的公共关系理论权威。

英国著名的公共关系专家和公共关系教育家弗兰克·杰夫金斯所著的《广告学》、《市场营销学和公共关系媒介设计》、《公共关系与市场管理》、《公共关系与成功组织管理》等大量著作的思想，也丰富了公共关系学理论，促进了公共关系事业的发展。

第二世界大战后世界范围内新技术革命的深入发展，大大推动了产业革命，社会信息化及传播、通信技术的现代化，促使公共关系在世界范围内获得了突飞猛进的发展。公共关系在社会中的作用日趋重要，应用范围也越来越广泛，并且呈现出职业的独立性和专业的学科性等特征。

3. 公共关系在中国的兴起和发展

20世纪60年代公共关系开始传入我国的香港和台湾地区，整个70年代，公共关系在香港地区迅猛发展。

内地公共关系是伴随着我国改革开放政策的逐步实施而发展起来的。1980年我国实行对外开放政策，公共关系也随着特区深圳、珠海、汕头的开放而发展起来。1981年以后，广州中国大酒店、广州白天鹅宾馆及广州白云山制药厂等相继成立了公共关系部，北京及其他一些城市的一些组织也先后建立了公共关系机构，公共关系事业很快在全国推广开来。

随着公共关系事业的发展，公共关系学的研究也引起了国内学术界、新闻传播界的关注。1985年1月深圳举办了全国第一期公共关系培训班，同年8月我国第一所政府主办的公共关系学研究机构——珠海市应用传播学研究所成立。1986年1月第一个群众性公共关系团体——广东地区公共关系俱乐部成立，同年7月中国环球公共关系公司在北京成立，同年11月，上海市公共关系协会成立。1987年5月，在北京成立了中国公共关系协会。1988年5月在北京举行了首届国际公共关系专题讨论会。这一切表明，公共关系事业在我国的发展进入了一个新的阶段，并将随着我国改革的深化，得到进一步的发展。

公共关系能在我国迅速发展，首先是商品经济迅速发展的客观需要，这是历史的必然。其次，随着社会主义市场经济体制的建立，组织面向市场，成为独立的经济实体，组织所面对的消费者、供应者、经销者、集资者、协作者、竞争者、新闻媒介、政府部门、各种社会团体及本组织的职工等，形成了组织的社会公众和内部公众，组织的正常运转，有赖于组织与公众的沟通和协调。因此，公共关系作为一种现代交往方式和观念，必将越来越迅速地得到发展。

1.2　旅游公共关系概述

作为现代社会，客观存在的公共关系只有几十年历史，而我国旅游公共关系活动还不足20年，在我国旅游界蓬勃开展的公共关系已受到旅游业内外社会各界的普遍重视，作为一门学科的旅游公共关系学便应运而生了。恩格斯说："社会一旦有技术上的需要，则这种需要就会比十所大学更能把科学推向前进。"因此，旅游公共关系学在社会主义市场经济的实践中获得更深入的发展。

旅游公共关系学作为普通公共关系学的一门分支学科，其基本概念和原理应该完全符合普通公共关系学的基本概念和原理。但旅游公共关系学是研究旅游经济活动中的具体公共关系，因此也有一些独特的理论内容。

1.2.1 旅游公共关系的概念

1. 旅游公共关系定义

旅游公共关系主要研究旅游经济活动中的公共关系，简称旅游公共关系。具体地说，就是旅游组织运用各种信息传播手段，在其内部和外部形成双向的信息流通网络，从而不断地改善管理与经营，赢得公众的信任与支持，取得自身效益与社会整体效益完美统一的政策和行动。

2. 旅游公共关系定义分析

旅游公共关系包含了几层含义：第一，它是旅游组织客观的"公共关系状态"；第二，是旅游组织从事的一种具有管理职能性质的"公共关系活动"；第三，是一种构成旅游组织经营管理中的价值观念、行为准则和道德规范，即"公共关系观念"。旅游公共关系的三层含义紧密联系，即公共关系观念影响和指导着旅游组织的决策或组织中的个人行为选择取向，从而反作用于人们的公共关系活动，并间接影响着实际的公共关系状态。

1.2.2 旅游公共关系学研究的对象和范围

1. 旅游公共关系研究对象

旅游公共关系的研究对象是旅游经济活动中的公共关系。从公共关系学的定义来看，旅游公共关系就是研究旅游组织与其相关公众之间关系的基本规律及各种公共关系活动的方法、技巧。它包括宏观和微观两方面内容。

1) 宏观方面

宏观方面是用马克思主义基本原理作指导，考察公共关系在现代旅游经济活动中的地位和作用，研究改革开放、市场经济和高新科技对旅游公共关系的促进作用，以及后者对其的反作用。

2) 微观方面

（1）三个基本要素

旅游组织、社会公众和传播是旅游公共关系的三个基本要素。要研究旅游组织的构成、特征、组织机构设置、旅游组织与外部环境的关系、组织的工作目标和公共关系目标及其关系等；要研究公众的特征、分类、具体的公众关系，如员工关系、股东关系、消费者关系、媒介关系、社区关系、同业关系等；要研究传播原理、传播规律、传播媒介、传播技巧及其它们在旅游公共关系中的作用等。

（2）三种基本活动

旅游组织是营利性组织，是以盈利为目的，追求利润最大化，追求投资的经济回报。旅游商品具有不可储存的脆弱性，旅游组织的公众遍布世界各地等。因此，旅游组织的公共关系活动最基本的有三种：旅游公共关系礼仪活动、旅游公共关系专题活动和旅游公共关系危机应急活动。这三种活动经常相互交织进行。

2. 旅游公共关系的研究范围

同其他许多学科一样，旅游公共关系学的研究范围也由历史、理论和应用三部分组成。

1）历史

旅游公共关系学的历史研究同普通公共关系学一样，处于研究的最落后阶段，一方面原因是其历史不长；另一方面原因是由从事旅游公共关系实际工作的人员认为研究其意义不大所造成的。但了解公共关系的发生、发展的演变历史，将之举一反三，可指导旅游公共关系工作，哪些应该继承发扬，哪些应该修正改进，哪些应该批判抛弃。旅游公共关系历史的研究将越来越受到重视。

2）理论

旅游公共关系学的理论可分为基础理论和核心理论两大类。

（1）基础理论

旅游公共关系学的综合性、交叉性、边缘性，决定了其基础理论的广阔性。它涉及旅游学、经济学、社会学、心理学、广告学、传播学、新闻学、市场学、管理学、伦理学、民俗学等。旅游公共关系从业人员对这些了解、掌握得越多，在研究和实际工作中就越能得心应手。

（2）核心理论

由于边缘交叉学科的性质，旅游公共关系学的外延大，作为核心理论的内核却很小，如旅游公共关系研究对象中列举的三个基本要素及工作过程、工作方法，以及旅游公共关系的地位、作用等。内核虽小，但反映了本学科的质的规定性。

3）应用

旅游组织是以推销旅游服务产品以取得盈利为总目标的，旅游公共关系学要根据这一总目标确定公共关系目标，制订具体的公共关系计划、活动程序、组织机构、人员培训，总结具体的应用方法和技巧等。旅游公共关系学是一门应用性很强的学科，它的应用部分内容最丰富。

1.2.3 旅游公共关系的基本特征

旅游公共关系是研究旅游业中的公共关系问题，如旅游公共关系状态及旅游公共关系活动的影响、规律和方法等问题。它是公共关系的一般原理在旅游领域的特殊应用，是吸收公共关系学的基本理论并结合旅游业自身的特征而产生发展起来的公共关系学的部门应用学科，也是旅游经营管理学科体系的重要组成部分。

1. 旅游公共关系以社会公众为工作对象

公共关系是一个社会组织与其相关公众之间的相互关系，公共关系事实上就是公众关系。主体和客体是相互依存的，没有了客体——社会公众，也就不存在主体。主体的公共关系状态是不以其主观是否意识到而客观存在的，换一种说法，社会公众是从旅游组织一成立就客观存在着的。如果没有旅游者——消费者公众，旅游组织一天也支持不了；如果没有员工——主要的内部公众，旅游组织就只能是一个空架子。公共关系状态如何，直接关系到旅游组织能否生存和发展。因此，旅游公共关系活动的每一次策划和实施，都要把社会公众放在首要位置。

2. 旅游公共关系以共同利益为联系纽带

在旅游经济活动中，商品交换是基础，商品交换的原则就是相互获利。旅游公共关系的主体和客体之间的联系，也是以一定的利益关系为基础的，以共同的利益作为联系纽带，才能形成牢固的、良好的公众关系。旅游组织是营利性公共关系主体，在追求自身利益的同时，必须与其他公众平等互利，必须兼顾公众利益和社会利益，旅游组织才能获得长久稳定的发展。

3. 旅游公共关系以长远效益为战略方针

作为营利性的旅游组织，追求利润与效益是必然的、正常的。但是，旅游组织在公共关系策划和实施中，以共同利益为联系纽带，就不能急功近利，企图事事立竿见影，更不能单纯为了追求眼前利益而杀鸡取卵、竭泽而渔。公共关系的基本方针应当是"着眼于长远打算，着手于平时努力"，宜未雨绸缪，勿临渴而掘井。通过平时点滴的努力，在公众中确立总体组织形象；必要时为了长远的整体目标，要舍得牺牲眼前的局部利益。

4. 旅游公共关系以真诚老实为尊奉信条

旅游公共关系以长远效益为战略方针，也表明了其广结人缘、广结善缘的愿望。在影响公共关系的诸因素中，感情是占很重要地位的。心理学家诺尔曼·安德森列出555个描绘人的品质的词汇中，人们选择最喜欢的品质是：真诚、诚实、忠诚、信得过等8个词，而说谎和装假是人们最深恶痛绝的。真诚与诚实也应当成为一个组织的品质，它最终将取信于公众，为旅游组织塑造一个诚实的形象。而在公共关系活动和经营活动中的弄虚作假、坑蒙拐骗，最终是自欺欺人，搬起石头砸自己的脚。

5. 旅游公共关系以良好形象为奋斗目标

旅游公共关系的根本目的是在公众中树立旅游组织的良好形象，以利于最终达到销售旅游商品的经营目的。旅游组织的形象有知名度和美誉度两个指标，即该旅游组织被社会公众知晓及社会影响的程度和该组织获得社会公众赞美的程度。高知名度和高美誉度是理想的良好形象的标志。旅游公共关系组织要根据组织公共关系状态的调查，瞄准目标进行相应的公共关系策划和实施。

6. 旅游公共关系以双向传播为沟通手段

传播在旅游公共关系的主体和客体之间架起一座桥梁。一方面，通过传播主体把旅游组织的信息送达相关的公众，扩大组织的知名度，提高美誉度；另一方面，通过传播又收集了公众的反馈信息，以调整自己的行为，适应公众。

1.2.4 旅游公共关系的产生与发展

旅游公共关系的产生有其久远的历史，但它在我国作为一种全新的思想理论和独立的社会职业，诞生于20世纪70年代末80年代初期。考察旅游公共关系的产生和发展及其形成的条件，对全面、准确地把握旅游公共关系的思想与理论，开创适合我国旅游公共关系事业具有重要意义。

从真正意义上讲，旅游公共关系只有在市场经济发展到一定程度之后才会产生，但任何事情的发展都有一个从量变到质变的发展过程，旅游公共关系也不例外。

讲旅游公共关系必讲到旅游业和旅行社的先驱——托马斯·库克（1808—1892）。

1. 欧洲托马斯·库克开辟了世界旅游公共关系行业的先河

1841年5月5日，托马斯·库克先生组织了570人从莱斯特到拉夫巴勒参加禁酒大会，往返22英里，票仅为一先令。为了组织好这次活动，他首先同铁路部门进行联系和商议，取得铁路部门的支持并被给予优惠；其次，专门在报纸上刊登了广告，招徕更多的游客参加；第三，在专门旅行列车上供应茶点并有乐队伴奏，还配有导游沿途讲解。这是人类历史上第一次通过广告而组织的铁路旅行，也是库克创办旅游业的开端。

这次旅行活动和历史上历次旅行活动有很大区别，主要体现在以下几点：

第一，通过广告宣传而实现的活动；

第二，同旅游有关的部门进行联系，取得合作和支持；

第三，配备人员和导游，进行人际关系的安排和交流。

这次活动之后，库克先生便专心致志地从事旅游活动，到1845年库克开始组织长距离"Discovering Britain"的旅行项目，组织旅行者去威尔士、爱尔兰、苏格兰等地旅行。为了介绍这条路线中的风光名胜，出现了世界上第一批导游小画册，开始了有目的的现代意义上的公共关系策划和出版工作。1851年，伦敦举行博览会，库克为16万名参观者安排旅行游览。为了提高知名度和美誉度，库克做了大量的工作。由于他服务热心，成绩显著，因而获得公众的好评，出现了"要想旅游好，必把库克找"的口号，库克的知名度大大提高。

1855年，法国举行博览会，库克先生热心组织英国人前往参观并安排一路旅行和住宿，完成了首次组织出国旅行的重任。由于其价格便宜、服务周到、组织合理，因而获得游客一致称道。

在积累了20多年丰富的国内外组织旅游工作经验的基础上，一向谨慎工作的库克先生于1865年成立了以自己名字命名的大型旅行社——"通济隆旅行社"。这里强调指出：库克先生在进行旅行社选址时，颇费一些心血，他最后选定伦敦舰队大街。该大街是英国各大报刊集中的地方，是英国媒体的中心，当然也是开展公共关系工作的最理想之地。

善于进行公共关系工作，并善于和媒体打交道的库克先生，于1872年，亲自担任导游，创办了世界上第一次环球旅行，特辟了专栏，对其行程和旅行见闻逐一报道，令世人瞩目。后人著有《八十天环游世界》，记述了此次旅行。

库克是一位伟大的近代旅游业的先驱者，同时也是一位非常有成就的公共关系实践家。

阅读资料1-1

托马斯·库克

托马斯·库克是现代旅游的创始人，也是第一个组织团队旅游的人，是旅游界的伟人。

托马斯·库克，英国旅行商，出生于英格兰墨尔本。1828年成为一名传教士，后来是一位积极的禁酒工作者。库克组织了欧洲范围内的自助游，向自助旅行的游客提供旅游帮助和酒店住宿服务。

托马斯·库克被世界公认为商业性旅游的鼻祖。1845年，他创办了世界上第一家旅行社——托马斯·库克旅行社，标志着近代旅游业的诞生。

伟大的近代旅游业先驱托马斯·库克，在其事业的发展过程中，能够抓住时机，开拓进取，巧妙、出色地运用公共关系技能，是一个值得我们去学习和敬佩的人。

2. 陈光甫先生成为我国旅游公共关系行业的先驱者

在我国也有一位库克先生式的人物——陈光甫。陈先生开创旅游业的情况同库克先生类似，特别是从事公共关系的手段方面。

阅读资料 1-2

陈 光 甫

陈光甫（1881—1976），中国银行家。原名辉祖，后易名辉德，字光甫。

陈先生是江苏镇江人。1909 年毕业于美国宾夕法尼亚大学，同年回国。1911 年辛亥革命后，任江苏省银行监督。1914 年转任中国银行顾问。翌年 6 月创办上海商业储蓄银行。1927 年任国民政府财政委员会主任委员，负责为蒋介石筹募军饷。同年创办中国旅行社。1928 年出任江苏省政府委员、中央银行理事、中国银行常务董事和交通银行董事等职。1931 年与英商太古洋行合资开设宝丰保险公司。1936 年 3 月，任国民政府财政部高等顾问。1937 年，任大本营贸易委员会中将衔主任委员。抗日战争时期，历任国民参政会参政员，国立复兴贸易公司董事长，中、美、英平准基金委员会主席。1947 年任国民政府委员，并主管中央银行外汇平衡基金委员会。1948 年当选立法委员。1950 年陈光甫将上海商业储蓄银行香港分行易名为上海商业银行，在香港注册。1954 年定居台湾。1965 年上海商业储蓄银行在台北复业，任董事长。1976 年卒于台北。

陈光甫于 1923 年 8 月在上海商业储蓄银行设立了"旅游部"，并在众多同仁的支持下，于 1927 年将旅游部正式改组为"中国旅行社"，这是中国人自己建立的最早、规模最大的一家具有现代意义的旅行社。

1923—1927 年，在中国旅行社筹组阶段出现了许多类似当年库克先生组织的活动。1924 年春季，"旅游部"组织了中国历史上首次有当代意义的游览团，由上海赴杭州旅游。1925 年，"旅游部"组织了中国第一批到日本的参观团。参观团一行 20 余人在日本游览了长崎、京都、大阪、东京等地，往返为期三周，媒体作了大量报道，"旅游部"的知名度大大提高。

当"旅游部"取得重大成就，准备建立旅行社时，建设的策划者们，真是"机构未动，公共关系先行"，于 1927 年春天，创刊了我国第一本旅游专业杂志《旅游杂志》。宣传祖国大好河山，介绍各地风光名胜，刊登各种旅游广告等，为中国旅行社的建立及以后的发展做出了突出贡献。

3. 我国旅游公共关系形成、发展的背景条件

我国旅游公共关系之所以能够在 20 世纪 80 年代初期产生，这与我国五千年的文化历史所蕴涵的丰富的"公共关系"思想、政府的改革开放政策、科学技术的飞速发展和发达国家公关活动的开展对中国的影响等条件是分不开的。

1) 我国五千年的历史文化是中国旅游公共关系产生的重要思想基础

中国旅游公共关系，必然要扎根于中国，汲取中华民族传统的营养。"诚实"作为旅游公共关系的基本精神，在我国传统文化中早就有"信誉天下，然后方能约天下"，"精诚所至，金石为开"，"诚招天下客，誉从信中来"等至理名言，在当今旅游公共关系活动中，对旅游组织形象的塑造有着极其重要的作用。在传统的中国人的心理结构中，一直把"和谐"

当作最高的目标，以自然之和谐为真，以人人之和谐为善，以天下之和谐为美。党的十六大又提出了"构建和谐社会"的口号。所以，在中国现代旅游公共关系活动中，一些旅游组织非常重视且主张"和为贵"及"和气生财"的思想。

2）我国科学技术的迅猛发展为公共关系在我国旅游业领域的产生提供了技术条件

传播手段和通信技术是现代旅游公共关系产生与发展必备的物质技术条件，缺此任何一个，公共关系活动都将难以实现。20世纪80年代初我国的传播手段和通信技术已有长足的发展，火车、汽车、飞机、电报、电传、电话、广播、电视、卫星通信、互联网等多种媒体为旅游公关活动提供了必要的物质技术保证。

旅游公共关系之所以有了巨大发展，也与人们的思想观念发生的变化分不开。这也是我国旅游公共关系产生的最基本的内在因素。

3）新中国的成立，为公共关系在我国旅游业领域里发育成长提供了肥沃的土壤

抗日战争时期，为了建立广泛的抗日民主统一战线，毛泽东同志提出了后被世界公共关系专家誉为最伟大的公共关系口号，即"中国人不打中国人"。中国旅行社的员工们，在落实、执行这一伟大的公共关系口号中，做出了突出的贡献，为中国公共关系事业积累了丰富的经验。中华人民共和国成立前夕，毛泽东同志就确定了中华人民共和国成立之后，"打扫干净房子再请客"的方针。1949年12月，中国第一家华侨服务社——福建厦门华侨服务社成立。紧接着，福建的晋江、南安、莆田等县相继设立了华侨服务社。从1950年起，广东省也先后在深圳、汕头、广州等地设立了"归国华侨接待站"。之后华侨服务社如雨后春笋般地在我国各地建立起来。1957年4月22日，华侨旅行社总社成立，标志着中国旅游组织又达到了一个新阶段。

新中国成立以后，国外来宾增多，在周恩来总理的关心和批准下，1954年4月15日中国旅行社成立，从此，我国有了专门的国际旅游业的机构。

1979年，党的十一届三中全会召开以后，国家领导人邓小平提出了改革开放的英明决策。我国的经济体制发生了很大变化，由原来的计划经济转向社会主义市场经济，这一变化使得旅游组织的服务对象——公众也发生了由"卖方市场"向"买方市场"的转变。为了适应这种变化，旅游组织就需要一种良好的社会"保健"机制和活动系统——公共关系来保证。由于社会主义市场经济的发展，旅游组织需要通过各种有效手段在公众心目中树立自己的良好形象，以赢得广大公众的信任与支持，也需要通过公共关系来实现。

1995年5月1日提出建立"双休日"及1999年提出的"五一"、"十一"长假制度，使得各旅游产业部门为了争取更大的客源市场，不断加强自身的吸引力度，纷纷利用公共关系开展各种公共关系专题活动，为旅游公共关系活动的开展创造了良好的社会环境。2000年我国加入"WTO"为我国旅游业走向世界提供了良好的机遇。为在国际市场竞争中取胜，为增强旅游业组织的竞争实力，建立跨行业、跨地区的横向经济联系，就需要公共关系为其保驾护航。

进入21世纪以来，党的"十六大"、"十七大"均提出"旅游业是我国发展经济的朝阳产业，要大力发展旅游业"的口号。特别是党的"十七大"召开后，对增加民族传统节日（清明、端午、中秋节日）的假期制度，又给旅游业如何开展公共关系活动带来一个良好机遇。

因此说，新中国成立以来，党的英明领导为公共关系在旅游业领域里扎根开花创造了良好的发育成长条件。

4）国内国际安定的政治环境，为旅游公共关系事业蓬勃发展提供了良好的保障

旅游行业在我国之所以迅速发展，是因为有安定的政治环境作保障。因此，在安定的社

会环境保障下，人民生活有了显著提高，旅游行业得以迅速发展，为旅游公共关系事业提供了用武之地。

国际上，"和平、发展"为当代世界的主题，这为旅游公共关系行业的运用和开展奠定了社会基础。

1.3 公共关系与旅游业

1.3.1 公共关系是旅游业发展的前提保障

20世纪下半叶是旅游业蓬勃发展的时代，旅游业已经成为世界上最大的产业之一。它在增加外汇收入、回笼货币、提供就业机会和改善国民经济产业结构等方面对世界经济发展做出了重要贡献。旅游业的健康、稳定发展日益引起了人们的关注和研究。

1. 公共关系理论运用的场所体现在旅游产品的特殊性上

在商品社会，旅游业用来进行交换的商品不同于一般商品，它是一种"以服务形式存在的消费品"。这样一种服务商品具有以下特殊属性。

1) 无形性，即非物质性

有形的商品在其中是起"助销"作用的。

2) 生产、销售和消费的同一性

服务不同于物品，不可储存和区间运输，没有批发、零售等间接流通环节。生产、销售和消费三者同时同地产生、存在和消失。

3) 消费者临场的异质性

消费者参与服务过程，同样的服务其效果因人而异。

4) 规范化和个性化

由于劳动对象是旅游者，所以服务产品的生产既要求规范化，又要求个性化；既要规范服务，又要满足旅游者的个性情感需求。

5) 瞬间性

旅游服务商品不同于有形商品，不能分割消费，不能反复使用。消费后不留痕迹，无法退还。

6) 无所有权性

有形商品可以实现所有权的转移，而旅游服务可转移的只是利用（使用）权。

7) 不可储存性

旅游服务只能通过对生产能力和市场需求的把握来实现对需求和供给的调整。而一般有形商品还可以通过储存、转运来实现调节。

商品交换表面上看是物与物的关系，实质上反映了人与人的关系。旅游商品的特殊性意味着旅游商品交换所反映出的人与人之间的关系更复杂，也意味着旅游业是公共关系大显身手的场所。

2. 公共关系主要研究对象体现在旅游组织员工的双重性上

旅游商品的生产和销售是由员工同时同地完成的，旅游组织员工的服务活动反映了旅游组织的形象。他们是旅游组织的代表，是旅游组织公共关系主体的构成部分。这些员工生产的服务产品的质量不可能永远保持一个客观标准，影响质量的原因很大部分是员工工作的心理环境。因而，员工又是旅游组织有效管理或者说是公共关系的主要研究对象之一。

3. 公共关系主要工作内容体现在旅游者的复杂性上

大众旅游时代的特征之一就是旅游者的复杂性。旅游消费者是由不同性别、年龄、民族、宗教信仰、文化程度的人组成的。要让不同的旅游者对旅游商品产生购买欲望，旅游组织必须进行卓有成效的广告宣传，还要采用特别的促销方式，这些都是公共关系的主要工作任务。此外，还涉及大众传播媒介的利用、社区公众的共处、政府公众的指导支持等公共关系内容。

4. 公共关系传播过程体现在旅游信息网络的重要性上

旅游商品特殊性的实质是旅游服务的风险性。消减风险的一个重要措施就是强化信息沟通。国际、国内、行业内外的各种真实信息的获取，有助于旅游组织的正确决策。旅游组织有吸引力的信息传播，可以"唤醒"潜在的旅游者，可以左右各种旅游者的决策。信息的传播、沟通、交流是旅游组织经营管理成败的关键，是旅游业中具有重要意义的公共关系工作内容。

综上所述，不难看出，旅游组织的产生、存在和发展都离不开公共关系，旅游商品的生产、销售和促销不能没有公共关系。旅游组织要从全局出发，全方位地考虑树立良好的组织形象，建立健全信息网络，处理好各类公众关系。总之，旅游业是新兴的产业，公共关系是新兴的学科，两者的结合本身就是创造性的产物。旅游业中的公共关系必须立足现在、着眼未来，创造性地运用新的方式方法，走前人没有走过的道路，在科学预测发展方向上，开辟新天地，旅游组织才能在激烈竞争中生存和发展。

1.3.2 旅游业对公共关系的贡献

1. 我国的公共关系事业开始于旅游业

1）发达的香港旅游业对公共关系传入内地产生积极的影响

20世纪60年代，我国香港和台湾地区经济迅速发展，现代公共关系也开始传入这两个地区，并得到较快发展。特别是在香港，由于国外跨国公司的香港分公司从事和开展公共关系工作，所以香港的公共关系事业有很高的起点。

在号称"购物者的天堂"的旅游胜地——香港，各酒店宾馆纷纷设立公共关系机构，普遍开展公共关系活动，公共关系从业人员队伍不断扩大，其教育、培训工作常年不断。因而香港地区的公共关系实务和理论研究水平不断提高，公共关系的社会影响和实际作用也越来越大。这为公共关系传入内地提供了很好的先决条件。

2）内地的公共关系事业是在旅游饭店的兴起中发展起来的

我国当代的公共关系最初发端于东南沿海的宾馆、饭店和旅游业。党的十一届三中全会召开以后，随着对外开放窗口的打开，在深圳特区和广州，一些中外合资组织主要是饭店宾馆，率先依照国外现代组织的模式设立了公共关系机构，开办起公共关系业务。公共关系从业人员活跃于中外宾客之间，卓有成效的公共关系活动对组织自下而上的发展起到巨大的促进作用。广州中国大酒店从香港聘用受过专门教育和培训的人士担任公共关系部门经理，主持公共关系部的工作。

继深圳、广州之后，北京、上海等地的一些中外合资饭店也相继建立公共关系部。以后，公共关系就从南向北、从东向西迅速在全中国发展起来。20 世纪 80 年代中期以来，从沿海到内地，不仅大型组织，中小组织也纷纷设立自己的公共关系机构。没有专设机构的组织也增强了公共关系意识，采取切实可行的措施，开展富有特色的公共关系活动。1987 年 5 月，中国公共关系协会在北京成立，其他各大城市也相继成立了公共关系学术团体。90 年代，全国已有百余所大学开设了公共关系课程，各种公共关系著作、教材问世，我国的公共关系事业进入了一个蓬勃发展的时期。

2. 旅游业对公共关系的新贡献

21 世纪，人类进入知识经济时代，新技术革命从社会生产到社会关系，从生活方式到思想意识都对人们产生了很大的冲击。面对巨大的冲击，旅游业首当其冲。因此，旅游业中的公共关系得到了全面发展，旅游业对中国的公共关系事业做出了新的贡献。

1）饭店不但是社会公共关系的主要场所，饭店还起到公共关系先导和示范作用

现代饭店已经不只是人们吃、住、玩的场所，还是会议、展览、贸易、外交等社交活动的场所。即使是"吃"，人们也不再只是为了"结果"，而是注重于"过程"。各种各样的公众聚集在饭店，不仅能获得物质上的满足，更重要的是能获得心理上、精神上的满足。人们不仅在饭店休闲，而且还在饭店进行经营活动和社交活动。在现代饭店，公共关系的各种职能都可以在人们的活动中得到特别的体现，饭店在公共关系方面直接起到先导和示范作用。

2）旅游组织形象新策划推动了公共关系事业的发展

由于科学技术的不断进步、社会生产力的高度发展，我国已经告别"短缺经济"。在繁多的同类产品面前，社会公众已经很难从日趋一致的面目中进行选择。现代社会的发展，虽然竞争日益激烈，但也日渐有序化，一个组织或一个经营者再抱着"乘机捞一把"、"打擦边球"的侥幸心理，是注定要失败的。由于绝大部分旅游产品的可替代性强，旅游业要比其他行业更强烈地感受到新世纪的挑战。要在旅游的竞争中立于不败之地，旅游组织就要将优秀的、鲜明的组织整体形象呈现在公众面前。旅游组织形象新策划把公共关系发展引向纵深，因而也推动了我国公共关系事业的发展。

3）高科技带来的旅游公共关系技术、手段的改革促进了公共关系事业的发展

现代饭店要成为现代社会公众各种活动的场所，要满足公众的各种需求，必然要应用高科技转化的各种社会产品和各种技术、手段，这些高科技产品、技术和手段也必然推动旅游业公共关系的实务和理论的发展，最终也必然促进旅游业公共关系的发展。

本 章 小 结

公共关系活动和人类其他社会活动一样，都有一个从自发到自觉、从技巧到规律的历史发展过程。旅游业是当代产业领域增长速度最快的行业。随着旅游业成为世界第一大产业，其竞争也日益激烈。旅游业在发展中已出现许多问题，亟待引入公共关系，全方位地为旅游

业的进一步发展提供指导服务。因此，旅游公共关系兴起是学科特征和产业发展有效结合的历史必然。认识旅游公共关系的概念、追溯公共关系的源流，分析其产生的历史条件，从而能够以科学和理性的角度，系统认识现代意义的公共关系思想和公共关系活动，把握其规律，以强化对旅游公共关系现实意义和作用的充分认识，推动旅游事业的全面发展。

案 例 分 析

开展旅游公关活动的体现

我国江苏省苏州市的同里、周庄两古镇，多年来不断塑造自身形象，以打造"古典精品园林"为主导，运用多种传播方式，扩大知名度、美誉度。2007年"十一"黄金周期间经过精心策划和周密部署，使原本誉满世界的古典园林更增添了几分魅力。

同里古镇： 古镇东、镇南两个主要停车场内停满了来自京、冀、沪、浙、皖、鲁、赣等大、小车辆，仿佛是在举办一个大型车展。其中，上海集散中心一下子就开来了10多辆大巴士，场面十分壮观。

面对蜂拥而至的游客，同里景区从细节和人性化方面入手，为游客提供周到、细致的服务。

周庄： 为了能更好地开展旅游黄金周活动，打造"园林胜地"，周庄根据以往的经验和发展现状，在节前做好了充分准备。

第一，培训当地居民，如何热情有礼地接待入镇游客。

第二，古镇在十一国庆节前开辟了临时停车场，有效地缓解了旅游车辆的停车压力。

第三，各个车站设立了咨询点，为游客提供了便捷服务。

第四，在镇东停车场至古镇游览区之间，除安排观光电瓶车外，还临时调度了两辆大巴士，接送游人。

第五，在上下车处搭起了通道，避免秩序的混乱。

第六，及时增设了3个临时售票点，满足购票需求，及时疏散人群。

第七，在景点内，为残疾人、老年人开设了专用出入口，架起了"绿色通道"。

第八，在码头、车辆上下口，及时增设了安全警示标志，提醒游客注意安全，并安排专人对老年游客实行"扶一把，送上船，搀一把，带上岸"的特殊化服务。

第九，景区内各种文字规范、内容齐全的全景图、导览图和引导标志，十分便于识别，减少了游客走"冤枉路"、"回头路"的麻烦；特别是镇内外两个游客服务中心的全面启用，为游客提供了咨询、寄存行李、影视介绍等一条龙服务，深受好评。一位来自山东青岛的游客说："我来过同里多次，但这次设施、服务的变化却很大，这个景区越来越成熟了。"

第十，准备了丰富而独特的地方戏剧。

分析：

一个旅游亮点，在于从细节入手，坚持不懈，持之以恒地塑造形象，同里、周庄两古镇没有躺在"名胜"的荣耀之中，提前做好预测，及时把握事态发展，做到忙而有序，繁而不乱，从而使旅游胜地更加灿烂。这就是公共关系在旅游业中的应用。

思考：
上述案例体现了旅游公共关系的哪些特征？

课堂练习与思考

一、名词解释
　　公共关系　旅游公共关系
二、简答题
1. 中国旅游公共关系形成的背景条件。
2. 旅游业对公共关系的新贡献。

情景模拟训练题

　　假如你是某一旅行社的经理，对党的"十七大"提出的"调整假期"方案有何感想？如果你是某旅行社或酒店公共关系工作人员，怎样面对这些政策的实施？

第 2 章 旅游公共关系的要素

学习目标：
1. 了解旅游组织的定义、类型；
2. 掌握旅游组织的基本特征，工作目标及旅游组织的公共关系目标；
3. 掌握公共关系部设置的必要性及公共关系部设置的原则；
4. 掌握旅游公共关系人员的素质要求；
5. 了解公众的含义、分类；
6. 掌握旅游组织的基本目标公众及开展公共关系工作的措施；
7. 了解旅游公共关系传播的概念、特点；
8. 学会选择、运用最佳的传播方式。

2.1 旅游公共关系主体——旅游组织

2.1.1 旅游公共关系主体的概述

旅游公共关系是旅游组织为了塑造自身的形象，通过传播、沟通等手段来影响公众的一门艺术。所以旅游公共关系活动是由作为主体的旅游组织、作为客体的旅游组织的内外公众和作为中介的传播三要素构成的，是以经济活动为中心的社会活动。在这三者之中，旅游组织是公共关系的主导性操作机构，一般情况下，在公共关系活动中居主动地位；内外公众是公共关系的对象，公共关系的主客体是同时并存、相互依赖的；传播是联结主体与客体的桥梁，三者相辅相成，是不可分割的整体。

在分析旅游公共关系行为主体时，首先要分析旅游组织自身的性质、类型、特点及与客体共处的社会环境。

1. 旅游组织的构成

1）旅游组织的类型

旅游组织就是从事旅游行业的各个组织部门。旅游业就是以旅游者为对象，为其旅游活动创造便利条件并提供其所需要商品和服务的综合性产业。

根据联合国的《国际标准产业分类》，同时在对从事旅游业务的具体部门加以分析的基础上，可以将旅游业划分为三个主要的部分：即旅行社——专门为游客服务的旅游中介行业；交通客运部门——现代旅行必须依赖的旅游交通行业；以旅馆为代表的住宿业部门。在我国，人们通常将旅行社、住宿业和交通运输业称为旅游业的"三大支柱"。除此之外，还包括游览场所经营部门和各级旅游管理组织。这五大部门为旅游活动提供了基本的保证，是旅游业赖以存在和发展的支柱，也是旅游公共关系的行为主体。

（1）旅行社

自从1841年世界第一家旅行社——托马斯·库克旅行社诞生，旅游成为世界性的社会活动以来，在旅游行业结构中，旅行社一直是旅游业的龙头行业，它对旅游行业中的其他行业组织起着强烈的带动或制约作用。旅行社的主要功能就是组合和销售旅游产品，即设计和出售旅游线路。旅游者在旅游过程中的食、住、行、游、购、娱等活动，多由旅行社进行组织和安排，从而使其他有关行业的旅游组织所提供的产品和服务为旅游者所消费。

（2）饭店

饭店也称酒店、宾馆，是旅游行业中的重要组成部分，其主要功能是为餐饮、住宿、娱乐和社会交往等提供条件，既满足旅游者物质上的需求，也能满足广泛的社会公众精神上的需求。旅游者旅游活动中的大部分时间都是在饭店里度过的，饭店还成为社会各界经营活动和社交活动的主要场所之一。

（3）旅游交通

从事旅游交通业的旅游组织较多，有航空、火车、轮船、汽车等行业组织。旅游交通客运是旅行和游览的必备条件，它贯穿于旅游活动的始终，旅游者出游时，首先要借助各种交通工具；到达旅游目的地后，也需要短途运输予以配合；离开旅游目的地还需要交通工具实现其空间转移。旅游交通运输的重要功能是为旅游者的聚散和空间位移提供手段和工具。

（4）游览风景点（区）

景观是旅游者的游览对象，旅游景观包括自然景观和人文景观。旅游景观的数量、特色和知名度是发展旅游业的重要条件。随着现代人文景观的不断扩展，一些具有代表意义的工厂、农场、学校也成为此类的旅游组织。

（5）旅游业相关行业组织

旅游业还涉及许多其他相关行业，如娱乐业、康体业、商业、银行、保险、邮电等，它们在不同的领域和不同的方面向旅游者直接或间接地提供产品和服务。从广义的角度看，这些相关行业组织也是旅游组织。

（6）地方各级政府中的旅游局

地方各级政府中的旅游局本应属于旅游公共关系的政府公众。但是，旅游局在地域性的旅游资源规划和开发、旅游整体促销、旅游行业协调等旅游实际工作中发挥了巨大的公共关系作用。因此，从这个意义上说，旅游局又可作为旅游公共关系主体。

（7）旅游行业协会

旅游业主要由旅行社业、饭店业和旅游交通业三大支柱构成。每一行业生产有别于其他行业的产品。为了提高行业产品质量，促进组织组织间的相互协调和保护奉行业务组织的利益，我国成立了相应的旅游行业协会。全国性的旅游行业协会有：中国旅游协会、中国旅游饭店协会、中国旅游车船协会和中国国内旅游协会。在一些地方，也成立了地方性的旅游行业协会。

旅游行业协会是介于政府和组织组织之间的民间社会团体，对外代表本行业的利益，其公共关系主要职能是协调本行业内部组织组织之间的关系、本行业与其他行业间的关系，以及本行业与政府有关部门和相关政策之间的关系，从而为国家或地区旅游业的发展创造条件。香港的旅游行业协会在这些方面做了很出色的工作。

2）旅游组织的结构

我国旅游组织的结构一般说来包括以下三方面内容。

（1）旅游组织规模结构

在旅游业的各种行业中，都存在着一些规模不等的大、中、小型组织。大、中、小型旅游组织的并存是一种客观的必然，也是旅游业的发展所必需的。大型组织规模大、投资多、设备全、接待的旅游者数量多、档次高，可以形成规模效益；中型组织投资相对少，设施和服务可能兼顾大众化；小型组织拾遗补阙，经营更加灵活，价格可以偏低，适合于支付能力低、要求方便实惠的旅游者的需要。保持一个合理的旅游组织规模结构，不仅可以提高旅游业的经济和社会效益，而且能满足不同类型的旅游者的需求，有利于旅游业的顺利发展。由于大型组织的规模效益，在市场机制作用下，在国家旅游主管部门的倡导支持下，我国已经有国旅集团、中旅集团、青旅集团、上海锦江饭店管理集团、东方酒店集团等旅游集团。旅游集团的形成有利于发挥群体优势和综合功能，有利于提高国际竞争力，有利于促进我国旅游组织结构的调整。

但是，目前我国一些旅游组织在缺乏对社会环境监测的情况下，盲目贪大追"星"，不少旅馆认为"不是三星不是饭店"，从而扩大规模、档次。例如，南京某宾馆原有100间客房，入住率和效益都不错。但在1994年花了4 000多万美元按五星级装修，又增加500间客房。结果非但没有新增客源，原有客源也因其富丽堂皇的外表和昂贵的收费而锐减，入住率仅为30％。诸如此类的情况，不是该旅游组织没有发挥公共关系的职能，就是该组织中的公共关系机构失去作用。

（2）旅游组织经济所有制结构

随着改革开放的深入，国内旅游的发展，我国的旅游组织从经济所有制的角度看，形成了以公有制为主、多种经济成分并存的结构。主要有：全民所有制旅游组织、集体所有制旅游组织、外商独资旅游组织、中外合资、合作旅游组织、股份制旅游组织、合营旅游组织、私营旅游组织。不论何种所有制的旅游组织，在其所开展的旅游公共关系活动中，都是行为主体。

（3）旅游组织内部结构

旅游组织的规模不同、行业类型不同、所有制性质不同和经营方式不同，其内部的组织机构设置也会不同。在合资、合作、合营旅游组织中一般设董事会，董事会下设总经理，总经理下设各业务部门和职能部门，公共关系部通常是职能部门之一。规模大的旅游组织下设部门较多，分工较细，规模小的旅游组织则相反。不同行业类型、不同所有制性质的旅游组织，其内部组织结构不全雷同。但是，所有旅游组织的公共关系工作都在开展，不同的是专门设置公共关系部，还是行政归属于其他部门。是专门公共关系人员多一些，还是少一些，还是兼任，各组织内部也不尽相同。

2. 旅游组织的基本特征

作为旅游公共关系主体的旅游组织，除了各种协会等行业组织外，基本上都是自主经营、自负盈亏的服务性组织组织，即使是旅游行业协会，其公共关系工作和其他工作的重心也是围绕着经济效益这个中心的。旅游组织的基本特征，从公共关系角度看有以下4点。

1) 营利性

无论是旅行社、饭店、旅游交通，还是游览景点、商场、康体娱乐场所，绝大部分的旅游组织都是营利性组织。它们通过向旅游消费者提供食、宿、行、游、购、娱等服务，取得经济效益。旅游组织不同于政府组织、社团组织、学术组织等非营利性组织，旅游组织只有获取了利润，才可能维持其自身的支出，进而扩大经营范围，扩大再生产，在取得经济效益的同时也取得社会效益，为社会做出贡献。营利性是旅游组织区别于其他非营利性组织的主要特征。

2) 竞争性

在市场经济高度发展的当代，旅游组织必然处于市场经济的浪潮之中。市场经济的主要特征是竞争，优胜劣汰是市场发展的普遍规律，任何一家旅游组织都具有竞争的压力。旅游组织通过市场营销这一必不可少的重要工作把竞争的压力转化为动力。只有旅游产品和服务被社会公众所承认和接受，旅游组织才可能有良好的经济效益。因此，旅游组织的公共关系活动必然要与市场营销密切配合，成为市场促销的手段之一。在旅游组织中，与市场营销脱节的公共关系是没有生命力的。

3) 服务性

同是营利性组织，旅游组织又与其他营利性组织有显著区别，这就是服务性。旅游组织是以提供服务设施、出售服务劳动而盈利的，虽然也有实物形态的产品，但也要通过服务来销售。因此，旅游公共关系要在确保服务质量、形象塑造和全员公共关系方面倍加注意。

(1) 确保服务质量

旅游产品是有形和无形的统一体，但人们评价旅游产品的质量依据的是对服务过程和服务结果的满意程度。确保服务质量是确保旅游产品质量的根本所在，旅游公共关系部门要协助旅游组织管理部门，千方百计地让旅游者满意。

(2) 形象塑造

影响旅游产品质量的还有旅游组织的形象。服务质量和知名度是组织形象的无形要素，除此以外，还有组织建筑外形、内部装饰、员工制服、精神面貌、产品包装等有形要素。

(3) 全员公共关系

旅游产品具有生产和消费的同步性。就是说旅游业提供的服务与客人的消费是同步进行的，这就决定了旅游从业人员的一举一动都代表了组织，都是旅游组织形象的反映。因此，旅游组织必须对全体员工进行公共关系意识养成教育，使之能自觉遵循公共关系的原则和要求。

4) 复杂性

旅游组织为旅游者提供服务，但旅游组织不可能依靠自身的力量就可以完全做到这一点。旅游组织必须直接或间接地依靠社会上的其他组织组织，如供应商、商业、邮电业、运输业、城市基础设施保障部门等。在这相互配合、相互协调的链条上，任何一个环节出了差错，都可能导致旅游服务工作功亏一篑。另外，由于旅游需求具有可替代性，同行业的不同类型旅游组织就成了既是合作者，又是竞争者。因而，旅游组织的公共关系公众和各种公共关系活动就显示出其复杂性。

3. 旅游组织与社会环境

社会包含千千万万个形形色色的组织，旅游组织只是社会中的一个"细胞"。旅游组织所面临的社会环境一般是指国际环境、科学文化环境，以及国内政治法律环境、经济环境。

1) 社会环境的构成

（1）国际环境

国际政治经济形势、区域性战争、国际格局、国际市场变化、国际关系等，都可能影响到旅游组织，特别是涉外旅游组织。如从1997年开始的东南亚金融危机；1998年的全球性股市下跌与日元、卢布贬值；2001年震惊世界的美国"9·11"事件；2003年主要发生在亚洲的"非典"等，在全球经济一体化的当今世界，对世界旅游业产生了巨大的影响。

（2）科学文化环境

科学技术的迅猛发展大大提高了劳动生产力。一方面使人们有充裕的休闲时间；另一方面人们生活水平提高，使人们可用于旅游的支出增多；由于工作的紧张程度，人们更需要放松。这些都是直接促使人们产生旅游行为的原因。人们的思想观念、消费方式等随着社会的发展，以及道德风尚、价值取向、消费心理等的改变也形成对旅游组织产生影响的文化因素。

（3）国内政治法律环境

党和国家的方针、政策，以及政府（包括地方政府）颁布的法律、法规，对旅游组织也会产生不同程度的影响。例如，党的十一届三中全会把"发展旅游业"作为一项重要的产业政策；全国八届人大通过的"九五"计划把旅游业确定为"积极发展"的新兴产业，排在第三产业之首。有了这些方针政策，才有今天中国旅游业发展的大好形势。又如，香港、澳门的回归，使得港澳与内地之间的往来人数逐年上升，海峡两岸的统一势在必行，逐步扩大的"三通"，必将给沿海省份旅游业的发展带来新的契机。

（4）国内经济环境

一个国家生产力发展水平、宏观经济管理体制、经济发展趋势如何都会对其国内旅游组织产生根本性的影响。

2) 社会环境与旅游组织的关系

（1）旅游组织必须依赖社会环境

旅游需求决定旅游供给，这是旅游经济学的基本原理。满足社会公众及广大旅游者的需要，是旅游组织的主导目标。旅游组织只有顺应社会环境，提供适销对路的旅游产品，才能生存和发展。同样，如果旅游供给量大于需求，旅游组织投入大于产出，其生存发展也要受影响。因此说，社会环境是旅游组织赖以生存的条件。

（2）旅游组织必须适应社会环境的变化

旅游的供需是一对变化发展的矛盾。旅游需求必然随着社会环境各种因素的变化而变化，有局部性改变，也会有周期性的大改变，新的旅游需求不断涌现，旧的旅游需求也在改变形式和内容。旅游组织如果不能适应这个变化，提供新的旅游服务和产品，就不能在商品经济社会中生存，更谈不上发展了。

（3）旅游组织可以在一定条件下影响和改变社会环境

虽然旅游需求决定了旅游供给，但是旅游组织不应消极地完全受制于社会环境。旅游组织如果能科学地监测环境、掌握信息，就可以在一定程度上把握时代潮流，把具有前瞻性的新的旅游产品精心包装，随时推出。免费向公众提供消费教育、消费培训、消费咨询，从而引导新的旅游需求，促使新的旅游需求提前产生，旅游组织也获得新的活力。

2.1.2 旅游公共关系主体的工作目标

现代社会是一个由相互作用和相互依赖的若干个社会组织组成的有机整体，是一个系统。在这个社会系统里，各个子系统，即各个社会组织，有着各自明确的社会分工，旅游组织是因适应现代社会分工需要而建立起来的社会机构之一。在社会系统里，社会组织在各自的职责范围内，完成社会赋予的分工任务，这个组织才能获得其他社会组织和社会的各种支持，方可得以生存发展。社会组织所要完成的社会分工的任务就构成了社会组织的工作目标。所谓组织的生存发展，实际上就是组织目标能不能顺利实现的问题。

1. 旅游组织的工作总目标

社会组织存在方式是该组织的运行，旅游组织只有通过运行才能达到工作目标。中国旅游组织的总目标是走中国特色的社会主义旅游发展道路。

旅游组织不是存在于真空中的单一实体，而是存在于物质环境和社会文化环境之中的。从根本意义上说，旅游组织是社会环境在一定阶段里的产物，社会为旅游组织提供物质资源、人力资源和信息资源；经济文化环境对旅游组织又提出旅游产品和服务的需求；政治法律环境既保护旅游组织，又对其制约。旅游组织要想适应这种环境，制定工作总目标就必须以满足社会环境的需要和要求为基本原则，从而保证了旅游组织在社会环境中的必要性和合法性。

1) 旅游组织的工作总目标包含社会、组织及其成员三者的利益

旅游组织是社会环境的产物，旅游组织的运行是社会环境决定的，但是旅游组织也反作用于社会环境，即在适应社会环境的过程中同时改变环境，在改变社会环境的同时发展组织。事实上，只有做到了改变环境，才能真正做到满足社会需要，这是旅游组织发展的根本原因和根本动力。在旅游组织的工作总目标中，社会和组织的利益在本质上是一致的。

旅游组织的工作总目标满足环境的需要，还具体反映在制定目标必须考虑组织内部成员的需求。当组织目标和成员个人目标一致时，成员个人的工作保证了组织目标的实现。从另一个角度看，组织内部成员首先是社会环境的成员，他们同社会环境有各种直接和间接的联系，组织内部成员的需求得到了满足，增强了社会安定，也就从深层次满足了社会环境的需要。因此说，旅游组织工作总目标包含了社会、组织及其成员三者的利益。

2) 旅游组织工作总目标的构成

旅游组织工作总目标包含了社会、组织及其成员三者的利益。旅游组织工作总目标又不等同于社会环境或组织内部成员的目标。旅游组织自身还有不同于环境需求和内部成员需求的特殊需求，这些特殊需求保证组织自身的生存、运转和发展。旅游组织工作总目标包括以下几个方面。

（1）市场目标

由于旅游产品的无形性和不可储存性等特点，旅游组织对市场的依赖性比其他行业更强，而由于旅游需求的变化性、可替代性很高，这个市场又是比较脆弱、易波动的。旅游组织必须把握住市场机会，争取到足够的市场份额，维护和提高市场占有率，才能求得生存和发展。

（2）发展目标

旅游组织能否在市场竞争中求得发展，归根到底取决于旅游产品和旅游服务的质量。旅

游组织必须加强人才培养，提高人员素质，提高服务质量，真正做到以顾客为中心，以市场为导向，以信誉赢得顾客。

旅游是一种非生活必需的行为，其需求弹性大，因而旅游市场的发展潜力也大。旅游组织要加强对市场的监测、调查和预测，克服短期行为，注重市场开拓，把明确的战略目标和灵活的策略运用有机地协调统一起来，在竞争中不断提高经营管理水平，使组织获得长期稳定的发展。

（3）利益目标

旅游组织在市场运营中的各种经济指标，如营业额、利润率、税赋上缴率、员工薪水、福利、社会保险等体现组织经营状况和反映员工经济待遇的各种指标。

以上三种目标分别体现了社会需求、组织需求和组织内部成员需求。因此，旅游组织工作的总目标是这三种目标、三种需求的有机统一。

2. 旅游组织的公共关系目标

旅游组织的工作总目标只有在运行过程中才能实现。旅游组织在运行过程中必然要与社会环境的种种因素发生相互关系，这些因素不外乎是物的因素、人的因素和信息。旅游公共关系的着重点是协调处理好公众的关系及信息传播。

旅游组织的工作总目标是其生存的根本原因，组织内所有部门、所有成员的所有工作，都必须围绕总目标，服从总目标而开展。公共关系可能在总目标开展的某个阶段显得至关重要，但其从属地位是无法变更的。旅游公共关系是旅游组织在完成工作总目标过程中派生出来的目标，它必须服从和服务于总目标。在与总目标一致的前提下，依据不同的分类标准，旅游公共关系可以建成不同的目标体系。

1) 按目标的性质划分为战略目标和战术目标

（1）战略目标

战略目标也被称为公共关系的广义工作目标。这是与旅游组织的根本利益、整体形象相关的重大长远目标。战略目标的实现就是为旅游组织创造最佳的内外环境，组织良好的社会形象，战略目标一般没有明确的具体时限，也没有明确的完成标准，它只是组织内公共关系部工作的总体前进方向。

战略性公共关系目标可分为适应性公共关系目标和控制性公共关系目标。适应性公共关系目标指旅游组织对社会环境各种因素的适应性活动方向；控制性公共关系目标则指旅游组织在对环境适应过程中对环境的能动的反作用的努力方向。

（2）战术目标

战术目标也称公共关系狭义的工作目标，这是根据旅游组织公共关系的具体情况而开展的活动所追求的目标。根据其行为和态度指向可分为内向公共关系目标和外向公共关系目标。

由于各旅游组织的情况不同，同一组织在不同时期、不同发展阶段的工作重点也不同，所以旅游公共关系的战术目标就各不相同。根据组织所处的社会环境状况所制定的战术目标可分为防御性公共关系目标和进攻性公共关系目标。当旅游组织所处的环境发生突然变化，需要制定维护或恢复组织形象的防御性公共关系目标，而进攻性公共关系目标则是组织为提高声誉、美化形象而制定的主动性公关活动的目标。

2) 按目标的时限划分为长远目标、中程目标、短期目标和具体工作目标

（1）长远目标

长远目标即战略性目标，是一个方向性的奋斗目标。长远目标相对稳定，不随意变更。

一般来说比较原则、抽象，是一种理想的目标。长远目标可操作性不强。

(2) 中程目标

把旅游公共关系长远目标所提出的基本任务具体分解即是中程目标。旅游组织依据中程目标指导和开展其公共关系工作。

(3) 短期目标

短期目标即公共关系部门年度计划预定的工作目标。短期目标把旅游组织工作总目标的有关任务落实到公共关系活动计划上，落实到每一个人身上，并且对时限、职权、效果有明确的规定。

(4) 具体工作目标

这是为专项公共关系活动而制定的目标。在旅游组织中大量地、经常地进行某一专题或专项公共关系活动，参与活动的专业公共关系人员或一般员工为完成具体目标而工作。

3. 旅游组织形象塑造是旅游组织及其公共关系工作共同目标

旅游组织为达到工作总目标，必须不停地运行，不断地保持和改善同社会环境各因素的关系。在运行过程中，旅游组织自身的形象也会随之发生变化。公共关系目标就是在这个过程中追求组织形象的塑造和完善，因此也是公共关系工作的主要职能，在本书第3章公共关系职能一篇中有详细论述。

2.1.3 旅游组织公共关系机构与人员素质要求

机构设置是目标实现的组织保证，旅游组织要实现自己的总目标和公共关系目标，必须设立专门的公共关系机构，配备专职公共关系人员。只有设置了专门的公共关系机构，才能确保旅游组织的公共关系工作更有预见性和计划性，更加经常化和职能化。由于公共关系工作是一项专业性、科学性、艺术性都很强的工作，因而对从事工作的各层次人员的素质都有较高的要求。下面对构成旅游公共关系主体的组织机构和各类人员进行讨论。

1. 旅游组织内部的公共关系机构——公共关系部的设置

旅游组织内部的公共关系机构是指内部专门从事公共关系工作的公共关系部门，如公共关系部、公共关系科或公共关系室等。

1) 旅游组织公共关系部设置的必要性与原则

不同层次的公共关系工作会对管理产生不同的影响。最低层次的公共关系工作是接待和联系工作；第二个层次是进行各种公共关系专门活动，如负责处理一些纠纷和突发性事件；第三层次公共关系工作是充分了解各类公众的意见，为组织的管理决策提供咨询建议；最高层次的公共关系工作，是直接介入到管理决策中去，有计划地、主动地调整组织的行动以适应公众的需要，使得公共关系思想能够渗入到组织的每一个具体行动之中。

不同层次的公共关系之间并没有明确的分界线。但是，旅游组织是否成立公共关系部，成立的公共关系部的地位如何，无疑是衡量公共关系在组织管理中发挥哪个层次作用的重要标志。

(1) 公共关系部设置的必要性

① 适应组织外部环境。任何组织都不可能是孤立存在的个体，都必须与社会各界建立良好的关系。为适应外部环境的要求，就需要建立一个专门从事公共关系活动的机构，来全

面协调和处理组织对外的公共关系事务。另外，公共关系机构的建立对于完善组织的管理机构，在激烈的市场竞争中全面完成组织目标都有重大意义。

② 适应组织内部环境。组织的生存和发展有赖于全体员工的精诚合作，必须依靠公共关系工作来协调和处理员工之间、员工与部门之间、员工与领导之间，以及部门与部门之间、部门与决策层之间的关系，以适应现代组织发展的要求。

(2) 公共关系部的设置原则

① 专业性。旅游公共关系部是为实现组织组织目标专门设置的专业职能机构，它的每一项工作都涉及组织的形象与声誉。因此，必须保证组织上和工作内容上的专业化。一方面，公共关系部所从事的工作核心是实现组织目标、塑造组织形象，因而不能把公共关系部办成"接待部"，与公共关系无关的具体事务不应交由公共关系部处理；另一方面，公共关系人员必须具备强烈的公共关系意识，受过一定的专业训练，具有一定的业务能力及富于开拓进取的精神。

② 协调性。公共关系目标是旅游组织整体目标的一部分，必须依赖组织内外公众的支持与配合，公共关系部从中起到统筹策划、协调组织、咨询沟通等作用。在开展公关活动的过程中，公共关系部对内要与其他职能部门紧密配合，建立良好的工作关系；对外要主动开展沟通与交流工作，建立友好的社会关系网络。

③ 权威性。公共关系部既是旅游组织的耳目、喉舌，又是组织的参谋部、智囊团。它对决策者所提供的信息、建议及对各部门活动的评价等，都关乎组织形象；其一言一行都被视为组织的行为，通常被看作是旅游组织的代表，这些都体现了公共关系部在旅游组织中的权威性。

④ 服务性。作为高层次的职能管理部门，公共关系部是为营造组织良好的工作氛围与外部公众环境而服务于组织其他经营与职能部门的，是为组织创造良好的社会效益和经济效益而服务的，具有明显的服务性质。

⑤ 灵活性。由于我国旅游组织的规模、等级、所有制性质及所面对的公众环境存在差异，因此各旅游组织公共关系部并不能采用一个固定的模式，而应随经营环境和组织目标的变化而调整，提升组织公共关系的有效性与科学性。

2) 公共关系部在旅游组织中的地位与作用

(1) 公共关系部在旅游组织中的地位

公共关系部在旅游组织内部管理中具有极其重要的地位，它既是组织的职能管理部门，又是决策参谋部门，更是旅游组织的资料储存中心、信息发布中心、环境检测中心、趋势预报中心及公众接待中心。对内，它负责沟通和协调各个职能部门之间的关系，并负责向决策层和各个职能部门提供信息，协助分析、判断和决策；对外，它代表组织，维系组织与公众及环境之间的双向沟通关系。其中介独立地位是其他部门无法取代的。很显然，处于理想地位的公共关系部应具备以下4个明显的特点。

① 直接对组织最高领导负责。
② 能够与组织中的各个部门、各个层次保持密切联系，相互支持。
③ 能够将信息迅速反馈到最高领导层或其他相关部门。
④ 参与决策领导层的公共关系决策。

(2) 旅游组织公共关系部的作用

① 采集信息的"耳目"作用。公共关系部的首要职能，就是利用自身畅通的信息与人

际关系网络系统，广泛地采集信息，并通过信息的收集和整理，帮助旅游业组织了解现状，预测趋势，适应变化，正确决策，起到收集信息的"耳目"的作用。

② 外交宣传的"喉舌"作用。随着市场经济的发展，旅游组织与公众的联络和交往日益频繁，摩擦和纠纷随之增多，为了获取公众的了解、信任、支持与合作，旅游组织需要公共关系部不断地向公众宣传组织的政策，解释组织的行为，增加组织的透明度。从这一角度来看，公共关系部在旅游组织中发挥的是"喉舌"或"外交官"的作用。

③ 协调关系的"桥梁"作用。旅游组织公共关系工作目标是"内求团结，外求发展"，旅游组织与内部员工良好关系的获得和与外部公众良好关系的创造，都是通过公共关系部协调实现的，公共关系部在组织与员工和组织与外部公众之间所起的是"桥梁"作用。

④ 决策参谋的"智囊团"作用。在旅游组织中，公共关系部不是直接指挥和最后决策部门，而是在采集、整理、分析信息的基础上，提供可选择的决策方案，协助决策层进行重大经营决策。由此看来，公共关系部是旅游组织把握时代脉搏的"智囊团"或"思想库"。

3) 旅游组织公共关系部的设置形式

公共关系部的设置涉及公共关系部的工作方式。依据旅游组织的主、客体特点和公共关系工作的需要，公共关系部的设置形式有以下几种类型。

(1) 按公共关系部的工作特点划分

① 技术型公共关系部。技术型公共关系部是按照公共关系工作的技术手段建立起来的公共关系部（如图2-1所示）。此种形式的公共关系部具有技术职责明确、便于指挥、管理的特点。

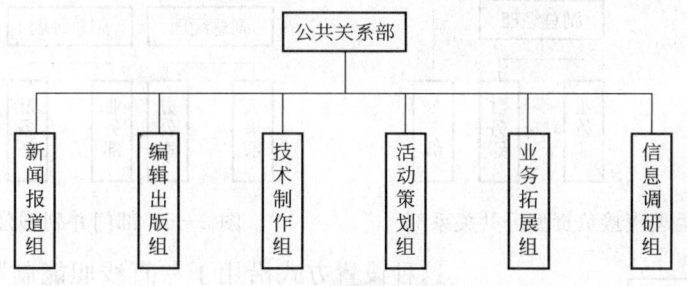

图2-1　技术型公共关系部

② 职能型公共关系部。职能型公共关系部是按照公共关系职能的分类建立起来的公共关系部（如图2-2所示）。该种形式的公共关系部一般能够反映出组织对公共关系部的期望。

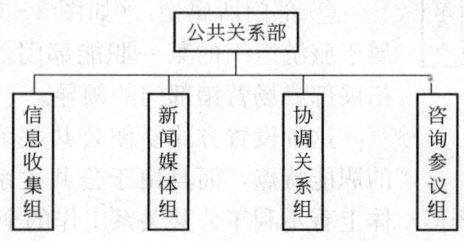

图2-2　职能型公共关系部

③ 公众型公共关系部。公众型公共关系部是以不同的公众对象为原则组建的公共关系部（如图2-3所示）。此种类型的公共关系部有利于建立组织与公众的联系，有利于培养公众对组织的感情，有利于争取公众对组织的支持，有利于消除公众对组织的误解。

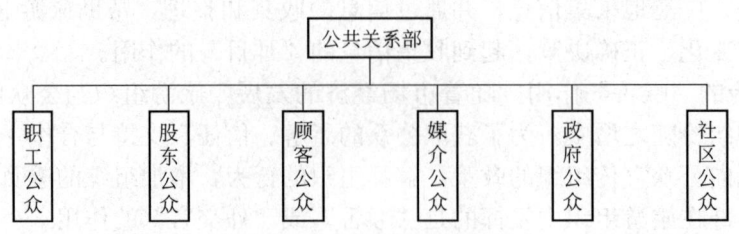

图 2-3 公众型公共关系部

(2) 按公共关系部的隶属关系划分

① 总经理直接负责型：(如图 2-4 所示) 即公共关系部隶属于组织最高领导，直接向总经理负责，是最为理想的公共部设置模式。

该模式表明公共关系部相当于组织最高管理层特殊的"决策智囊"机构，各种意见、信息和建议可以直接反映到组织的决策层。此外，公共关系部还可以承担起各职能部门之间的信息沟通和协调。

② 部门并列型：(如图 2-5 所示) 即将公共关系部与组织其他职能部门平行排列，所处于同层次。

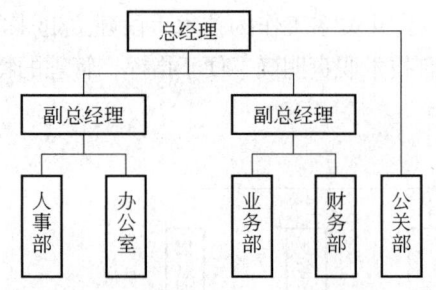

图 2-4 总经理直接负责型公共关系部

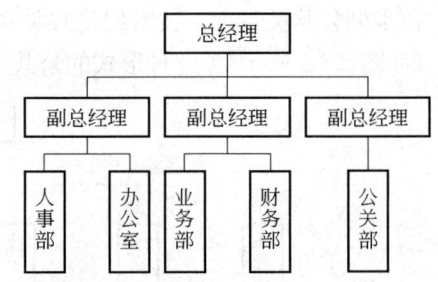

图 2-5 部门并列型公共关系部

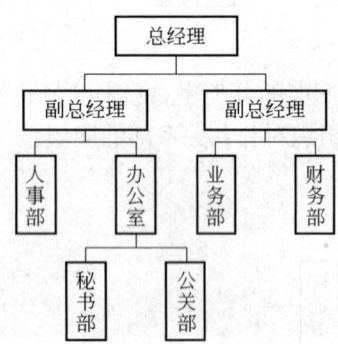

图 2-6 部门所属型公共关系部

这种设置方式沿用了"直线职能制"组织机构的设置方法，公共关系部与其他职能管理部门并列成为组织的中层管理机构。在实际运作中，由于"条块分割"而容易妨碍公共关系部沟通协调职能的发挥。

③ 部门所属型：(如图 2-6 所示) 即把公共关系部附属于旅游组织的某一职能部门，一般附属于办公室、市场拓展部或场营销部门的领导。

这种设置方式易使公共关系部职能偏重于所隶属部门的职能特点，而且由于公共关系部的行政层次较低，从整体上看不利于公共关系工作的全面、深入开展。

4) 旅游组织公共关系部的工作内容

旅游组织公共关系机构的工作内容形形色色，丰富多彩，为叙述方便，这些公共关系工作可分为日常工作、定期工作和专门工作。

(1) 公共关系日常工作

旅游组织公共关系活动开展是否成功，是否在公众中有良好的形象，从组织进行的专门公关活动中可以得到检验。但是，轰轰烈烈的成功是扎扎实实的日常工作积累起来的必然结果。日常工作有以下几种。

① 参加组织内部各种管理会议，了解组织管理状况，关心员工，多为员工做好事。

② 每日从各种信息渠道监测组织内外环境的各种动态，科学地广泛采集信息资料，以便据此就组织如何改善公共关系状态，协调好各类公众关系向组织决策层提出咨询意见，也向其他职能部门提供信息，以提高旅游组织的经营管理能力。

③ 采编并向新闻媒介、计算机网络发选组织各类新闻稿、图片和有关信息。

④ 协助音像制作专业人员制作音像制品，保存音像资料。

⑤ 同新闻媒介公众保持密切联系，安排记者访问。

⑥ 同上级主管，旅游局及政府有关部门保持联系。

⑦ 同有业务往来的公共关系顾问公司、广告公司保持联系。

⑧ 选拔、培训、考核公共关系专业人员。协助人事培训，向全体员工进行公共关系意识养成教育，开展全员公共关系。

⑨ 筹划、设计、监制旅游组织的各种宣传品和赠送纪念品。

⑩ 在组织接待 VIP 时，牵头协调和落实迎接和服务措施。

⑪ 代表组织接待各种来访者，在接待工作中一方面向公众宣传组织情况，另一方面征询公众对组织的意见和建议。

⑫ 代表组织接受公众的投诉，协助有关部门满足公众的合理要求，并定期把投诉中反映出的组织中存在的问题向总经理及决策层汇报。

⑬ 代表组织同旅游者中的特殊公众保持广泛密切联系。例如，与饭店组织中的长住客谈心，征询意见，在客人生日或重大节日为之举办祝贺活动。

（2）公共关系定期工作

公共关系活动是一项计划性工作，它要通过反复开展的定期工作，不断积累阶段性成果，以最终实现旅游组织公共关系目标。有以下几种定期工作。

① 制订、检查和调整公共关系调查计划，对旅游组织的日常性和专题性公共关系活动开展公共关系调查。

② 设计、修改消费者评论组织服务的调查表（即意见卡）。

③ 参加市场营销调查、了解市场营销和市场竞争状况。

④ 旅游旺季协助进行促销宣传活动，协助制订促销计划。

⑤ 研究制订阶段性宣传计划，物色适宜宣传的题材，向新闻媒介推荐，安排记者采访。

⑥ 保存和更新组织高层管理人员的新闻基本资料。

⑦ 编辑、出版分别以同行、旅游消费者、内部公众为读者对象的自控出版物。

⑧ 牵头撰写、编制股东年会用组织年度报告。

⑨ 组织安排内部员工（有时也包括家庭、退休员工）的集体娱乐活动，促进组织内沟通，有利于建立组织文化。

⑩ 重大节日采用不同方式同公众进行联络感情为主题的公关活动。

⑪ 同组织所在的社区公众代表保持定期联络。

⑫ 中外合资或外国人参加管理的旅游组织，要保持与外方人员及家属的沟通，了解他们的需要，增进感情联系。

⑬ 参加有关旅游组织协会活动,扩大本组织影响,加强同行业兄弟组织联系。
⑭ 对为实现公共关系目标所做的努力,通过反馈作出阶段性的分析评估。
(3) 公共关系专门活动
公共关系机构为了达到预期的若干特定目的,强化宣传效果,应不失时机地集中人力、物力和财力进行各种各样的专门活动。其有以下几种专门活动。
① 组织、布置和指挥旅游组织的开业仪式和周年庆典。
② 策划、组织和委托公共关系展览。
③ 委托制作有关组织情况的各种音像宣传品,负责编目和播放。
④ 设计、委托制作旅游组织的标志、吉祥物等视觉形象物。
⑤ 筹划和监制公共关系广告。
⑥ 举办纪念性专门活动,协助社会在组织内场所(如饭店)举办的社会性活动。
⑦ 代表旅游组织参加社会赞助活动。
⑧ 策划和组织"新闻"活动,开好记者招待会。
⑨ 处理突发事件和危机事件。
⑩ 对专门性公关活动的效果进行评估。

2. 旅游组织外部的公共关系机构——公共关系公司、公共关系社团

现代社会中,旅游组织既有相对的独立性,又与社会方方面面有着千丝万缕的联系。旅游组织的公共关系工作有时必须借助组织外部公共关系机构的力量才能完成。

1) 公共关系公司

公共关系公司是独立于旅游组织之外的公共关系机构,是公共关系咨询公司、公共关系顾问公司、公共关系事务所等独立核算、自主经营的公共关系机构的统称,是由专业的公共关系人员组成的、专门从事公共关系咨询和公共关系策划并收取费用的服务性组织机构。

(1) 公共关系公司的特点

① 能满足不同公众的需要。公共关系公司提供的业务能满足不同层次、不同类型的公众的需要。旅游组织的公共关系工作由于种种原因必须借助专门的公共关系机构来开展,公共关系公司无论在人力、手段,还是技术知识和经验方面都占有明显的优势,所以它能胜任公众提出的公共关系方面的各种要求。

② 拥有的信息量大、对趋势把握准确。公共关系公司由于拥有专门从事调查研究的力量及信息收集和分析专家,因而占有的信息量特别大。一般来说,公共关系公司就是一个信息库。掌握大量的信息是公共关系公司开展业务的一个基本条件。正是因为公共关系公司占据了大量信息,所以它对趋势的判断也比较准确,能够向顾客提供满意的服务。

③ 公共关系活动专业水准高。公共关系公司拥有一批专业技能和丰富经验的公共关系专家,所以服务的专业水准比较高,可以策划并实施高层次、大规模的公共关系活动。

④ 分析、决策客观中立。公共关系公司与一般的社会组织没有利害关系,不受社会组织的各种内外因素的干扰,因而可以客观地为客户进行分析,向客户提供服务。

⑤ 业务范围广。公共关系公司往往会在许多地方设立分支机构,它们可以与别的城市和国家的公共关系公司进行业务交流,使信息传播快,覆盖面广。因而,公共关系公司业务范围广泛。

(2) 公共关系公司的类型

公共关系公司一般分为两种类型。

① 专门为客户提供某种公共关系技术服务的公司。例如，为客户进行形象调查，搜集情报，提供资料；为客户制订和实施公共关系方案，设计公共关系广告推行公共关系主题活动等。这类公司以其提供的特别技术和创造性的服务赢得顾客。

② 专门为特定行业服务的公司。例如，专门为旅游业提供服务的公共关系公司；为工商组织和金融财政部门提供服务的公共关系公司；专为某一行业的客户诊断一些公共关系工作失调原因的公司；利用自己的知识和经验向客户提出建议的公司；利用自己的专长帮助客户开展公共关系工作和提供资料服务的公司等。

此外，还有上述二类兼而有之的公共关系公司。这类公司或者与广告公司合营，或者本身就是一种全功能的综合性咨询服务机构。

以上类型的公共关系公司的规模大小各有差异，一般情况是，专门为特定行业服务的公司规模较小，而那种提供综合性咨询服务的公司规模较大。例如，成立于1953年的美国博雅公共关系公司，是当今世界上最大的公共关系公司之一，它拥有一大批公共关系专家和2 000多名经验丰富的公共关系专业人员；它在43个国家和地区设有办事处，组成了一张遍布世界各地的跨国网络；它为全球500多家地区性和国际性客户提供常年服务。

(3) 公共关系公司的工作内容

公共关系公司的工作内容是对客户（即委托方）的公共关系工作进行指导、建议、实施及监督等，给客户提供有关的公共关系服务。换句话说，公共关系公司要帮助客户沟通与其他公众之间的信息交流，为客户树立起良好的社会声誉和形象，以利于客户的发展。公共关系公司的业务比较广泛，这是因为它的功能比较全面，它可以涉及政治、经济、金融、旅游、文化、传播等多种领域的一切咨询服务和代理业务。

公共关系公司按照合乎道德准则的方法去寻求他们认为能够帮助的客户，有时客户也会自己求助于公共关系公司。在一般情况下，公共关系公司对一个新客户的服务是从检查该客户与其所依赖的公众关系状况开始的，有时这也称之为"公共关系诊断"。当这项工作完成以后，公共关系公司可能会就下列三种情况中的一种告诉客户：一是通过诊断，客户在为获得外界的支持所进行的传播交流活动中不存在什么问题；二是诊断出问题，但解决该问题已不属于公共关系公司的专业领域范围；三是诊断出有问题，可以采取适当的公共关系技术加以解决。

2) 公共关系社团

公共关系社团是以促进公益事业为宗旨，不以盈利为目的，不追求投资回报的组织。它主要从事公共关系理论研究、学术探讨咨询服务、教育培训、国际交往等活动。对推动会员积极参加公共关系活动，促进公共关系事业的发展起到积极的作用，公共关系社团组织有综合型社团组织、学术型社团组织和行业型社团组织三种类型。

(1) 综合型社团组织

综合型社团组织主要是指中国公共关系协会与各省市、地区公共关系协会。其主要任务是联络会员、组织专业培训、开展联谊活动、编辑出版刊物、建立公共关系网站。如：上海公共关系协会开通上海公共关系网（www.chspra.com），设置了关于协会、申请入会、新会员单位、人物专访、组织机构、公共关系论坛、会员在线、品牌选介、协会动态、特别推荐十大板块。

(2) 学术型社团组织

学术型社团组织主要包括公共关系学会、公共关系研究会、公共关系教学研究会、公共关系研究所等学术团体。这些社团组织除聘请少量专职人员负责日常工作外，还聘请著名学者、专家、顾问担任理事、研究员、客座教授。学术型社团一般立足服务社会，以人为本，注重思想建设，致力于公共关系教育与研究，积极开展科研活动，加强会员沟通联络，开展公益活动，自觉实践公共关系、推动公共关系的发展。

(3) 行业型社团组织

行业型社团组织主要包括各行各业、各部门、各系统成立的社团组织，一般从属于各行各业的行业协会。主要开展适应行业公共关系发展需要的形象塑造、对外宣传、专业培训等各项活动。

3. 旅游组织人员的素质要求

什么是人的基本素质？从心理学的角度看，是指一个人的心理、生理状态的外在表现；从管理学的角度来分析，它是指人的平常表现、气质、品格、修养、才华、学识等方面的基本品格。人的素质应该是一个多维的动态综合体系，既有先天遗传的神秘色彩，又有后天不断努力实践的烙印。旅游公共关系人员是设计、实施旅游公共关系活动的主体，其素质直接关系到旅游公共关系工作的成败得失、有效程度和创造活力。因而，研究旅游公共关系人员的素质培养具有重要意义。

什么是旅游公共关系人员的基本素质？首先应该是一种现代人的全面发展的素质。例如，具有现代人的思维方式，现代人的知识和能力结构，现代人的观念意识等。此外，结合旅游公共关系职业的特点，它指一种整体职业素质，包括高尚的思想品德、具备较强的政策分析能力、全面的知识结构、健康的身心素质、较强的工作能力。

1) 思想品德

(1) 公道正派

旅游公共关系人员应公道正派地与公众进行沟通，既不能损害公众利益来满足组织单方面的利益，也要尽量避免为了迎合公众利益而损害组织的利益。公共关系人员只有立场公正，坚持原则，无论亲疏大小，均一视同仁，才能获得公众的信任。

(2) 实事求是

公共关系人员待人要真诚，处事要务实。无论是与各种公众交往，还是进行调查研究、收集资料或传播信息，都必须以事实为依据，不得有意传播虚假的或容易使人发生误解的信息。只有这样，才能收集到可供组织决策参考的可靠信息，才能在公众中树立组织良好的形象，得到公众的理解和支持。

(3) 廉洁奉公

公共关系人员要行为端正，廉洁奉公，不谋私利。由于公共关系活动接触面广，时常为公众解决困难，易受到社会上一些不正之风的影响，公共关系人员决不能从中捞好处以肥私囊，损害组织与自身的形象。

(4) 重信守义

讲求信义、遵守诺言是公共关系人员必不可少的品德。公共关系人员往往是直接代表旅游组织与公众沟通，因此必须恪守信义，"言必信，行必果"，以赢得公众的信任。

(5) 宽容大度

公共关系人员应该谦虚谨慎，宽厚待人，能容纳来自组织内外部公众的不同意见，能与不同个性的人相处。公共关系人员的宽容大度有利于提高人际间的心理相容水平，使公共关系工作更有效率，尤其在处理客人投诉时更应该具有耐心、宽容和富于同情心。

2）政策水平

公共关系人员政策水平的高低，对公共关系工作质量与成效有重大影响。公共关系人员必须善于分析与判断，从大量纷繁的信息中去伪存真，去粗取精，概括出既有利于维护组织的形象，又有利于协调组织内部关系的可用信息。如果政策观念淡漠，则很难把握时机，更无法向决策层提供高质量的政策咨询服务，主要反映在以下两个方面。

① 掌握党和国家的方针政策，使公共关系部的工作能纳入国家政策的大轨道，与国家的方针政策相一致。例如，要熟知组织法、消费者权益法和有关涉外法规知识，以及国家对广告、新闻出版、公共关系行为规范等的有关规定。

② 熟练地运用组织内的有关经营理念与制度规范，努力使每一次公共关系活动都能为组织目标服务，促进组织的发展。

3）知识方面

旅游公共关系工作接触面广而杂、交往的人多，公共关系人员知识结构越完善，对成功地开展公共关系工作就越便利。其中主要包括：

① 公共关系、新闻、传播、广告和其他公共关系的实用技巧等专业知识；
② 旅游与本行业的业务、市场、管理、组织结构等方面的知识；
③ 旅游客源国的历史、地理、政治、经济、文化、法规、礼仪等方面的知识；
④ 我国的历史、文化和现今各方面状况；
⑤ 社会学、心理学、外交学、礼仪礼节等方面的知识；
⑥ 管理学、市场营销学、经济学的基础知识；
⑦ 外语翻译、编辑写作、美工设计与制作、演讲谈判、印刷、摄影等技能知识。

4）身心素质

旅游公共关系人员良好的身心素质是取得成功的先天条件。这些素质主要包括：

① 友善随和的性格；
② 周到而果断的办事风格；
③ 思维活跃，懂得如何加强工作与思考，具有丰富的想像力、创造力和应变能力；
④ 充沛的精力、高昂的工作热情和高度的职业道德与工作责任感；
⑤ 乐于助人和服务他人的精神；
⑥ 富有幽默感；
⑦ 有从事信息传递和旅游工作的经验，理解信息传递工作的重要性；
⑧ 客观，能正确地评价外界的任何情况。

5）工作能力

工作能力是公共关系人员先天素质加上后天学习训练的结果。主要包括以下几个方面。

(1) 组织协调能力

具备统筹、计划及指挥协调能力，能同组织内外公众友好协调；善于运用报纸、杂志、电视、电台、网络等有关新闻媒体，能调动一切可合作的力量开展沟通协作。

(2) 分析判断能力

具有灵敏的逻辑思维能力和良好的判断能力，对所收集的信息能够进行深入的分析和准确、客观的归纳；对市场机会及工作中出现的问题等能够作出及时准确的判断，并迅速作出处理决定。

(3) 社会活动能力

愿意并善于与人交往，能够与其同事、同行、社会各界，甚至与竞争对手保持良好的人际关系；能积极地与社会上的有关部门相互配合，争取社会各界人士的支持；能独立地进行宣传、座谈、谈判、演讲和回答记者的提问。

(4) 语言表达能力

语言是公共关系工作不可或缺的工具。成功的公共关系人员都具有驾驭语言的硬功夫，包括良好的口头表述能力与较强的文字写作能力，表达明晰精湛、形象直观、富有个性，以便得心应手地应对公共关系工作中的新闻发布、宣传制作、展览演示、宣传推广等局面。

(5) 创新能力

具有敏锐的观察力和大胆的开拓能力，打破常规，勇于创新。

旅游公共关系人员要具备上述的所有条件并非易事，需要长期不懈的努力和追求，需要在实践中经受各种磨砺，方能达到公共关系人员素质的最高境界：即拥有哲学家的理性思维、组织家的效益头脑、政治家的调动才能、科学家的超前意识、外交家的机智风度、战略家的高远目光、军事家的果断作风及艺术家的创新精神。

阅读资料 2－1

如此职业道德

几位年轻的游客一下火车就拿着行李驱车来到旅行社，他们强烈"抗议"导游员的所作所为，并且要求旅行社赔偿其经济损失和对导游员进行处分。事情经过是这样的：这几位年轻的游客参加旅行社组织的某地八日游活动，按照旅游合同规定，游客用餐自理，往返行程为"一飞一卧"（去时乘飞机，返时乘火车）。游客抵达目的地后，他们对当地导游员的讲解及安排游览活动等都有意见，时常当着大家的面向地陪（旅行社中的专业用语）提意见。为此，地陪心里憋着一股气。以后，游客对地陪的意见越来越大，双方矛盾越来越尖锐。一天，由于这几位年轻的游客在吃午餐时喝了一点酒，过了集合时间。因此，地陪采取"报复"手段，不等他们吃完饭，就擅自让旅游车开走，致使他们只能报警，通过当地公安部门的帮助才算找到了旅游车……

启示：

三百六十行中每个职业都有其职业道德，导游员的职业道德就是要千方百计地满足游客正当合理的需求。因此，导游员从与游客见面的那一刻起，就必须担负起服务员的角色，在整个游览过程中使游客玩得高兴，并且有所收获，这是衡量导游员工作好坏的尺度。除此之外，导游员要针对大多数游客的共同要求做好规范服务，还要能针对个别游客的特殊要求提供细致周到的个性服务，这样才能体现"细微之处见真情"。但是，如今有个别导游人员缺乏诚信及职业道德，在带团过程中满脑子的"自私与金钱"，服务不到位，态度又极差，这将严重影响导游员的信誉，自己也将受到应有的处罚。另外，作为游客而言，如果碰到那种素质较差的导游员，一是可以直接向当地旅游质监部门投诉。二是可以向地接社（当地旅游的接待社）提出更换导游员，这样或许能减少和缓和矛盾，使旅游活动比较健康地开展下去。

2.2 旅游公共关系的客体——公众

旅游公共关系的一切活动都是为了达成组织与其公众之间的良好关系状态。这就决定了旅游公共关系的工作对象是旅游组织的公众。因此，正确认识、分析和研究旅游组织的公众，是做好旅游公共关系工作的基本前提。

2.2.1 旅游组织的公众及其分类

作为旅游公共关系工作对象的"公众"，是旅游公共关系的重要组成部分。对于旅游组织来说，它是旅游组织唯一的工作对象，如若旅游组织没有公众，旅游公共关系也就不可能存在。因此，正确认识和区分公众，对做好旅游公共关系工作有极其重要的意义。

1. 公众的基本含义

在旅游公共关系中，我们所说的公众是指与旅游组织相互联系及相互作用的个人、群体或组织的总和。从其内涵来看，公众是与旅游组织存在共同的利害关系或面临共同关心的事务的那部分个人、群体或组织所构成的整体。公众对旅游组织的目标和发展具有现实或潜在的影响力和制约力，反过来，旅游组织的政策、方针、目标和发展，对公众也具有现实或潜在的影响力和制约力。正因为如此，旅游组织才需要开展公共关系活动来引导和影响公众，以形成组织与公众之间的良好互动关系。公众的存在是客观的，关键是组织必须意识到，只有组织意识到的个人、群体或组织，才能成为公共关系工作的对象，才能在现实性上成为组织的公众。

如何把握"公众"的含义呢？从"旅游组织的公众"这一限定来看，我们认为可以从同质性、群体性、可变性和相关性4个特性来把握旅游业组织公众的特定含义。

1）同质性

公众的同质性指公众成员遇到了共同的社会事件或共同的问题，而且该事件或问题同公众成员有着这样或那样的利害关系。正是由于以这些共同的问题或利益作为纽带，才把原本不相干的人联系在一起，形成旅游组织的公众。可见，公众的同质性是由公众形成的原因（面临同一问题，有共同的利害关系和对问题的处理有相似的意见）所决定的。在旅游公共关系活动中，了解公众的同质性，有利于旅游组织从公众的整体中区分出不同的工作对象来。

2）群体性

同质性的公众是众多的个人、群体和组织所构成的一个集合体，而不是一个孤立的对象。公众的这一特点是公众的群体性。公众的群体性体现在公众的特征上，一个人或两个人不能构成公共关系对象，只有以某一个共同问题作纽带而集结在一起的人群，才构成公众。作为群体的公众是社会组织整体运作的环境，在旅游组织的公共关系工作中，决不能只注意某一类公众，而应把公众作为一个整体来看，用全面系统的观点来分析自己的公众。

3）可变性

公众的群体总是处于不断变化之中的，因同一个问题集结起来的公众会因问题的解决而消失；会因时间的推移，公众的需求、态度的变化而变化；也会发生公众与非公众之间的相互变换。这就是公众的可变性。由于公众的可变性，这就要求旅游组织的公共关系工作必须以发展的眼光来认识自己的公众。

4）相关性

公众总是相对于一定的公共关系行为主体而存在的。一群人之所以成为旅游组织的公众，他们必须与旅游组织有一定的相关性、互动性，亦即他们的意见、观点、态度和行为对旅游组织的目标和发展具有实际或潜在的影响力、制约力；同样，旅游组织的决策和行为对这些公众也具有实际或潜在的影响力、制约力，这就是相关性。对于旅游公共关系来说，相关性是旅游组织寻找公众、确定公众的基本依据。

总之，准确理解"公众"的含义，并科学地把握其特点，在头脑中形成确切的概念，是我们成功地开展旅游公共关系活动的良好的基础。

2. 公众的分类

没有区别就没有政策，也就没有方法。旅游公共关系政策的制定和公共关系方法的运用，都依赖于科学的公众分类。

1）公众分类的意义

（1）科学的公众分类是旅游公共关系调查的重要前提

旅游公共关系活动都是针对某一特定公众而开展的活动。这一活动也都是从调查研究起步的。调查就是要了解公众对旅游组织形象的评价，在此基础上发现问题，然后才有针对性地制定切实可行的公共关系战略和策略，实现公共关系目标。为此，要实现公共关系目标，就必须首先确定自己的目标公众。

（2）科学的公众分类为制定公共关系政策、设计公共关系方案明确了方向

科学的决策和周密的策划是建立在对实际情况了解的基础之上的。因此，对公众的了解和分析对公共关系政策的制定和方案的设计至关重要。如前所述，只有通过对公众的分析，把握住公众的脉络，才能为公共关系政策的制定和公共关系方案的设计明确方向。

（3）科学的公众分类为公共关系活动的组织和运行打下基础

公共关系活动的组织和实施，在许多环节上都离不开对公众的认真研究和分析，尤其是活动项目的选择，传播媒介的使用，沟通渠道的提供要做到富有针对性，就必须确定目标公众，方能使公共关系活动和实施达到理想的效果。

2）公众分类的方法

公众的构成是复杂的，有效的公共关系工作应建立在科学的公众分类的基础上，以便根据不同类型的公众制定不同的方针、政策，确立不同的传播、沟通手段，采取不同的组织行为。

在实际的公众分类问题上，不同的组织有不同的公众，同一组织也有不同的公众，同一种公众又可以根据不同的标准作不同的区分。常见的公众分类方法有以下几种。

（1）根据公众与组织的归属关系，可将公众区分为内部公众和外部公众

内部公众是指与组织存在着归属关系的组织内部成员。对于旅游组织来说，主要指组织内部的员工、股东和员工家属。

外部公众是与组织不存在归属关系的公众，但在利益上与组织联系密切，比如海内外游客、竞争对手、新闻媒介、政府机构等。内部公众和外部公众的划分是旅游业组织"内求团结，外求发展"的基本依据。

（2）根据公众与组织关系的重要程度，可将公众区分为首要公众和次要公众

首要公众是指对旅游组织生存和发展具有重要影响和起决定作用的公众。他们是旅游公共关系工作的重点工作对象。对此公众，组织必须投入大量的人力、物力与时间，给以特别的关照。例如：饭店的内部员工、股东、游客、新闻媒介单位等，他们同旅游组织的利益息息相关，是推动组织正常运转，促进组织发展的动力。

次要公众是指对旅游组织的生存和发展具有一定的影响作用，但他们是对组织的生存和发展并不起决定作用的公众。这类公众数量较大，是组织不能忽视的公众。例如：社区公众、上级主管部门、合作伙伴、政府部门等。

（3）根据公众对组织的态度，可将公众区分为顺意公众、逆意公众和边缘公众

顺意公众是指对旅游组织的政策、行为、产品和服务持赞成意向和支持态度的公众。这是旅游组织所希望的公众。

逆意公众是指对旅游组织的政策、行为、产品和服务持否定意向和反对态度的公众。这类公众是少数的，但他是旅游组织应引起警惕和注意的公众。

边缘公众是指对旅游组织持中间态度、观点和意向不明朗的公众。此类公众居大多数，是组织要大力争取的公众。

（4）根据组织的价值判断，可将公众划分为受欢迎的公众、不受欢迎的公众和被追求的公众

受欢迎的公众是指那些主动接近旅游业组织、支持组织并对组织表示兴趣，而组织对他们也极感兴趣的公众，即与组织是两相情愿的公众。这类公众是与旅游组织已经建立了良好合作关系的公众，组织应注意加强和巩固与之业已建立的融洽关系。如自愿的旅游投资商、赞助者、慕名前来的顾客、为组织写正面宣传文章的记者等。这种关系因双方均采取主动的姿态，不存在沟通障碍，沟通的结果一般对双方都有利。

不受欢迎的公众是指那些违背旅游组织的利益和意愿，对旅游组织构成潜在或现实威胁的公众，即组织力图躲避的公众。对这类公众，组织应与之保持适当的距离，采取审慎的态度，尽量向他们阐明组织的立场，争取他们的理解，以避免或减少他们对组织的损害。例如：持不友好态度的记者，反复纠缠索要赞助的团体或个人等。对于这些公众组织往往巧妙地设置障碍、制造困难，将其拒之门外，以减少对组织的威胁。

被追求的公众是指那些很符合旅游组织的利益和需要，对组织的生存和发展具有决定作用，但他们对组织却不感兴趣的公众。即组织对其一相情愿的公众。例如：社会名流、著名记者、政府要员等，这类公众求之较难，在公共关系活动中，组织应注意拓宽沟通渠道，讲究沟通策略和艺术。

（5）按照公众发展过程不同阶段的特点，可以将公众分为非公众、潜在公众、知晓公众和行为公众

非公众是指同本组织不发生任何利益牵连的社会群体。他们既不受组织影响，又不对组织产生影响。划分出非公众可以帮助我们将其排除在公共关系活动的范围之外，减少不必要的资源浪费，从而减少公共关系工作的盲目性。

潜在公众是指由于组织的行为引起了某个共同的问题，但公众尚未意识到问题的存在，由于这种共同的问题而影响到的社会群体就是组织的潜在公众，也叫未来公众或隐蔽公众。对于潜在公众，需要公共关系人员未雨绸缪，加强预测，及早发现问题，采取必要的预警措施，防患于未然，将问题解决在萌芽状态，避免酿成更大的麻烦，以维护组织的社会形象。是公共关系工作中比较主动的阶段。

知晓公众是由潜在公众发展而来的，指那些已经意识到自己面临的问题和处境，并明确知晓该问题与特定组织有关，从而构成组织不可回避的现实公众。作为知晓公众，他们不仅已经意识到问题的存在，并且急于了解问题产生的根源及解决的办法，只是还没有付诸行动而已。此时，知晓公众对任何与他们所面临的组织及有关问题的信息都十分关注，对组织来说，应采取积极主动的公共关系姿态，及时沟通，主动传播，满足公众被告知的心理需求，使公众对组织产生信赖感，这对于主动控制舆论局势非常重要。若知晓公众不能从有关组织那里获得必要的信息，便会转向其他信息渠道，各种不准确的小道消息将可能流传开来，局势的演变将难以控制，事后的解释也将事倍功半。在公共关系工作中，能否以积极的态度、正确的方法，把握适当的时机对知晓公众开展公共关系工作，往往是公共关系工作成败的关键。这一阶段的工作尽管不如潜在公众阶段工作那样主动，但也是机不可失，时不再来。

行为公众则是指那些不仅意识到问题的存在，而且为求得问题的解决，已经或正在采取某种实际行动的那部分公众。在这个阶段，公众已对组织构成压力，迫使组织必须采取相应的行动。无论公众的行为是积极的还是消极的，组织的反应都不能只停留在语言、文字上，而必须有实际的行为。也就是说，行为公众必然促成公共关系行为的发生。面对行为公众，组织公共关系工作已很被动，但除了采取积极的补救措施和行动之外，别无选择。当然，高超的公共关系行为会使行为公众的压力转变为动力，甚至可以把危机转变为对组织有利的契机，这是公共关系人员努力追求达到的最佳效果。

把公众划分为非公众、潜在公众、知晓公众和行为公众是一种纵向分类方法，其意义是把公众理解为一个连续发展的过程。

值得强调的是，对公众的分类还可以有其他一些方法，在实际旅游公共关系工作中，可以不拘泥于上述这些划分方式，具体问题具体分析，而且在有些情况下要综合运用分类方式，根本目的是有利于开展旅游公共关系工作。

阅读资料 2-2

公众的演变过程

一天，有43位游客与某旅行社签订了一份旅游合同。按合同规定：旅游目的地为山东济南市南郊，其景点有千佛山、兴国寺等。但因旅行社接待人员疏忽大意，将其中一个千佛崖景点错写成千佛洞。在行程之中，接待人员发现了其中的错误，但还是心存侥幸，认为游客对此都不熟悉，未能及时上报，也没有积极采取补救措施，反而将错就错。游程结束后，游客翻阅旅游合同仔细核对，这才发觉自己"上当受骗"，因而引起投诉。后旅行社再三向游客赔礼道歉，解释千佛崖与千佛洞的区别，但就是得不到他们的谅解。游客

> （抓住旅行社的过失）要求旅行社承担违约责任，并赔偿其经济损失达 1 075 元人民币。
> **启示：**
> 　　此案例反映了公众发展过程不同阶段的特点：在 43 位游客没与旅行社签订合同之前就是该旅行社的"非公众"。这个阶段游客与旅行社之间没有任何联系；当旅行社接待人员知晓问题的存在而游客还没有意识到，这时称为"潜在公众"；当游客发现与合同不符，意识到问题的存在时为"知晓公众"；最后，向旅行社索赔时为"行动公众"。在整个过程中公共关系工作最重要的是"潜在公众"阶段。如果接待人员发现问题时，及时上报旅行社并采取积极措施，主动诚恳地向游客道歉，说明缘由，争得游客的谅解，或采取其他补救措施，也不至于"对簿公堂"。真可谓："赔了夫人又折兵"。
> 　　可以把公众发展过程表示为：非公众（组织与公众没有任何利益联系）──→潜在公众（组织知晓公众不知晓）──→知晓公众（组织与公众都知晓）──→行动公众（公众付诸行动）。

2.2.2　旅游组织的基本目标公众

　　旅游组织，无论是旅行社、还是饭店或其他旅游企事业单位都有特定的目标公众对象。一般来讲，公共关系上常把目标公众分为内部公众和外部公众两大类。内部公众是指组织内的成员，而外部公众则包括多种类型，如顾客公众、社区公众、媒介公众、政府公众、名流公众和国际公众等。旅游公共关系在工作中只有认清目标公众，才能有的放矢地开展工作，从而达到事半功倍的效益。

1. 旅游公共关系的内部公众

　　虽然各类社会组织的性质有别，所处的社会环境各异，面临的公共关系对象也不尽相同，但是有一类公众是任何一个社会组织在任何时候都必须面对的，这就是组织的内部公众。内部公众与自己的组织同呼吸共命运，并始终伴随着组织一起走过兴衰存亡的发展历程，成为与组织有着最直接、最密切关系的一类公众。为此，社会组织在开展公共关系活动时，必须首先协调好与其内部公众的关系。作为社会组织的一类，旅游组织自然也无例外可言。

1) 旅游组织内部公众的含义及基本特征

（1）含义

　　旅游组织的内部公众指归属于某个特定旅游组织并与其命运休戚相关的公众，具体指特定旅游组织的全体成员，包括旅游组织内部的经营者、各级管理者和基层工作者等所有从业人员。在股份制旅游组织中，内部公众还应包括董事会、全体股东等所有与该组织有某种归属关系的个人与群体。内部公众是一切旅游组织赖以生存与发展的基石，是一个组织唯一具有能动性的生产要素，是组织最为宝贵的财富。他们在组织生存与发展的过程中起着决定性的作用。正是拥有了一大批高水准、高素质的内部公众，各旅游组织的发展才会如此生机勃勃，我国旅游行业也才能取得如此令人瞩目的成就。旅游组织的生存离不开其内部公众，旅游组织的发展更有赖于内部公众的支持。同样，作为社会人，内部公众也无法脱离组织而使自己的个人价值充分得以实现。内部公众与其组织的这种天然依存关系，使双方处于同一命运共同体之中，彼此相互制约、相互影响。这一切都从根本上决定了内部公众作为旅游组织是具有最先面对且最为重要的公众的地位。

(2) 旅游组织内部公众的基本特征

由于内部公众在旅游组织中的重要地位与作用，使其具有了有别于外部公众的一些特殊属性，也使内部公众成为组织公共关系面临的最为特殊的一类沟通对象。具体来讲，旅游组织内部公众的特殊性通常表现在以下几个方面。

① 内部公众的双重性。旅游组织内部公众即旅游组织内部的全体成员，他们是旅游组织开展内部公共关系的客体，更是组织开展外部公共关系的主体，这种主、客体并存的角色特点，极大地赋予了各旅游组织内部公众的双重性特征。内部公众与组织有着最直接、最密切的关系，是组织必须依靠的首要公众，而内部公众的工作热情需要旅游组织来激发，他们的工作积极性也需要组织来调动。因此，从内部公共关系的角度看，内部公众是组织公共关系的第一沟通对象。但是从外部公共关系的角度看，内部公众则又是组织公共关系活动主体形象的载体。因为组织的形象是由内部公众共同塑造的，组织形象的维护同样也靠内部公众的共同努力。换言之，内部公众既是组织形象的缔造者，又是捍卫者。因此，内部公众是旅游组织公共关系活动的主体。在旅游组织公共关系活动中，内部公众同时扮演着主、客体角色，这种双重的角色属性便成了内部公众区别于外部公众的最为显著的基本特征，也成了旅游公共关系内部公众不同于其他公共关系内部公众的最显著的基本特征。

② 内部公众的稳定性。相对于外部公众而言，旅游组织的内部成员构成及其在组织内部的职业角色地位不会经常变动，相反在一定时期内总是保持相对的稳定，而正是由于这种稳定性的存在，组织目标的实现才有了保障。如果一个旅游组织内部人心涣散，人员流动频繁，缺乏一定稳定性的话，那么该组织的生存必然会受到威胁，组织的发展也就更无从谈起了。可以说，内部公众的稳定性是任何组织事业持续发展的可靠保障。因此，每一个旅游组织都必须高度重视内部公众的稳定性，并通过各种有效的公共关系活动，使这种稳定性进一步提高，从而确保组织健康稳步地发展。

③ 内部公众的可控性。内部公众的可控性往往是通过旅游组织的规章制度对内部公众个人职业行为的限定与约束加以体现的。作为组织的成员，任何一个旅游组织的内部公众都有责任和义务在工作中自觉按照组织的各项规章制度来规范和约束自己的行为，努力与组织保持一致，不然就会受到组织给予的处罚。事实上，在实践中，旅游组织的规章制度对内部公众职业行为的这种规定性往往对内部公共关系起着一种强制的调节作用，它在一定程度上修正、调整着内部公众的职业行为，这不仅提高了内部公众工作的自觉性，而且还从根本上使旅游组织对其内部公众的管理具有一定的可控性。

正确认识和理解旅游组织内部公众的上述基本特征是研究内部公众的起点，也是旅游组织处理好与其内部成员关系的基础，因此，它对旅游组织内部公共关系的开展具有重大意义。

(3) 旅游组织内部公共关系的意义

任何一个旅游组织都不仅置身于外部社会环境之中，而且也有着以内部公众为主体的内部环境。与外部公众相比，内部公众不仅始终与旅游组织发生着这样或那样的交互关系，而且这种关系比组织的外部公众关系表现得更直接、更密切。如果与内部公众的关系协调不好，处理不当，旅游组织整体工作便无法正常开展，所确立的组织目标的实现更是无从谈起。为此，每一个旅游组织都应该将协调处理与其内部公众之间关系的问题放在组织公共关系工作的首位，并在思想上给予高度的重视。

这里，我们把旅游组织与其内部公众的关系，以及为协调和改善这种关系所开展的一系列公共关系活动统称为旅游组织的内部公共关系。换言之，内部公共关系既表现为某旅游组织与其全体内部成员的一种关系状态，同时也指组织针对全体内部成员而开展的各种公关活动本身。开展内部公共关系活动，与内部公众建立起良好而稳固的关系，这不仅是旅游组织自身生存之需，更是旅游组织发展壮大的基本保障。因此，对任何一个旅游组织来说，内部公共关系的意义都是极其深远的。概括起来，旅游组织内部公共关系的意义主要表现为两个方面。

① 开展内部公共关系有助于组织提高内部公众的主人翁意识，增强组织自身的凝聚力。任何一个为合理、有效地实现某一特定目标而形成的旅游组织都是由一定数量的内部成员构成的。在组织目标实现的过程中，作为组织的成员，人人都有责任与义务以主人翁的姿态自觉努力地工作。然而，由于现实中个人目标与组织目标往往无法完全一致，甚至还会存在某些冲突。因此，如何使旅游组织的每一个内部公众都能在组织环境中充分地实现个人自身价值，同时又能通过全体内部公众的共同努力确保组织整体价值与发展目标的真正实现，就成了每个旅游组织在经营管理中必须研究的重大课题。

② 开展内部公共关系有助于组织提高内部公众的形象意识，增强组织的社会竞争力。内部公众是旅游组织内部公共关系的客体，同时也是旅游组织开展外部公共关系的主体。一方面，作为公共关系的客体，内部公众是旅游组织公共关系的工作对象，组织应采取各种公共关系手段主动加强与其全体成员的双向沟通与交流，以保持内部公众与组织整体的协同发展；另一方面，作为公共关系的主体，内部公众则又是旅游组织形象的塑造者与捍卫者，每一个旅游组织成员的个人形象都是组织整体形象的一部分。由于行业工作的特殊性，内部公众的大部分成员始终处在组织对外公共关系的第一线，与外部公众保持着经常而广泛的联系与沟通，外部公众也正是在与组织内部公众直接而频繁的接触中，透过内部公众的一言一行、一举一动感知并认识某一旅游组织，进而形成对组织的综合印象与评价。内部公众犹如组织的对外窗口，展示着组织的形象风采。可见，内部公众是否具有较强的主体意识和形象意识直接关系到旅游组织良好形象的塑造，在市场经济条件下，良好的组织形象则更是提高旅游组织社会竞争力的必要前提。

旅游组织开展内部公共关系活动，可以通过增进内部团结来提高全体内部成员的主体意识和形象意识，使组织成员在维护个人形象的同时，自觉为塑造良好的组织形象添辉增彩，进而使组织以更完美的形象赢得外部公众广泛赞誉与认同，为组织协调处理外部公共关系，创造有利于自身发展的社会环境打下基础。从这一角度分析，旅游组织只有首先搞好内部公共关系，拥有一支强有力的员工队伍，才能卓有成效地开展外部公共关系活动，促进组织社会竞争力的增强。

总之，开展旅游组织内部公共关系活动的主要目的在于增强组织内部的凝聚力，提高组织的总体素质，为组织开展外部公共关系，协调处理外部公众关系奠定良好的基础。

就一般而言，旅游组织内部公众大致可分为两类：一类为组织内部的全体员工；另一类为与组织有着"财源"关系的股东，他们都是旅游组织内部公共关系的重要沟通对象。所以，搞好内部公共关系主要也就是协调处理好与这两类公众的关系。下面主要就旅游组织的员工、股东，以及对两者的公共关系活动作进一步的分述。

2）旅游组织的员工

旅游组织的员工包括在旅游组织内部从事各项经营、管理、服务等活动的全体工作人员,他们直接归属于特定的旅游组织,是旅游组织内部公众的构成主体。员工是旅游组织赖以生存和发展的基本力量,是与组织发展目标和整体利益关系最为密切的公众群体。为此,协调处理好与内部员工的关系便成了所有旅游组织公共关系的第一任务。作为既是内部公共关系工作的首要目标对象,同时又是外部公共关系工作的活动主体,员工在旅游组织中发挥着不可替代的作用。而与其他性质的社会组织相比,在旅游组织内部,重视并建立良好的员工关系其意义更是非同一般。

从总体上看,我国旅游行业各个组织对员工关系的重要性有着较早的普遍认识,绝大多数旅游组织对其内部员工均较为重视,对内部公共关系工作大多抱以积极、肯定的态度,大力开展内部公共关系工作并取得卓越成就的组织也数不胜数。

如何更好地开展内部员工的公共关系活动呢?虽然此类问题至今尚无定论,但是以下4条基本的工作策略是每个旅游组织在开展内部公共关系工作时都可以借鉴的。

(1) 树立正确的组织理念,提高全体员工的士气

开展有效的内部公共关系的首要任务就是树立正确的组织理念。组织理念是组织全体员工的共同奋斗目标和努力方向,它是一个组织全体员工的共同信念、共同追求和共同创造之所在。任何一个旅游组织只有树立了正确的组织理念,才能从根本上激励全体员工对组织形成一种统一的认识,自觉用它来规范和约束自己的言行,形成奋发向上的群体意识,提高士气,团结一致,推动组织的发展。反之,如果旅游组织内部员工缺乏共同为之奋斗的目标,人心涣散,各行其是,那么组织也就无法按照自己设计的蓝图去实现自身的目标。可以说,树立正确的组织理念是建立良好内部公共关系的基础。

(2) 加强内部信息的沟通,提高全体员工的主体意识

作为旅游组织的一分子,每一位内部员工都是组织的主人,要提高全体员工的主体意识,必须要在重视员工的物质利益的同时,充分给予其精神需求的满足。而员工一旦真正形成了较强的主体意识,就会自觉地对工作产生强烈的责任感与使命感,其个人潜能也会最大限度地得以激发,组织事业的成功必然也就会多一份保障。而通过各种公共关系手段使组织内部各方面信息得到及时的交流与沟通,让员工拥有一定的信息分享权,并适当向员工提供参政议政的机会,则是满足员工精神需求、提高其主体意识的最佳途径。

(3) 重视情感管理,增进与员工的情感交流

旅游产品的生产活动也是一种人际交往活动,这就决定了旅游组织员工向旅游者提供的大多是情感含量较高的服务产品。作为产品的生产者,旅游组织的内部员工则是确保产品质量,使旅游者满意的关键所在。员工的工作表现,尤其是工作情绪会直接影响到旅游者对旅游产品的满意度,而员工情绪的保障机制除了自身的道德、文化、良知等精神内涵外,还包括组织的情感管理与情感交流,这一切都构成了旅游者满意的前提。换言之,只有让内部员工满意的旅游组织才能真正做到令旅游者满意。实践证明,借助于各种公共关系手段,实施情感管理是完全可以达到情感交流的目的。

(4) 营造轻松和谐的工作环境,充分激发员工的创造力

旅游产品的生产,即向旅游者提供所需服务,是一项极为复杂且灵活多变的活动,它十分强调产品的标准化与个性化两者的高度统一,即工作中不仅需要员工的规范服务,更需要员工有一定的创造性,为旅游者提供个性化的服务。众所周知,人的创新能力的发挥受许多因素影响。其中工作环境和工作氛围与员工的个人潜能,尤其是创造力的发

挥直接相关。宜人的工作环境、轻松愉快的工作氛围无疑将有助于员工创造力的发挥。因此在公关活动中,也应注意组织工作环境的改善,极大地激发员工的创造力,提高旅游者的满意度。

阅读资料 2-3

以人为本　以情为魂

　　北京某大饭店举办了一次特殊的午宴——工作了 10 年、5 年的员工成为座上宾。饭店高级管理人员亲自为这些普通劳动者服务,并为他们颁发了特殊证书及证章。为普通员工庆功,这已成了为体现该饭店"以人为本、以情为魂"的组织文化精神的一种传统做法。

　　该饭店是一家国际型豪华饭店,拥有不同国籍、不同年龄、不同文化背景的各级员工近 1 300 人。饭店自从开业以来,一直致力于铸造和培养以"组织对员工的情"和"员工对客人的情"为核心的组织精神,在员工中形成了凝聚力和责任感。为鼓励员工对饭店建设的自主参与意识,饭店采取了各种具体方式和措施。总经理、副总经理每月与员工进行一次直接对话的"员工对话会",已形成了制度。饭店成立了由普通员工组成的全面质量管理小组,对组织的经营管理提出意见和建议,管理层再据此提出改进措施,通过员工大会、员工报等形式反馈给员工。每季度一次的员工大会全部交由员工自己去组织。一年一度的"员工意见调查"是饭店管理层非常重视的工作,向来是委托国外专门的调查公司承办。此外,在待遇福利上对员工的关怀,如病休、鲜花问候、生日宴会添彩、春秋员工旅游等,使员工感受到组织对自己的爱护。正因如此,饭店荣获了很多奖项。

启示:

　　随着新的组织文化理念的引入,新一代的以员工为核心的观念正深入人心,因为决定着服务质量的是人。如果没有以人为中心、以人为本的出发点,再好的服务标准也会因人而变化。故而抓住了"人"这个根本点,任何的管理都可"纲举目张",这是一个从治标到治本的战略大转折。

　　该饭店这一有益的尝试和实践,使酒店的管理从硬性转向软性、从制度的冷酷无情转向情感的春风化雨,对我们从事酒店业的各层领导,均是一个很好的范例。

---

3) 旅游组织的股东

　　随着我国经济体制改革的不断深化,转换组织经营机制、建立现代组织制度的呼声日益高涨。为了顺应形势以谋求更好的发展,不少旅游组织对所有制形式的改革也作了一些初步的尝试,股份制、股份合作制形式的旅游组织便随之应运而生。有中外合资的股份制饭店,有由各种集体和个人筹集资金的股份合作饭店和旅行社,有全体员工也入股的联营股份制旅游组织等,尽管股份制在我国旅游行业内尚处于探索阶段,形式不一,成效各异,相应的法则也不尽完善,然而作为市场经济的必然产物,股份制组织(尤指上市公司)已成为现代组织制度的一种有效形式,必将成为今后旅游业发展的一个重要途径。股东关系也由此成为各个旅游组织共同关注的焦点。

　　股东是旅游股份制组织的重要财源,同时又是"自家人",这种特殊的角色地位使股东们普遍存在"特权意识"与"主人意识"。他们对旅游组织的经营状况与发展动向极为关注,对组织的各类信息十分留意,尤其是对旅游组织内部重大人事变动和经营状况更是表现出特殊的关注。针对股东的这些特征,旅游组织在开展股东公共关系时应注意下面几点。

(1) 加强组织与股东的信息交流与沟通,提高股东的"主人翁"责任感

尊重股东是处理好旅游组织与股东关系的根本原则,而做好与股东的信息沟通工作是充分尊重股东特权意识和主人意识的具体体现。一方面,旅游组织应及时、准确、全面而真实地向广大股东发布与股东切身利益相关的经营、管理、分配等组织信息,提高组织的透明度。使股东随时能够对旅游组织最新动向及情况有较为客观而全面的了解与掌握,从而激发他们对组织支持的更高的热情。另一方面,旅游组织应保持与股东经常性的联络,主动征询股东对组织发展的意见与看法、对产品或服务的建议与设想及社会各界对组织的真实反映等,并对此进行科学分析,将其中的有效信息提交有关决策部门,供决策参考之用。在公关活动中,旅游组织应时刻注意与股东的双向交流与沟通,以增进彼此的了解和理解,从而真正提高股东的"主人翁"责任感。

(2) 充分调动股东关心旅游组织的积极性,进一步扩大组织的财源

股东虽然是组织的投资者,但从公共关系的角度看,则不应将股东关系简单地当作财务关系或金融关系来对待,由于彼此间经济利益关系的存在,股东始终是组织发展的忠实维护者。为此,组织应将股东视作组织发展最可信赖的重要公众,向广大股东提供更多"参政议政"的机会。同时,加强双方之间的情感交流,充分调动股东关心组织的积极性,积极争取股东对组织的信任与支持,从而稳定已有的股东队伍;并借助于股东所拥有的社会关系提高组织的知名度与美誉度,以赢得更多的投资者,进一步拓宽组织资金来源的渠道,为旅游组织的发展壮大提供更多的资金保证。

2. 顾客公众

顾客公众是指购买、使用旅游组织提供的产品或服务的个人、团体或组织。顾客公众包括个人旅游消费者和团体旅游消费者。他们是旅游组织的最重要的外部公众。

市场经济发展至今,先后经历了产品观念、服务观念、定制化服务观念,到了今天有人说已经进入体验经济的时代。在买方市场时代,组织竞争的核心和实质越来越超出于产品本身,已提升到了文化、观念和价值观的层次上。这正需要在旅游生产者、经营者和一切为旅游消费者提供产品和服务的旅游从业者头脑中植入双赢战略、关爱公众、共同进步等公共关系的思想观念。

具体来说,怎样处理好顾客关系?需要注意以下几点。

1) 要树立顾客至上的经营理念

体现在旅游业内有一句名言"顾客永远是对的",这是一种很重要的具有哲学辩证思想的经营理念。

2) 要提供优质的产品和优良的服务,以及提供完善的售后服务

曾是美国最大的汽车销售商的乔·吉拉德有句名言:"我相信销售真正始于售后,并非货品出售之前。"凭着这种完美的售后服务,很快赢得了市场。旅游组织积极开展"售后服务"对于完善旅游组织形象十分必要。

3) 妥善处理各种纠纷,认真对待顾客投诉

在服务行业,客人投诉是一件很难避免的常事。公共关系人员在对待这一问题上应做到诚恳、耐心、及时、认真,给客人一个满意的答复。相反,过去那种"货物售出,概不退

换"的做法，实不足取。

4）正确引导顾客消费

顾客在消费时带有极大的盲目性，组织可以通过导购、电子媒介展示、举办旅游知识培训活动、编印说明材料、免费尝试或折扣消费等种种措施来积极引导消费，若能引导旅游消费的潮流和时尚，也就实现了组织的营销目的。

5）以消费品为桥梁，与消费者建立长期而又稳定的关系，开发消费者所蕴藏的消费潜力

比如，旅行社与饭店，不应将完成一次旅游活动看作与客人关系的终结，而应与游客建立长久而又良好的往来，如主办座谈会，听取他们对旅行社、饭店工作的看法，并以之作为今后如何优化旅游服务的参考。

阅读资料 2-4

夜值经理巧平风波

某家酒店每逢周末的客房出租率从来没有低过 95%。这一天正是周末，夜值的总办张副主任细心地查完岗后，已是凌晨 2 点多了，他刚要入睡，突然被一阵急促而又喧嚣的吵闹声惊醒。经过了解，原来是上夜班的总台服务员小颜因为客人多，导致出现开重房的严重错误。6 位客人投诉到此。

这时，6 位客人团团围住张副主任，好大的一通炮弹，噼里啪啦地轰过来：

"什么星级酒店，乱打发我们……"

七嘴八舌，连珠炮的责难、牢骚，甚至有一些出格的话。张副主任一声不吭，微笑着倾听着他们的怒骂，不时还点一下头，他心里深深地意识到：这时候你说什么都是没用的，让他们消一消气，才是唯一的上策。不过，张副主任一边听，一边移动脚步，有意识地逐渐地把客人带到了回廊，以免影响其他的客人休息。

张副主任对着那个吵闹得最凶的客人说道："您看，今天晚上的事，完全是我们的错，现在您怎么批评我，我都会接受，但我最关心的还是想尽快找一个办法，解决您的住宿问题。把这事解决了，您到时再怎样批评我都行！您看好吗？"

"行吧，行吧，快点吧！"

张副主任立即打电话询问了总台，得知有一套别墅尚未租出去，便立刻吩咐服务员，打开了别墅的套房，把其中的几间房仍然关闭，独开了一间豪华的双人房，然后再殷勤地请这位姓黄的客人亲自来看了一遍，待其表示满意后，才将钥匙交给了这位姓黄的客人。并且不失时机地对他说道："今天的错，完全是由我们引起的，这套别墅，我们平常是按 2 400元/套整套出租的，平均每间房分摊开也得要 800 元左右，但您放心，今天这套房算我们对您的补偿，不会也不能再多收超过你所订房的房价。"

"嘿，嘿，那就这样吧……"姓黄的客人和他的朋友终于露出了笑容。

一场风波，得以平息。

启示：

投诉，甚至索赔，是客人对酒店某些工作不满的反映，酒店员工称为告状。其实，酒

店无论如何经营、管理有方，总有疏忽、懈怠、失误的时候，而不断采取措施，杜绝隐患，并及时处置，则可以化不满意为满意，化干戈为玉帛，使投诉的不满情绪得以平息。

以上实例中酒店的夜值经理，则正是遇到了因前台操作人员误开销售房，而导致客人控告性投诉的一个事件。

控告性投诉的特点是：投诉人已被激怒，情绪激动，要求投诉对象做出某种承诺。对待这类客人首先应设法使其冷静，并用最简单、直接、肯定的语言，明确无误地传输出"你的问题我们一定能解决"的信息。这样，暴怒、焦躁的客人的情绪则可以得到一个缓冲。以上实例的夜值经理就是采取了这样一种办法。

但仅仅作空头承诺，开空头支票是无用的，必须以最快的速度寻求一种解决的办法。像以上实例的情况，已开重房是事实，已是凌晨2时多，房态全满，似乎无计可施。即使以最快的速度清扫夜值房，也需要20多分钟，一般客人心理也不愿意去住一间面对面见过的人刚使用过的房间。这时候，就要求夜值经理要具有较娴熟的专业技能和应变处置的能力，采用开豪华别墅的办法，不失为一种最佳的选择。因已值深夜，别墅获得出售的概率较小，且只用套房中的一间，闲房利用，变"废"为宝，是化解客人愤懑的最佳办法，再则由于套房销售价格，与客人原订房的价格差异，可以满足客人的"占了便宜"的心理，一场风波得以平息。

投诉多是起因于酒店管理与服务中的事故，如果酒店在受到控告性投诉后，无动于衷，不解决任何问题，必然会激发矛盾，而处理它，实质是为了杜绝这种投诉的再度发生。

以上实例，正是古人"亡羊补牢"的一种境界。

可以这样说，酒店中的工作事故，有绝大多数是因不按操作程序而造成的，该酒店以此为鉴，酒店同行也应以此为戒。

3. 社区公众

社区公众是指旅游组织所在地的地方政府、社会团体和其他社会组织及当地居民百姓。社区关系又称为"区域关系"、"邻里关系"、"地方关系"。社区是一个组织赖以生存发展的基本环境，是组织"生根立足"之本，对于任何一个旅游组织都非常重要。"公共关系始于门前"讲的就是这个道理。

社区关系直接影响着旅游组织的生存环境。社区如同组织扎根的土壤，没有良好的社区关系，组织就会失去立足之地。社区公众是由特定的活动空间所确定的，区域性、空间性强。地方性组织的活动直接受社区的制约，需要本地的资源来发展自己。因此社区关系便直接影响着组织其他各方面的关系，如员工家属关系、本地劳动就业问题、本地顾客关系、地方媒介关系、地方政府关系等。

社区关系还直接影响着组织的公众形象。社区公众涉及当地社会政治、经济、文化、教育等各个方面的阶层，类型繁多，涉及面广，对组织客观上存在的各种不同的要求和评价。由于处在同一社区，对组织的某一种评价和看法又极容易相互传播，形成区域性的影响，从而形成组织的某一种公众形象。所以尤其不可忽视。

处理好社区关系，旅游组织要做到以下几个方面。

① 严格遵守有关的法律法规和规章制度，尊重社区当地的风俗特点和生活习惯，做到

入乡随俗。

② 旅游组织应主动关心社区建设，应尽可能地给予社区支持和帮助。

③ 实行门户开放政策。经常邀请社区百姓参加旅游组织的活动，接待参观，听取意见和建议，密切与社区的邻里感情。

旅游景区的开发往往遇到"社区关系"的困扰，若不能很好解决当地旅游区居民的生活、工作等相关利益问题，就会给当地旅游业的发展带来种种障碍，旅游地社区问题管理是我国旅游业发展必须研究的公共关系课题。

4. 媒介公众

媒介又称新闻界，指新闻传播机构及其工作人员，如报纸、电视、广播、杂志等部门及其编辑、记者。媒介关系是公共关系工作对象中最敏感、最重要的公众关系。

1）媒介关系的特殊重要性

新闻媒介对于组织具有双重角色特点：一方面，新闻媒介是组织与公众实现最广泛、最有效沟通的必然渠道，具有工具性特点；另一方面，新闻界人士是组织需要特别重视的特殊公众，具有对象性特点。媒介与公众合二为一的双重角色，决定了媒介关系是公共关系工作中传播性最强、最敏感、公共关系操作意义最大的一类公众关系。

2）正确处理媒介关系

处理好媒介关系，是旅游组织公共关系的重要课题。要建立并保持良好的媒介关系，公共关系人员应从以下几个方面去进行。

（1）要熟悉新闻媒介

旅游公共关系人员应了解并熟悉媒介组织的特点，不同的媒介组织有不同的业务性质和影响范围，对于这些旅游公共关系人员都应该非常清楚。即使对于媒介组织内部的结构、各部门的职责和负责人，也应该掌握得越清楚越好。这样，当旅游组织需要通过新闻媒介进行公共关系传播时，就能有的放矢，不会强人所难。

（2）要保持媒介渠道的畅通

与媒介建立经常性的联络渠道，由专人负责随时可以沟通联络。旅游组织的公共关系部门应该建立与媒介公众经常性的联系渠道，由专人负责此项工作。

（3）要正视新闻媒介的批评报道

对于内容属实的批评报道，组织应首先承认错误并表示感谢，其次要马上查清事情真相及其原因，并立即采取补救措施，再请媒介作正面的宣传报道，以及时挽回影响。对于内容失实的批评报道，组织也应保持冷静，要诚恳地向新闻媒体提供真实的情况，以澄清事实真相，再请媒体做出相应的纠正。

（4）要掌握正确的交往原则

与新闻界人士要以诚相待，提供真实的新闻信息，不文过饰非。了解新闻界的职业行为准则，维护他们的职业尊严。切忌以经济性手段来影响新闻媒介的独立性和客观性，不能用金钱等物质利益手段诱惑对方按自己的意图进行报道，更不能将自己的观点强加于对方进行不合理的报道，这不仅有损于新闻界的信誉，也同样是公共关系中之大忌，背离了公共关系真实性的活动原则，最终会破坏双方真诚、持久的合作关系。

5. 政府公众

政府公众是指政府各行政机构及其工作人员，旅游组织的具体上级管理机构和管理人员。任何社会组织都必须接受政府的管理和制约，因此需要与政府的有关职能机构和管理部门打交道，这是所有传播沟通对象中最具权威性的对象。旅游组织必须与政府各职能部门建立和保持良好的沟通，这是组织生存、发展的重要保障和条件。

旅游组织与政府保持良好沟通的目的，是争取政府及各职能部门对本组织的了解、信任和支持，从而为组织的方向和发展争取良好的政策环境、法律保障、行政支持和社会政治条件。一方面，政府的认可和支持是具有高度权威性和影响力的认可和支持；另一方面，与政府建立良好关系能够为组织形成有利的政策、法律和社会管理环境。通过良好的政府关系，旅游组织能够及时了解到有关政策的变动，能够较方便地争取到政策性优惠或支持，能够对有关本组织的问题在进入法律或管理程序之前参与意见，使之对旅游组织的发展有利。

因此，旅游组织就需要主动建立和加强与政府有关部门之间的双向沟通。具体来讲，应该做到以下几个方面。

① 旅游组织的公共关系部门应该详尽地分析研究政府的方针、政策、法规，提供给本组织领导及各部门参考，使组织的一切活动都保持在政策法规许可的范围内，并随时按照政策法规的变动来修正本组织的政策和活动。

② 旅游组织的公共关系部门应随时将实际工作部门的具体情况上传至政府有关部门。根据本地区、本行业、本部门的特殊情况，主动地提出新的政策设想和方案，并通过适当的渠道进行说服性的工作，协助发现及纠正政策执行中出现的偏差或失误。

③ 处理政府关系，还需要熟悉政府机构的内部层次、工作范围和办事程序，并与各主管部门的具体工作人员保持良好关系，避免人为造成的"踢皮球"和"公文旅行"的现象，提高行政沟通的效率。

6. 名流公众

名流公众指那些对社会的舆论和社会生活具有较大的影响力和号召力的有名望人士，如政界、工商界、金融界的首脑人物；科学界、教育界、学术界的权威人士；文化、艺术、体育、影视娱乐圈等方面的明星。这类关系对象的数量有限，但对传播的作用很大，能够在舆论中迅速"聚焦"，影响力很强。公共关系活动中通过社会名流去影响公众和舆论，往往具有事半功倍的效果。

旅游组织和社会名流保持良好关系的目的，是为了借助于他们的知名度扩大组织的公共关系网络，扩大组织的公众影响力，提高组织的社会形象水平。这也正是"名人效应"的体现。旅游管理部门和旅游组织组织可以经常和各界名流联络和合作，借助于社会名流的知识和专长，借助于社会名流的优势关系网络，借助于社会名流的社会声望，并利用公众崇拜名流的心理，提高本组织在社会和公众心目中的地位。

7. 国际公众

国际公众指旅游组织的业务、人员及其他活动进入国际范围，对别国的公众产生的影响，并需要了解和适应对象国的公众环境的时候，该组织所面对的不同国家、地区的公众对象。国际公众对象具有与本组织完全不同的社会和文化背景，因此传播沟通活动有着显著的跨文化特征。

搞好国际公众关系的目的是为了争取国际公众和舆论的了解、理解与支持，为本组织及其政策、活动、产品和人员塑造良好的国际形象，创造良好的国际声誉。这在加入世贸组织后的今天，具有非常重要的意义。

不论是旅游组织还是旅游管理组织，为了更好地参与国际旅游大循环，发展外向型旅游经济，亟须发展国际旅游公共关系。通过国际公共关系的方法，及时准确地了解国际旅游市场动向，了解国外的投资者、合作者和旅游者最新的需求；运用公共关系的手段，向国外的游客、舆论和市场传播自己的信息，树立自己的形象，介绍自己的产品和服务，提高自己的国际知名度和国际信誉。所以，良好的国际公共关系有利于促进这些方面的交流与合作，有利于树立中国在世界的良好形象。

在实际的公共关系活动中，由于国际公共关系是一种跨文化传播，在信息交流和对外交往方面，不仅要懂得运用外国的语言文字，还要了解对象国的历史文化、风俗习惯、公众心理，以及了解国际服务贸易和对外交往中的国际惯例，使传播的信息尽量符合当地的公众习惯。总而言之，各类旅游组织一定要抓住机遇，运用国际公共关系帮助自己走出国门，走向世界。

2.3 旅游公共关系的手段——传播

传播在旅游公共关系活动中是联结旅游组织和公众的纽带，是将旅游业组织的各种良好的行为转化为实际公共关系中的知名度和美誉度的"桥梁"。为此，旅游公共关系人员要想有效地进行公共关系活动，就必须懂得传播的理论并掌握传播的技巧。

2.3.1 旅游公共关系传播的概念与特点

旅游公共关系工作就是谋求组织被公众及社会所理解，为形成、强化公众对自己组织形成的良好印象所做的一切努力和基础性工作。要达到这一目的，就必须对传播和传播的特点有个透彻的了解。

1. 旅游公共关系传播的概念

传播一词译自英语Communiction，多译为"传播"、"交流"、"沟通"、"通信"等意思。所谓传播，就是人与人之间信息的双向交流与共享的过程。传播的过程大致可以表达如下：组织或个人在获得信息之后，把信息编制成一定的符号，通过媒介或直接输送给目标公众，接受者再把所得到的信息符号编制为信息，使信息到达目的地。在这个传播过程中，它拥有三个必不可少的要素，即传播者、传播符号和传播对象。

1）传播者就是在传播过程中处于主动者一端的组织或个人

在旅游公共关系传播过程中，旅游组织自然就是传播者。作为传播者的旅游组织要对大量的向外传递的信息进行筛选，并将要传播的信息编成一定的符号，然后将这些信息符号发送出去。

2）符号是人类在传播信息活动中表达信息含义的工具

声音、文字、图画、姿态、表情等都是符号。符号在传播活动中起代表作用，它是信息的载体。在传播活动中，传播者使用的符号必须是传播对象也熟知、理解的东西，否则，信息传播就会失败。这一点对于旅游组织来说尤为重要。因为旅游业所接待的游客来自不同国家和地区，他们有着不同的文化和习俗，如不注意彼此间的差异，就会产生误会，出现适得其反的结果。例如，在我国，人们习惯用点头代表同意，摇头表示否定；如果到了印度，你仍以此符号形象与当地人沟通，那就大错特错了，因为印度人与我们的习俗正相反，点头表示否定,摇头表示肯定。

3) 传播对象又叫受众,是传播内容的接受者,可能是个体,也可能是组织

在传播过程中,传播对象接受信息符号,译解符号,并对符号内容作出反应,即反馈,从而使传播者了解信息传播的效果。旅游公共关系传播中的传播对象,主要是社会公众,旅游者及与之相关的一些组织。

公共关系活动的过程,就是信息的传播、交流和沟通过程。特别是对于旅游公共关系活动来说,如何利用有效的、可靠的、快捷的信息传播、交流、沟通手段,树立自己良好的形象,与社会公众建立良好的关系,是一个非常严肃而又迫切的课题。如果我们依然相信"桃李不言,下自成蹊",那就不会赢得公众的理解和支持,也不可能提高组织的活动效益。对于作为第三产业的旅游业来说,应向广大公众和社会解释和宣传自己的方针、政策、计划,了解公众的意见、看法、态度及情感,使组织与公众之间互相理解、互相支持。所以,美国《幸福》杂志的一句话点破了公共关系工作的一大特点,即"良好的表现因为适宜的传播而受到大家的赞誉"。

旅游业要建立并维持与社会公众的良好关系,创造最佳的社会环境,就必须依靠真实、有效的信息交流。所以,旅游业应运用现代信息传播的理论与方法,设计并制定内部的信息流通模式,正确处理好与职工的关系,让职工满意,从而提高经营管理效率,为让客人高兴奠定基础。要利用各种现代化的传播媒介,建立组织同外部社会的信息传播网络,对外传送各种有利于树立组织良好社会形象的信息,为组织创造一个好的社会环境。还应向组织反馈社会环境的动向和变化,为组织及时调整政策、方针提供客观依据。所以,旅游业公共关系的信息传播与市场经营的信息传播是不一样的。它主要是搜集和传播社会关系与社会环境的信息,一方面,它直接参与组织的经营管理,告诉旅游组织领导者,其组织在社会中的信誉和形象如何,社会对组织的反映和意见是什么,政府的政策、法令和社会环境已经发生了哪些变动及可能发生哪些变化,组织应作出何种的反应等;另一方面,它又向社会传递着该旅游组织作为一个实体其性质如何,组织的经营目的如何,服务宗旨如何,能为社会提供什么服务及组织的经营情况与发展战略如何等。

2. 旅游公共关系传播的特点

旅游业以向消费者提供无形服务作为自己的产品,这种产品对消费者来讲,不同于购买到的实物性产品。它只是一种"经历性产品",这种产品在人们心目中的印象或形象,往往是决定消费者是否购买的一个至关重要的因素。而这又与组织的形象是密不可分的,在一定程度上可以说,旅游业的形象与其产品形象是一体的。这样看来,对旅游业来说,搞好公共关系的意义就不言而喻了。受旅游公共关系自身特点的影响,旅游公共关系在传播上具有以下几方面特点。

1) 传播手段的现代化

在当今社会,旅游业进行公共关系传播所采取的手段日益现代化。从报纸、杂志、广播、电视,到互联网络等现代化传媒都被其用来进行信息传播。

2) 传播方式的多样化

旅游业进行公共关系传播时,可以通过书面印刷,如书刊、报纸上的广告、新闻报道;也可以通过电信形式,像广播;还可以通过影视手段,利用电影,电视进行图文并茂的传播。当然,最直接的方式是通过游客进行传播,这也是最令人信服的方式,所以有人讲,

"接待好一位游客便培养一位公共关系员"。

3) 全员公共关系

由于服务工作是通过旅游从业人员与游客在相互交往中实现的,所以,旅游工作者的一举一动都代表着组织形象。因此,他们自然也就肩负着传播组织形象的重任。所以,在旅游业中,每个工作人员都是组织的公共关系员。

4) 传播效果高效化

由于使用现代的传播技术能够大量地、高速度地复制和传播信息,使传播活动能够大范围覆盖、高速度进行,具有强大的公众舆论影响力,所以无论是从时间还是从空间效果来看,这种传播都是最高效的一种传播方式。

2.3.2 旅游公共关系传播方式的选择与应用

在旅游公共关系活动中,良好的传播媒介和传播形式是实现有效传播的关键。能否正确选择传播媒介和采用恰当的传播形式,也是衡量公共关系人员能力水平的重要标准。依据旅游公共关系的性质和特点,其传播形式常采用人际传播、群体传播、组织传播和大众传播4种类型。

1. 人际传播

这是指人们彼此间面对面地或个人与个人亲自进行的信息交流和传播,例如,相互交谈、打电话等。人际传播可划分为两种形式:一种是面对面的人际传播,即通过语言、动作、表情等媒介进行交流。例如:导游的景点讲解服务,酒店前台服务员的对客服务。另一种是非面对面的人际传播,主要利用书信、电话、电报等媒介进行交流。

1) 人际传播的优势

(1) 双方参与性

人际传播中,传播双方既传播信息又接受信息,参与性强,针对性强。

(2) 传播符号多样性

人际传播的传播符号多种多样,既有语言,又有眼神、表情、动作、姿态、服饰等,双方可以从感官上受到多种信息的刺激。

(3) 反馈灵敏性

在人际传播交流中,双方不仅可以根据反馈信息及时表达自己的情绪或意见,有针对性地交流,而且能够通过观察对方的反应及时调整自己的传播内容、方式或符号,作出随机应变的处理,以便消除隔阂、减少误会、增加共识。所以,人际传播过程的信息反馈灵敏,易于相互调整和适应。

(4) 沟通情感化

目前世界各国都在标准化、程序化的基础上,注重细节服务和情感服务,满足旅游者的精神需求。有效的人际传播沟通是情感化服务一个积极的促进因素。

2) 人际传播的不足

传播范围狭小、传播效率不高是人际传播的不足。人际传播主要是个人与个人或群体之间面对面地沟通,信息传递受到时间和空间的制约,传播面较窄、传播速度慢。同时,由于个人素质、观念、态度、情绪、语言等因素的影响,可能使信息失真,形成人为的传播障碍，这是人际传播的弱点。
3) 人际传播的选择与应用
旅游组织可选择应用的人际传播方法有以下几种。
(1) 旅游者传播
旅游者传播是指旅游组织直接针对旅游者，即通过旅游者间接针对潜在旅游者进行的传播活动，它贯穿于旅游活动的每个细节中，是旅游公共关系中最重要的传播渠道。这种旅游者现身说法的传播方式，可信度较高，能形成极好的"口碑效应"。具体可以通过组织促销团推销、组织演讲团进行宣传或即兴演讲做宣传，还可举办或组团参加各种国际旅游交易会、展览会及博览会，开座谈会、研讨会等。
(2) 政府组织传播
政府组织传播导向性很强，权威性和说服力较高。在旅游公共传播中，适时、适度地转引政府组织的评价，如"质量信得过单位"、星级评定等，会产生良好的效果。因此，旅游组织必须重视对政府组织的传播工作，以期获得政府组织的好感和信赖。具体可以通过人际交往方式主动向政府组织的汇报工作，介绍组织现状，邀请政府领导及有关人士视察本组织等。
(3) 特定人物传播
特定人物传播，即选择具有特殊身份和特定地位的任务进行传播的方法。目前国际上使用较为普遍的手段有：一是邀请外国旅行社代理人、旅游批发商来访。根据旅行社的经验，该类客人属于权威公众，常常会控制一定时期内的客源市场；二是邀请外国记者来访。这是一种成本低、效果好的旅游公共传播手段。三是邀请政府首脑及名人，借助"名人效应"达到特定传播效果。例如，2005年首届广东国际旅游文化节开幕式晚会上，邀请香港旅游形象大使成龙参加演出，取得了非常好的轰动效应。

阅读资料 2-5

武陵源列入"世界自然遗产名录"

湖南省林业局进行了一系列公关活动，把武陵源由一个"养在深闺人未识"的国有林场——张家界变成世界知名的自然风景区。1978年，他们邀请了全国各主要新闻单位的记者到张家界参观考察。通过媒体的宣传，该地引起了全国注意，1981年，张家界被国务院正式批准为中国第一家国家森林公园。利用第一次成功带来的旅游收入，张家界又开始了新的发展阶段。1985年，中央将张家界索溪峪、天子山合为武陵源，借合并之机，他们进一步开展了公共关系传播活动：大力向各大旅游机构宣传、向公众广泛介绍，向国外新闻机构传递信息。很快，武陵源被国内外公众所认识接受，被正式列入"世界自然遗产名录"，该景区走向了世界。
启示：
武陵源的成功并没有特别之处，只是他们恰如其分地利用了传播渠道。在旅游领域，仅靠广告式的媒体宣传往往是不够的，人际传播更能够激发人们的情感认识，这就是武陵源成功的内在原因。

2. 群体传播

这是指人们在某一小群体范围内进行的信息传播活动。是传播者面对相对集中的相关公众进行的一种临时性传播，如开业庆典、星级评定、挂牌仪式、专题演讲与报告、新闻发布会、记者招待会、展览会、客户座谈会等。群体传播具有隆重、正式的特点，可充分展示公共关系人的组织能力、社交水平及业务能力，往往能给公众留下深刻印象。

1）群体传播的优势和不足

群体传播具有相对集中、面对面、可及时反馈等优点，便于传播者纠正、补充所传播的信息内容，易于制造热烈的气氛，有时还会形成轰动性传播效应，是组织组织对内、对外常用的一种有效传播手段。例如1999年，世界园艺博览会在昆明召开，就多次采用新闻发布会的形式强化宣传力度，从而使"让云南走向世界、让世界了解云南"的目的得以实现。

群体传播的不足之处主要是成本高，对旅游组织的组织能力要求较高。

2）群体传播的选择与运用

旅游公共关系人员可根据传播信息的内容要求，选择适当的群体传播方式。如旅游组织有重大喜庆之事，可通过举办各类庆典活动来增进与同业人员及社会公众的沟通。如旅游组织欲向社会公布重要事件或澄清重要事实，可举行新闻发布会或记者招待会。

3. 旅游组织自控传播

旅游组织自控传播是公共关系传播的一种形式。它通过举办会议、出版刊物、制作电子传播媒介等手段，进行"内求团结、外求发展"的教育，使组织员工的问题得以有效地内部解决，从而取得增强旅游组织向心力和凝聚力的效果。

旅游组织自控媒介传播的种类很多，每种媒介所发挥的作用各不相同，公共关系人员应有针对性地选用。

1）内部书面信息传递

旅游组织内部书面信息传递形式多样，有自办的报纸、杂志、书籍、板报、宣传栏等，通过播发组织新闻、传达组织精神，让员工了解组织政策、经营状况，使组织明了员工的想法，丰富员工的业余生活。

2）会议、会谈

策划和召开各种会议、会谈，起到双方或多方相互会面交换意见、传递信息、增强沟通、联络情感的作用，是公共关系工作常用的自控传播方式。

3）旅游组织自拍电影、幻灯

旅游组织公共关系部有时会采用播放电影或幻灯的手段开展公关活动或促进销售、培训员工；有时还会制作一些风光电视片、电影纪录片等，介绍某地的自然风光、文物古迹、旅游发展的历史和成就等，或者介绍组织文化建设、产品开发、人才培养、新型管理经验等，展现组织的整体风貌，树立独特的组织形象。但是要求制作技术高，费用高，有时缺乏吸引力。因此，选择这类传播媒介是需要慎重考虑并精心构思与创作，强化艺术性，增强娱乐性、趣味性等，以确保公共关系传播的效果。

4）协商、谈判

旅游组织与内外公众关系既有协调、和谐的一面，也有对立、冲突之时。协商与谈判是解决旅游组织与公众之间矛盾、冲突的有效手段。通常，非原则性的或利害关系较轻的矛盾通过协商去解决；而谈判用于解决组织之间利害冲突较大的矛盾，是一种以协商为手段，比较注重形式的语言沟通方式。

4. 大众传播

这是指旅游业借助职业传播者，如新闻、出版等单位，通过现代化的大众传播媒介，像报纸、杂志、广播、电视、电影和书籍等，将大量复制的信息传播给极其广泛的受众。它是旅游组织塑造良好形象、提升知名度与美誉度的不可缺少的重要手段之一。

1）大众传播的优势

（1）传播机构高度专业化

现代大众传播是个非常专业化的行业。它要求由专业的机构和人员来从事此项工作。传播机构对采集的信息要经过选择、过滤和加工，按传播者的意图和受众的需要予以传播。旅游组织利用大众传播媒介时，应遵循协助、配合的原则，与新闻单位密切保持联系，主动提供组织资讯，争取尽可能多的大众媒体有利报道。

（2）覆盖面广、传播快速、感染力强、影响力大

大众传播是影响力最大的一种传播方式，能使旅游组织迅速提高自己的知名度并赢得公众的注意。

（3）具备强大的舆论导向能力

大众传播在公众形成一种"权威"心理，使公众信任并重视所报道的信息，具有强大舆论导向作用。旅游组织要争取大众传播媒介的注意，力求争先报道、连续报道或在显著位置报道。当旅游组织面临危机时，应不失时机借助大众传媒公开事实真相，争取公众了解，维护本组织的社会形象。

2）大众传播的不足

大众传播存在信息反馈困难、缺少人情味；受众面分散广泛、受众的针对性弱；传播消息稍纵即逝，难以达到传播沟通的情感层面；信息反馈间接而缓慢，效果难以把握；受场地、设备条件限制，节目成本较高等不足。

3）大众传播媒体的选择和应用

大众传播媒体的基本类型有报纸、杂志、广播、电视、网络。旅游公共关系人员根据大众传媒特点，适宜地选择最佳媒体才能获得令人满意的传播效果，具体应注意以下几方面。

① 各种传媒各有所长、各有所短，各有鲜明的特点和一定的适用范围使公共关系人员必须对各种传播媒介有深入全面的了解，才能进行选择。

② 信息、媒介和受众是一个传播的整体过程，公共关系媒介的选择除了考虑媒体本身的优缺点外还应将行业、组织传播内容及受众等因素结合起来综合考虑。

（1）报纸

其优点：信息容量大，阅读方便，选择性好，便于保存和查阅，成本较低。局限：传播速度不如广播、电视快，与广播电视相比，形象的表现力、生动的感染力均显得逊色，传播范围有一定的局限。

应用方法和原则有以下 4 个方面。

第一，要熟悉全国和当地有哪些报社，报社出版报纸的性质，本行业报纸的主要读者的基本情况，如文化程度、年龄特征等。

第二，要熟悉想采用的报纸的各种版面，了解各个版面的主要读者对象，要在目标客源

对象经常看的版面上刊登广告或文章。

第三，了解要合作报纸的国内发行量及海外发行的状况，因为发行量越大，受众率就越高，传播效果就越好。

第四，发布新闻稿一定要注意配上照片，增加信息的可信性。

(2) 杂志

其优点：内容丰富、系统，图文并茂，有较强的感染力，拥有比较稳定的读者群。局限：出版周期较长，时效性较差，和报纸的局限相类似。

应用方法和原则有以下 4 个方面。

第一，公共关系人员应具体了解海内外有影响的杂志、本行业内的杂志。

第二，注意宣传的时效性，了解杂志的出版周期，计算好杂志发行时间，保证文章及时发表。

第三，向杂志社提供文字材料时，尽可能多地提供图片资料，以增强宣传效果。

第四，在杂志的封面、封底及插页刊登大幅彩色照片和彩色图画，宣传影响力较大。

(3) 广播

其优点：传播速度快、范围广，感染力强，收听无独占性，即可以边听边做其他事。局限：受时间限制，受众的选择自主性小，不便保存信息和过后查阅。

应用方法和原则有以下 4 个方面。

第一，必须要及时传达给社会公众的信息可采用广播手段。

第二，广播成本较低，适合资金有短缺时运用。

第三，广播新闻稿件写作尽量用口头语，更为亲切流畅。

第四，尽力争取在黄金时间播出。

(4) 电视

其优点：真实感强，生动、形象、可信，传播速度快，感染力强，表现手法多样，具有其他媒体无法比拟的传播效果。局限：观众的选择性小，信息不便保存和查阅，节目制作成本高，观众的收视率受设备、实践与空间的限制。

应用方法和原则有以下 4 个方面。

第一，为获得良好效果，应熟悉电视的频道及节目播出时间，针对目标受众的观看习惯安排播出。

第二，制作节目时充分发挥电视图像、音响、文字的感染力，使三者融为一体。

第三，最好能安排重播

第四，制作时内容一定要真实，形式上一定要有创新。

(5) 网络

其优点：网络传播的广泛性、传播信息的非强迫性、信息受众数量的可统计性、信息传播的感官性、交互性、灵活性、快捷性等。局限：网络传播的特性决定了它与传统大众传播方式截然不同，也就不可避免地带来了一系列的负面作用，如意识形态和文化渗透、假新闻假信息传播等。

总之，只有正确把握信息、媒介、公众三者特点，才能选择最有效的媒体，以达到最佳的传播效果。

2.3.3 旅游公共关系传播的理想条件

旅游组织通过传播媒介将特定的信息传达给社会公众、旅游者。这自然会对后者，即传播对象产生一定的影响和一定的效果。这种效果可能是积极的，与传播者的期望相一致，也可能背离传播者的期望，产生消极的效果。任何传播活动产生的效果都不可能是百分之百地令传播者满意的，也就是说，传播活动的"效果有限"。对于旅游公共关系传播工作来说，也不例外。为什么这样讲呢？因为对受众（社会公众）的心理分析表明，传播对象并非任人摆布的玩偶，而是在传播过程中具有能动作用的主体。心理学研究结果证实了，当面对大量的传播信息时，人们总是愿意接受那些与自己固有观念一致的，或自己关心、需要的信息，回避那些与自己固有观念相抵触或自己不感兴趣的信息。如一个不喜欢体育活动的人，很少去看报刊、电视中关于体育新闻报道和体育比赛实况转播的节目；同样，一个根本不想外出旅游的人，他决不会对报纸上关于旅游的信息给予任何关注。这就是心理学家所称的注意的选择性。当人们看到同一信息时，总是试图利用自己头脑中已获得的知识、已建立的图式对其加以理解，明确这一信息的含义，这就是心理学上讲的知觉的理解性。但由于每个人头脑中的知识、经验背景不同，已建立的图式彼此有差异，势必产生不同人对同一信息的不同理解和认识，即所谓"仁者见仁，智者见智"的情况，这就产生了由于个体知识经验的差异而导致的知觉理解上的差异性。此外，人们在记忆外界信息时，也受个人好恶、兴趣的很大影响，愿意记的东西，引起自己兴趣的东西就容易记住；反之，则容易遗忘。对文物古迹感兴趣的游客，每到一处，必对文物遗迹认真观察，用心记忆，旅游结束归来，亦会对人们津津乐道。而对此毫无兴致的人，即便游览半天，也不会在自己头脑中装入多少关于文物古迹的知识，当旅游活动结束时，头脑中也多半会空空如也。所以，由此看来，旅游业在对社会公众、旅游者进行信息传播时，要想取得完全令人满意的效果不太可能，特别是要想以此来改变传播对象固有的立场、观点，几乎是难以奏效的。要想取得好的传播效果，就应尊重受众的需要，依循传播工作中的规律，循序渐进，创造旅游公共关系传播的理想条件。

从美国社会心理学家耶鲁大学教授卡尔·霍夫兰（Carl Hovland）对大众传播及态度改变问题进行的几十年研究的成果来看，要想使传播取得好的效果，应具备以下几方面条件。

1. 要有最好的传播者的条件

霍夫兰等人经过研究发现，人们对传播者的评估越有利，就越可能接受传播信息，改变自己的态度。要达到这一点，传播者的权威性、客观性与受欢迎程度是重要因素。

1）权威性

霍夫兰等人的研究表明，由专家发表的看法，要比一般人的看法更容易引起人们态度的改变，也就是说，人们对来自权威人士的信息更乐于相信。

2）客观性

不论传播者专业水平如何，受众相不相信他是在客观、公正地传递信息这一点是极为重要的。如果人们认为某位专家是为了个人捞好处而在拼命帮助某旅游组织推销产品的话，那么人们对他所讲的话的信任度自然就会大打折扣。根据霍夫兰等人的研究，如果传播者被公众认为是客观、公正地传递信息，立场是超然的，并不想通过此举给个人捞好处，那他的话就很可信。特别是当传播者所传递的信息与其自身利益相悖时,他在公众心目中的可靠性与影响力会大增。

3) 受欢迎程度

根据一致性理论,人们会改变自己的态度,以便和他喜欢的人一致。任何能增加传播者受喜欢程度的因素也能增加受众的态度改变。例如,有研究表明,外表具有吸引力的人往往也是具有较大说服力的传播者。另外,人们较易受与他相似者的影响,而与他不相似者对他的影响较小。因为,人们通常认为,和自己有着同样背景的人也会有共同的价值观,对事情也有同样的知觉。所以,如果传播者与受众间越相似,后者就越会将前者看作是"自己人",就越会对其观点产生"认同感",越易接受前者的意见。

所以,旅游业在进行公共关系传播时,要特别注意根据情况的需要,或请旅游界专家,或请与公众类型接近的人士来发表看法,传播信息,尽量减少传播中的商业气息,以客观、公正、权威、受大家欢迎的面貌来进行公共关系传播,这必将对树立组织良好的公众形象起到积极作用。

2. 传播的信息

影响传播能否取得预期效果的另一个重要方面就是传播的信息。信息内容自身的一些特点是影响别人态度改变的重要变量。

1) 信息的差异性

霍夫兰等人的研究表明,导致人们态度发生变化、接受信息的一个主要因素就是因为接受者和传播信息者间所持立场的差异所导致的压力。差异越大,促使人们态度改变的潜在压力也越大。假如某人每天睡 8 个小时,而他却听到一位著名的健康专家说,只要 6 小时的睡眠便已足够,那这时此人的态度便受到某些压力;如果健康专家又说,事实上人每天只睡 4 个小时就足够了,那这个人所受的压力就更大。当然,实际上,人们并不会随着差异的增加而相应地增加自己的态度改变,因为,当差异变得很极端时,人们非但不会感受到压力,反而会怀疑传播的信息的可靠性和传播者的可信度。所以,在传播与受众已持立场和观点有差异的信息时,应选择可信度高的传播者,这样就能使传播效果达到最佳水平。对于旅游业来说,在进行公共关系传播时,应注意这些情况。

2) 信息的真实性

真实的信息才会赢得公众的欢迎。特别是一贯符合事实、尊重科学的信息,就很容易为受众接受。对于旅游业组织来讲,在传播信息时,信息自身的真实性,对于树立组织形象有着重要的影响作用。

3) 恐惧的唤起

说服别人,使其产生态度改变的最自然的方法是唤起他的恐惧感,比如,母亲告诫自己的小孩,外出时必须紧跟父母,否则就会被坏人拐走;传教者也以如不坚定信仰就会被打入十八层地狱,永世不得超脱来威胁自己的信徒;政府的领导者也时时告诫民众,如果政策得不到贯彻、执行的话,国家经济就会崩溃,将会出现民不聊生的情景。众多心理学家在这一领域里作的有关研究表明,恐惧的唤起能增加传播信息的说服力。当然,此中也有一个程度问题,如果在传播信息时,让受众被唤起的恐惧程度太大,结果很可能会适得其反。因为,如果使人们过度害怕,那他就会感到除了听天由命外,无所适从;或是因为受到太大的威胁就转而企图否决这种信息的危险性,并拒绝接受该信息。所以,旅游业在进行公共关系传播时，如使用此方法来帮助提高效果的话，必须注意掌握好恐惧情绪在受众中唤起的水平。

4) 信息的显著性

传播的信息对于传播来说，如果是较明显的，就易引起公众注意。为此，信息要有一定的刺激强度，方能吸引公众的注意力。

5) 信息的新鲜性

社会生活中，人们被大量的信息所包围，每时每刻都会受到大量信息的冲击，如果旅游业在进行公共关系传播时所选择的信息没有与众不同、独到之处的话，就会被大量的信息所淹没，不会为受众所注意、接受。为此，信息要有一定的新鲜性。

6) 信息的明确性

传播的信息内容应条理清晰，表达准确，这样才能让受众很容易、很方便、迅捷地理解其含义。

7) 信息的重复与连贯

旅游业在进行公共关系传播时，要注意保持自己传播内容的内在一致性，从而给公众以一贯的、完整的印象。重复绝不是机械性的重复，而是在保持中心内容、目标不变的前提下，外加适当的变化。这对于旅游业的公共关系传播会起到良好的促进效果。

3. 传播对象

作为接受信息的主体来说，传播对象是一个能动的因素，公共关系传播的信息最终能否引起传播对象的认同，还要受其自身诸多因素的影响。

1) 承诺

心理学家的研究表明，当一个人对某种信息承诺水平越高时，他就越可能接受该信息。影响人的承诺程度的因素很多，首先，当一个人作出以某个明确的态度为基础的行动时，其承诺的程度较大，比如，某人刚购买了某家旅行社的产品。和他还未购买该产品前比较起来，他现在更相信该产品不错，这家旅行社也很好，也就是说，他对此信念的投入更大；其次，公开表示的态度，其承诺较大，比如，某人刚刚向其朋友说，他觉得他对住在某家饭店感到很不满意，那他对这一态度的承诺就较大，要改变他这一态度也就很难，因为他若改变了态度，那就意味着他承认自己原先的看法是错误的，这会伤害其自尊。

2) 传播对象的团体背景

人由于是社会的人，他总是生活在一定的团体之中，接受团体的观念、规范与准则。所以，了解传播对象所在团体的背景情况，对于更好地组织传播信息，使传播效果更佳会有很好的促进作用。

3) 传播对象接受能力

传播对象的阅读能力、知识水平及接受信息的习惯，这都是决定其接受能力的因素。同时，了解这些因素，使旅游公共关系传播工作据此来确定自己的传播方式、传播媒介、传播符号，从而可以更大限度地提高传播效果。

4) 传播对象的需求

人每天每时都处于大量的信息包围之中，但并不是所有信息都为人所接受，其中，人的心理需求就是影响人接受某信息的重要因素。因此，旅游业在进行信息传播前，应先对传播对象的心理需求作一调查、了解，据此来组织信息，这样，就可以大大提高自己信息传播的针对性和适用性。

本章小结

  公共关系的三大要素包括：旅游组织、公众、传播。三者是相互联系，缺一不可的。在公共关系行为过程中，旅游组织决定着公共关系状态，主宰着公共关系活动，处于主体地位；各类旅游公众构成了公共关系的对象，属于客体；传播是公关活动得以顺利开展的重要条件，属于媒体。因此，掌握三者的概念、分类、特点及其针对不同的公众采用不同的传播方式是本章的重点内容。

案例分析

案例 2-1

善 待 公 众

  某酒店公共关系部的陈小宇，在陪同某公司的客户最后一遍检查会议室的布置时，客户代表提出作为昭示会议主题的横幅中有两个字不妥，想改动一下，要求酒店想办法在当天晚饭前解决。这是个很使人厌烦的问题，因为整个会场的布置、横幅的字样，都是百分之百按客户的要求制作的，没想到，临近会议开幕，客户代表提出要改字样。小陈心里有点犯难了，一是横幅等于要重新制作，一条横幅20多个字，有相当的工作量，加上今天又是星期天，小陈已经专为恭候客户代表检查而忙碌了一天；二是由于是星期天，美工室没有人上班，如何是好？小陈有些不太愿意，但毕竟是经过专业培训的女孩子，那种为客户服务、客户就是上帝的意识最终战胜了她心中的不快，她又全身心地投入到工作中去了。此时已是傍晚，小陈通过总办主任，在找遍美工不果的情况下，借助PA部的员工，从清洁班员工的手中取出了美工室的钥匙，先把各种纸张、工具配齐，又到酒店外面，将以前在美工室上班的督导部主任从家中请回加班，一直干到晚上，终于按客户代表的修改方案完成了横幅的重新制作，保证了会议在第二天顺利召开。客户代表相当感动。
  一个月后，该公司的第二期中、基层干部素质培训班，又在酒店举行了。
  分析：
  艰难的生存和向往美好的未来，从来就是现实生活的统一命题，做业务工作也不例外。酒店的公共关系部，是一个集中反馈客人意愿的窗口，是一个协调各部门有效动作的准指挥机构。如何去理解客户就是上帝、客户的需要就是一切，是一门相当难做的学问，因为有了客户，我们的工作才有意义和价值。公共关系部在与客户长期的合作中，懂得了善待客户的重要性。业务单来源于客户，只有源源不断地接待会议和团队，酒店才能生存和发展。

现在人们逐渐认同情商高于智商,与其与客户单纯斗价,不如进一步对客户"感情投资"。应该经常变换一下角度考虑问题:如果我是客户,我的心情会怎样?当代国际上有的营销专家认为,"2+8"定律同样适用于销售部门。一般说,80%的订单来自于只占客户20%的老客户,20%的订单来自于占客户80%的新客户。因此,从效率和效益的观点看,长期维护老客户和有大订单是一个统一的长期不懈的目标。作为一个公共关系员,必须在业务工作中妥善处理新老客户与大小订单之间的关系、满足客户的要求和愿望。不管自己如何困难,都应全力以赴。当然做不到的事情,绝不能乱许愿,对每个客户提出的问题的解释,不仅应是合理的,而且也应是善意的。这就需要真挚情感的投入,信任就是这样产生的,信任就是客源。客户的抱怨可能会伤害我们的自尊,劳苦我们的身心,烦扰我们的心情,但拒绝和推诿客户的要求却会使我们丧失一切。

小陈克服了自己情绪上的不快,想办法、求解决,终于使她赢得了一个较忠诚的客户,此为情感的魅力,奉献的魅力。

思考:

根据以上案例回答:

1. 小陈是如何处理好自己与顾客的关系的?
2. 作为组织的一员如何加强自身的素质?

案例 2-2

酒店百事通

一天早上,某酒店中餐部的早茶服务员,都到了下班的时间,可在传菜间里,却聚集了一群唧唧喳喳的服务员,正在聚精会神地看布告墙上刚贴出来的资料。噢!原来是酒店总办刚下发的一本《员工顾客问询手册》。这时,有一员工轻声地把那篇篇首语读了起来。

敬爱的员工:

每一个到我们酒店来的客人,都会有这样或那样的问题,需要我们解答。作为客人,并不一定从事过酒店或与之相关的工作,他不会也不愿意了解您岗位分工的情况。或许他向您询问的问题,正巧不是您岗位所辖的知识,而这又是客人急于了解、想得到您的帮助的。您能向客人说:"NO!"或"我不知道。"或"我问一下再告诉你好吗?"这样,会使客人对我们的服务产生遗憾和失望。为了让您能在第一时间内,力所能及地尽快为客人解决他(她)的问题,我们编纂了这本《酒店顾客问询手册》。希望您能好好地阅读、记忆,它将使您随时能为您尊重的客人,提供超一流的服务,令您的客人产生意外的惊喜,对您刮目相看、佩服之致。

让我们共同来为酒店的添星晋级而一起学习吧!

总经理

"哇!好棒!"

"这下我们碰到客人问询一些客房或娱乐部的事,就再也不用去找领班了。"

几个服务员一边走,一边还热烈地讨论着手册的内容。

分析:

作为酒店,编纂推出一本这样的酒店指南,即使员工不仅熟悉本部门之事,还能对其他部门的情况了然于胸,而不是一问三不知。这种酒店"小博士"的产生,提升了酒店的良好形象。

每位光临酒店的客人,都有这样或那样的问题向员工问询,而一般员工对除本职工作外的酒店岗位工作及其他知识,很难全面掌握。为解决这一矛盾而让客人对酒店服务更加满意,酒店特组织编纂了这本小册子。从此员工对光临酒店的客人的问询,都能有一个较满意的答复,增强了员工解决客人询问问题的信心,有力地推动了酒店添星晋级的进程,达到了全员公共关系的目的。

这是一本绝好的酒店顾客百事通。

思考:

根据以上案例回答下列问题:

1. 该案例符合传播的哪些特点?运用了传播的哪些原则和方法?
2. 你还知道哪些类似的案例?能否叙述一下?

课堂练习与思考

一、名词解释

旅游组织　公众　传播

二、简答题

简述旅游公共关系传播应具备的理想条件有哪些。

情景模拟训练题

1. 对大众传媒而言,你较熟悉的是哪一种?除了本章提到的,你还知道哪些?你能否通过自己的努力邀请某一传媒的记者来学校做一次报告,或者去某一传媒机构参观?活动开始前要做些准备,想好自己所要了解的侧重点。

2. 假如你是某酒店的公共关系人员(酒店的类型、背景可由自己随意想像或老师确定),当你的总经理将要面对下列情况之一时,你将给他一些什么建议?

(1) 报社新闻记者采访。
(2) 广播电视录音采访。
(3) 在电视台专题节目上露面。

第 3 章 旅游公共关系的主要职能

学习目标：
1. 了解旅游公共关系的主要职能；
2. 熟悉旅游公共关系收集相关信息的内容和渠道；
3. 掌握塑造良好旅游组织形象的方法；
4. 掌握提供公正决策咨询的内容；
5. 掌握进行全方位协调沟通的方法；
6. 学会对旅游组织员工进行职业道德引导的教育。

旅游公共关系的职能是指公共关系对旅游业及其各类组织所担负的职责和所发挥的直接作用。旅游公共关系以建立旅游组织的良好形象为目标，围绕这一目标所开展的具体活动和工作便形成了它的职能范围。将这些职能概括起来，主要包括信息交流、塑造形象、咨询建议、沟通协调、教育引导。全面系统地阐明公共关系的职能，有利于旅游组织积极主动地开展公共关系工作。

3.1 实施双向信息交流

信息是由发生源发出并用载体进行传递，反映一定的内容并被接受体所理解的信号和消息。作为潜在的生产力，信息已成为现代组织生存和发展不可缺少的重要因素，也是组织成败的关键性因素。

当今是信息爆炸时代，一切社会组织离开了信息就无法生存和发展，信息是现代社会组织的一种资源，信息就是金钱，信息就是效益。信息是当今时代整个社会躯体运动有序的血液，是每一个组织运转的生命线。在科学技术和生产力高度发达的今天，信息已被人们当作一种资源来看待，对于旅游组织来说更是如此。

旅游公共关系活动的主要方式就是信息沟通。因为要使旅游组织在公众心目中形成良好的形象，要让公众对旅游组织更加理解和支持，首先就让公众对旅游组织的目标和状况有所了解，这就必须在旅游组织和公众之间形成畅通的双向交流，即做到"双向信息交流"。实施双向信息交流是旅游公共关系的主要职能，是公共关系活动的关键环节。

3.1.1 双向信息交流的意义

随着改革浪潮的兴起，信息沟通在现代组织领导中由单向转为双向，既有信息的传播，也有信息的收集和反馈，由此形成信息的无限循环。这就要求组织一方面应尽量迅速、准确地收集来自各方面公众的信息，了解社情民意以调节和改善自身；另一方面，还应及时、准确、有效地将组织本身的信息传给有关公众，以求公众对组织的了解、同情和支持。双向信息交流是建立良好公共关系的客观基础。一个现代化组织，只有确立了双向沟通、内外结合的公共关系思想，才能有效地监测和适应本组织赖以生存和发展的环境；才能实现组织上下、内外的信息交流，准确地预测未来，防患于未然。

1. 双向信息交流是组织决策的依据

现代社会是一个信息社会，任何一个组织的生存与发展都离不开信息，就像一个人的生存离不开空气和水一样。能否具有信息意识，独具慧眼，将其开发并加以利用，是增强组织竞争实力的关键所在，信息是组织决策的依据。信息是否及时、准确、全面，直接影响组织的判断和决策，零散、错误的信息会导致决策者做出错误的决定。公共关系部门应广泛收集市场信息，把握市场动态，通过提供系统、完整的信息，为科学决策提供依据。旅游组织把所获得的信息加以处理分析，选择有价值的信息作为调整和完善组织经营决策的依据，确保旅游组织目标的准确性和科学性。

在市场经济条件下，旅游组织所面临的市场环境是复杂多变的。组织要生存和发展必须适应外部环境的变化，寻找有益信息，以便作出正确的决策。所有这些工作，单靠个人的学识水平和思维能力是难以完成的，必须由旅游组织公共关系部来承担。公共关系部是一个"智囊机构"，它通过收集、分析、归纳信息，向组织决策者和各管理部门提供公共关系建议，这对组织作出正确决策有重要的意义。

在决策过程中，往往采取定性分析、定量分析或两者结合的方式。在定性分析中，信息沟通可为旅游组织理性的思考提供依据；在定量分析中，信息沟通可为旅游组织提供准确的数据。有了信息沟通作保障，旅游组织无论在战略决策或战术决策中，都可以尽可能地少犯错误、少走弯路。

阅读资料 3-1

"假发"与"石英表"

香港假发大王刘文汉的发家纯属偶然。一次他去美国考察，到克里富兰市的一家餐馆用餐，听到同桌两位美国人正在谈论什么新行业可以在美国大行其道，其中一位说"Wigs"（假发）。刘文汉心中一动，脱口问道："假发？"美国人点头表示肯定。刘文汉得到这一信息后马上做了进一步考察，确认了信息的真假，回到香港立即组织了假发生产，开创了香港的假发业，产品很快打开国际市场，并一举超过了电子产品，年出口总值曾高达1 000亿港币，成为著名的假发大王。

> 瑞士生产钻石，钟表工业一直遥遥领先，是钟表行业的王者。20世纪50年代末，一位瑞士人提出生产石英钟表，可惜他的呼声没人理睬。1970年，日本人买去了这一专利，生产出世界一流、物美价廉的石英表，并很快风靡全球。到1975年，日本表的冲击使钟表王国瑞士出现前所未有的危机，一些表厂倒闭，被日本等国收购，瑞士的钟表王冠落地。
>
> **启示：**
>
> 信息利用得好，哪怕仅仅是两个字的信息，也可创造上千亿元的财富；如利用不好，上百年的领先地位，也可能毁于一旦。所以组织在决策时，一定要对所获得的信息加以充分的分析，使决策合理。

2. 双向信息交流能给组织发展带来活力

信息即情报，是旅游组织提高竞争力、占领市场的前提条件。必须通过有效手段，在广阔的领域里收集大量的信息，给组织发展带来活力，确保旅游组织在强手如林的竞争中立于不败之地。

双向信息交流能给组织发展带来活力。一方面，旅游组织管理者与员工的信息交流，可以从员工那里反馈对自己有用的信息。例如对旅游产品开发的新提议，一旦提议被采用，员工的积极性和创造力将得到很大程度的提高，为旅游组织进一步的发展奠定良好的精神氛围。另一方面，双向信息交流有利于改善旅游组织与公众之间的关系。旅游服务的过程就是满足旅游者需求的过程。要把服务做好，首先要满足员工，员工得到满足，服务质量才有可能有质的提高，旅游者对服务的满意度才会提高。旅游组织的管理者通过改善内部人际关系，关心员工的需求，员工再通过服务满足旅游者需求，这就直接或间接地传递和改善了管理者与员工、员工与旅游者、旅游者与管理者之间的人际关系。

旅游市场的需求时时都在改变，旅游组织要及时了解市场的需求变化，从而有效制订经营计划，保证和提高自己的市场占有率。要达到此目的，只有先做好旅游市场的调研工作。其实，旅游市场调研的过程就是了解消费者心理的过程，是旅游组织与公众的一种双向信息沟通方式和寻找旅游组织效益的过程，也是旅游组织找到提高服务质量、降低生产成本两者之间平衡的过程。

3.1.2 信息收集

旅游公共关系先要发挥收集信息的作用。通过收集信息，使旅游组织对复杂多变的环境保持高度的敏感性，发挥检测环境、预测环境、评估公共关系活动效果的职责。

1. 收集内容

从公共关系在旅游组织中承担的角色和工作性质来看，有四类信息是在它的职能范围内应当注意优先收集的。这就是旅游组织形象信息、旅游组织产品信息、社会环境信息及旅游市场信息。

1）旅游组织形象信息

旅游组织形象是相关公众对旅游组织的总体看法和评价。旅游组织形象的好坏，将影响组织的未来和发展。而组织在管理者自身心目中的形象和在公众心目中的形象往往相距甚远。了解组织在公众中的形象，及时加以改造和完善，是公共关系的基本内容之一。旅游组织形象信息是公众对旅游组织在运行中所显示的行为特征和精神面貌的反映。关于组织形象信息，包括这样一些具体的内容。

（1）公众对于旅游组织机构的评价

公众和组织的交往，通常是通过组织机构进行的，在交往过程中会对组织机构产生各种看法。旅游组织结构是否健全、设置是否合理、领导有无创新意识、办事是否高效率等，这些往往在一定程度上影响着公众对整个旅游组织形象的评价态度。

（2）公众对于旅游组织管理水平的评价

这主要有三类：在旅游组织经营决策方面，决策是否正确，目标是否合理，方案有无创新精神；在生产管理方面，生产计划是否完善，劳动组合是否合理，生产节奏是否紧凑，内部分工是否明确；在销售管理方面，市场预测是否准确，产品定价是否合理，广告宣传作品的好坏，售后服务工作的优劣及对人事管理的评价等。组织管理水平直接影响到旅游服务质量，影响到组织的竞争力，因而这类信息表明的是公众对社会组织形象的基本态度。

（3）公众对旅游组织员工的评价

公众对旅游组织各类人员的具体评价，如他们的道德修养、工作能力、文化水平素质等，这些评价也是构成旅游组织整体形象的一个重要方面。

（4）公众对旅游组织文化、精神风貌的评价

旅游组织文化是由全体员工共同的文化观念、历史习惯、价值准则、道德规范、生活信念和发展目标所构成的，主要表现在组织成员的精神风貌、气质、姿态、举止、礼仪、用语、习惯行为和生活方式方面。

2）旅游组织产品信息

产品是旅游组织运行最重要的一环，也是旅游组织与消费公众之间发生关系的最根本的原因。产品形象与旅游组织的生存发展息息相关，这方面的信息是旅游组织调整经营方针和预测市场的依据。旅游组织产品信息一般包括相关公众对旅游产品的价格、服务、质量和用途等主要指标的反映，同时也包括对产品的优点和缺点两个方面的反映和建议。如麻省理工学院斯隆管理学院对美国六大公司150个以上的组织进行了系统的调查，发现成功的技术革新或新产品60%～80%来自用户的建议或吸取了用户在使用中的改革经验。

3）社会环境信息

社会环境信息包括政策指导性信息、国内外社会政治动态、经济金融信息、文化科技情报、舆论热点、时尚潮流、民俗民情等动态信息。一个组织不能不受国家政策、国际环境的影响。如精工表利用东京奥运会打入国际市场；白云山制药厂从"美国之音"中获得意大利某药厂失火的信息，从而使该厂的青霉素成功地打入国际市场。

4）旅游市场信息

旅游市场信息包括旅游市场需求与供给信息、价格信息、竞争对手信息、消费公众心理与消费习惯信息等。如近年随着旅游旺季的到来，许多旅游城市的经济型星级酒店都被预订满，导致很多旅行社不得不拒客。于是，有的旅行社便采取引导游客将消费习惯转向经济适用的家庭旅馆等地方住宿的方式以留住客源。

2. 信息收集的渠道和方法

在现代信息社会，掌握信息的多少直接关系到旅游组织的生存和发展。全面、系统、真实、客观地收集信息，利用广泛多样的信息渠道，是获取有用信息的先决条件。

1) 内部渠道

旅游组织的任何一个员工都是旅游组织信息的主要来源。他们是旅游组织的一线人员，接触到来自四面八方的信息，无论是组织形象还是产品服务，无论是褒还是贬，都是第一手资料，是非常珍贵的信息。同时由于旅游组织的内部员工又是本组织的成员，对自己组织的情况较熟悉，他们的建议也是组织改善管理、合理经营的重要参考资料。

2) 外部渠道

(1) 公众的反映

日本有家旅游中心，经营不到几年的工夫就赢得了日本质量管理的最高荣誉奖，有人请教成功的秘诀，其主管说："我们只做两件事，首先要了解我们的顾客有哪些要求，然后把他们的需要提供给他们。"广州白天鹅宾馆在外方管理公司没有提供世界性客源网络的情况下，重视信息分析、研究和发布，从而形成了自己的客源网络。

(2) 新闻媒介的宣传报道

新闻媒介的报道是不可忽视的一股力量。通过分析媒介报道，一方面了解国家的大政方针，为旅游组织的工作指明方向；另一方面直接获取有关旅游组织生存发展的重大信息，为决策提供依据。广州中国大酒店公共关系部就有专门负责收集涉及有关本酒店的一切新闻报道、图片、资料，并将其按月剪贴成册，成为本组织形象评价的重要参考资料。

(3) 政府主管部门

政府主管部门的信息一般是以文件等形式出现的，通过分析信息，了解行业政策、行业竞争情况，制定相应的发展策略。

(4) 旅游同业

旅游同业各种专业会议、产品展销会、订货会、各种座谈会等是进行同业之间信息交流的极佳场所，也是一种非常高效的信息渠道。

总之，信息的收集应当而且必须通过多种渠道和运用各种传播媒介。旅游组织最重要的就是认真听取各类公众对组织的意见和建议。从公共关系的角度看，固然要收集赞扬旅游组织的信息，但更要注意捕捉那些哪怕是微不足道的批评旅游组织的信息。通过对正反两方面信息的分析，更加全面地把握旅游组织的公共关系状态。

公共关系信息搜集的方法有很多，既可以利用观察法、访谈法、问卷法、普查法、抽样调查法、态度测量法、个案研究法、实验法等方法获得第一手资料，也可以通过报纸、电视、广播、书刊、文件、网络等渠道获得第二手相关信息。旅游业公共关系人员主要采取的方法有：社会调查，借助传播媒介调查，直接听取公众反映，举办各种会议和活动，聘请专家预测等。通过运用这些方法为旅游组织提供信息资源。

3. 信息收集的基本原则

信息收集是指通过各种方式获取所需要的信息。信息收集是信息得以利用的第一步，也是关键的一步。信息收集工作的好坏，直接关系到旅游组织管理工作的质量。为了保证信息收集的质量，应坚持以下原则。

1) 准确性原则

该原则要求所收集到的信息要真实、可靠。当然，这个原则是信息收集工作的最基本的要求。为达到这样的要求，信息收集者就必须对收集到的信息反复核实，不断检验，力求把误差减少到最低限度。

2）全面性原则

该原则要求所收集到的信息要广泛、全面、完整。只有广泛、全面地收集信息，才能完整地反映管理活动和决策对象发展的全貌，为决策的科学性提供保障。当然，实际所收集到的信息不可能做到绝对的全面、完整，因此，如何在不完整、不完备的信息下作出科学的决策就是一个非常值得探讨的问题。

3）时效性原则

信息的利用价值取决于该信息是否能及时地被提供，即它的时效性。信息只有及时、迅速地提供给它的使用者才能有效地发挥作用。特别是决策对信息的要求是"事前"的消息和情报，而不是"马后炮"。所以，只有信息是"事前"的，对决策才是有效的。

3.2 塑造良好的旅游组织形象

信誉是组织在公众中享有的信用和名誉，是影响组织发展的重要环境因素。在激烈的市场竞争中，通过科学的、有计划的、有步骤的公共关系活动，树立良好的组织信誉，塑造最佳的组织形象，是公共关系的主要职能之一。

在现代社会，组织形象已经成为组织的无形财富，在市场竞争日益激烈的环境中，唯有开发、塑造和营销组织形象，才是赢得优势、独步市场的制胜法宝。所谓旅游组织形象，是指旅游组织内在文化理念和外在行为表现在公众中获得的总体评价。组织形象是旅游组织公共关系和舆论状态的总和。它表现为公众对旅游组织历史背景、领导者资历、员工素质、组织结构、行为准则、产品、服务质量及内外环境状况等要素接触、了解和认同的程度。旅游组织形象缘于旅游环境的需要，是特定的组织文化和公众信念的显现，具有真实性、多维性、相对性和复杂性等特征。

良好的组织形象能赢得公众的信任、支持，能吸引人才，能稳定销售渠道，能减少或避免摩擦与矛盾，能增强内部员工的忠诚感和凝聚力。塑造良好的组织形象是公共关系的最终目标，也是公共关系战略的核心内容。

3.2.1 良好旅游组织形象的作用

在竞争日益激烈的社会中，社会形象已成为一个组织立足社会的必备条件。组织形象是一个组织向社会介绍自己的最好名片。一个组织良好的社会形象，是最重要的无形资产，树立良好的旅游组织形象对组织的生存和发展至关重要。

1. 良好形象是竞争的有力武器

现代社会的本质特征之一就是竞争激烈。竞争是商品经济和市场经济的产物，对于旅游组织来说，竞争既是一种挑战，也是一种机遇。随着商品经济的发展，旅游业的竞争已从规模、价格、促销等硬性竞争转化为软性竞争。软性竞争也就是形象的竞争，它是一种高层次的竞争，是全方位的整体实力的竞争。谁能够将优良鲜明的组织形象呈现给公众，谁就能在激烈的竞争中脱颖而出，稳操胜券。当今世界，"假日"、"希尔顿"、"喜来登"

等名牌饭店能够名扬天下，就是因为其树立了强有力的形象，以其独特的魅力征服了世界。

对一个组织来说，在现代社会条件下，要想在激烈的竞争中仅通过大幅度地提高质量或降低价格来求得发展，无疑要受到多方面条件的限制，即使在某一点上有所突破，都不可能长久。在这样的一种竞争状态中，只有组织在公众心目中的形象才是它在竞争中最可靠的实力，因为这是由既不受本组织控制也不受竞争对手控制的公众自主选择的。事实上，争取得到公众的信任和认同，已成为组织生存和发展的重要条件，也是组织之间较量中最为可靠的实力因素。

2. 良好的形象是重要的无形资产

良好的形象代表着组织的信誉、产品的质量、人员的素质、股票的涨跌。它能为旅游消费者创造出一种消费信心，使消费者容易接受和选择其服务。它还能增强员工的向心力和归属感，为保留人才和吸引人才创造有利条件。良好的形象还有利于得到各方面公众的支持，吸引股东投资，争取银行贷款，寻求稳定的合作伙伴，得到公众的拥护和政府扶持。可见，塑造良好的形象是旅游组织对内深化改革、对外迎接挑战的有力武器，是全面提高旅游组织整体实力的必然选择。

树立良好的组织形象，能够给组织带来源源不断的财富，能够强化组织自身的力量。有人曾这么说过，如果可口可乐公司遍及世界的工厂在一夜之间被大火烧光，那么第二天的媒体头条新闻是各国银行巨头争先恐后地向它贷款。因为人们相信可口可乐公司不会轻易放弃其"世界第一饮料"的地位，这个在红色背景前简简单单写上八个英文字母（Coca-cola）的标记，通过长期的努力已经被世界所接纳。对于旅游组织来说，形象好，吸引的旅游者多，组织的效益就好，这些都是不言而喻的。

3.2.2　塑造旅游组织形象的方法

对于旅游组织来说，旅游产品的信誉至关重要。公众对于旅游组织的认识首先来源于对其服务的评价，旅游组织要在公众中塑造最佳形象，首先要建立旅游产品的信誉。但产品的信誉尚属较低层次的信誉。旅游组织要稳定地占领市场，必须树立以消费者为导向的市场观念，建立起一种较高层次的组织信誉。组织信誉是组织外部公众对组织的依赖关系。由于组织信誉体现着公众的整体利益和长远利益，因此公共关系人员的工作任务就是帮助组织提高知名度和信誉度，让公众了解和感受组织的政策和行动对他们有益，从而争取公众对旅游组织发展的支持。

组织信誉是同一定的形象相联系的。组织形象就是组织在公众脑海中的印象。这种印象，不仅来自于有形的、看得见摸得着的外在事物，也来自于长期为公众所感知和记忆的组织行为及所表现的精神物质。旅游组织的信誉是通过全体员工的自觉行动及各个部门的共同合作才能建立的。在建立旅游组织信誉的过程中，必须通过公共关系的协调和组织。旅游组织有了一定的信誉，就在公众脑海中留下了良好的印象。

任何组织形象形成的基础是组织本身及其行为活动。塑造形象是公共关系职能工作的核心，也是公共关系工作的长期任务。公共关系人员必须通过长期不懈的努力，充分运用公共关系活动，自觉维护和改善组织形象。

塑造良好旅游组织形象的公共关系活动主要有以下几个方面。

1. 提供优良的服务和优质的产品

旅游组织向客人出售的产品就是服务。旅游组织在公众中的形象好坏,主要就是看其能否向客人提供真正使客人在物质和心理需要方面都能得到满足的服务产品,即优质服务。优质才能产生名牌,才能使客人产生信任感和重复购买的欲望。世界上成功的饭店像"喜来登"、"凯悦"、"马里特"、"里茨-卡尔登"等著名饭店,都是因为能在任何地方、任何时间都向宾客提供统一标准的优质服务,能充分满足顾客的需求,从而在消费者心目中树立起了良好的形象。

阅读资料 3-2

额外的服务

随着旅游业的发展,各国航空公司之间的竞争越来越激烈。新加坡航空公司除了采用低票价策略、提供免费住宿等让利措施外,还采取了更高明的公共关系手段。给人印象最深的是新加坡航空公司为顾客提供的额外服务。一次,有位中国乘客自新加坡乘飞机经香港返回大陆。飞机起飞时,他突然发现自己的皮夹克忘在宾馆里。抱着试一试的念头,他对一位工作人员讲了这件事,这位工作人员马上关切地询问是哪家宾馆,弄清情况后,这位小姐表示:"下午3:00另一趟班机从新加坡抵达香港,我们争取让那趟班机带去您的皮夹克,如果来不及,我们一定送到北京您的家中!"抵达香港后,有人告诉他,新航总部打来电话,衣服已经随下午的飞机准时到达香港。十几分钟后,一位工作人员将一个完好的纸包交给这位乘客,乘客打开纸包,马上看到了自己那件遗忘在新加坡的皮夹克,他真是感慨万千!

启示:

新加坡航空公司的"额外服务"初看似额外,从公共关系角度细细品味,会发现这是具有公共关系性质的"本职工作",这种"额外服务"表现了一种无微不至的服务精神。旅游组织卖的是服务,服务水平达到什么层次,组织竞争力就达到什么层次,这是为组织塑造良好形象的保证。

---

2. 扩大组织的知名度

"知名度"是指旅游组织的机构、产品或服务为公众所知晓、了解的程度,是评价其名气大小的客观尺度。它侧重于"量"的评价,即组织对社会公众影响的广度和深度。如果一个景区、一个饭店、一个旅行社或一个旅游交通公司的知名度太低,公众不了解它,或了解得很少,该组织要开展包括业务活动在内的各种活动,是十分困难的。因此,知名度是组织开展各项活动的前提。旅游公共关系组织必须根据组织的发展目标和特定公众,制订出完整的计划,实施有效的活动,从而加强组织与社会各界的联系,扩大组织的影响,提高组织的知名度。

扩大组织的知名度的方式包括扩大旅游地的知名度、扩大旅游产品的知名度。重视旅游地形象问题已在西方成为一个热门话题,旅游地的知名度更是旅游者选择旅游地的关键。扩大旅游地的知名度,要把重点放在对城市或景区的宣传上。利用各种传播媒介和机会,宣传其名胜古迹、人情风俗、历史文化、建筑特色，使之家喻户晓。扩大旅游产品的知名度，应利用各种手段，推陈出新、标新立异，使线路的特色、设施的功能、交通的方便、服务的质量为公众所知晓。扩大旅游组织的知名度，重在宣传组织的性质、经营的范围、管理的优势，使公众了解、熟悉组织。

我国有句老话"酒香不怕巷子深"，这是典型的封闭性的小生产观念。在迈步融入世界经济大潮的今天，"酒香"固然很重要，是基础，然而"酒香还需知名高"。贵州茅台若非在交易会上经销者急中生智，巧妙地碰碎酒瓶，使其酒"香"飘满堂，又怎能引来异国商贾的垂青？进而建树起"中国名酒之最"的形象呢？因而当代的组织家、组织者必须注重"一切以舆论为中心"——"王婆卖瓜，就是要夸"。除了科学地选用传统的报纸、杂志、广播、电视、研讨会、信息交流会等大众传播媒介和样品展览、赞助社会活动，寄送突出本组织名称、徽记、商标的小型礼品、贺卡、名片等其他传播媒介，以及开展诸如开彩典礼、剪彩仪式、周年庆典、庆祝大会、破土动工、落成通车等仪式和旅游、竞赛、文艺演出、宴请酒会等特别公关活动外，更要学会运用 Internet 网络，及时地、准确地、有效地把自己展示在特定的社会公众面前，为组织"推销形象"创造良好的气氛。组织及其产品在社会公众面前所展示出的良好的形象，是无形而又无价的财富，是组织创建良好的舆论氛围所刻意追求的目标。

3. 提高美誉度

"美誉度"是指公众对旅游组织的信任和赞许程度，是评价组织声誉好坏的社会指标，侧重于"质"的评价，即组织形象受公众给予美丑、好坏评价的舆论倾向性指标，是一种对组织道德价值的评价，它是旅游组织生存和发展的重要基础。知名度仅仅反映出公众对组织的了解程度和组织的影响范围，在性质上是中性的，既可以是美名，也可以是恶名。因此，知名度要以美誉度为客观基础，才能产生正面的积极效果。美誉度要以一定的知名度为前提条件，才能充分显示其社会价值。一个旅游组织有较高的美誉度，就可以在困难时得到公众的帮助和支持，在失误时得到公众的谅解和理解，在发展时得到公众的赞赏和认可。所以，旅游公共关系组织应将提高组织的美誉度作为其主要任务。提高旅游组织的美誉度包括提高旅游产品或服务的美誉度、提高旅游地和旅游组织的整体美誉度、及时消除"形象危机"三个方面。

提高旅游组织的美誉度，最基本的方式是提供优质产品和优质服务。旅游组织在公众心目中的地位和信誉，首先是由它的产品质量和服务质量所决定的，它是最直接、最基本的美誉度。旅游地和旅游组织整体美誉度则涉及更广泛的工种，是一种较高层次的美誉度。它表明了其整体在社会中的地位和作用，反映了组织履行社会职责的状况，它需要在更复杂的社会交往过程中建立。提高美誉度还要做到及时纠正错误印象，消除"形象危机"。任何组织的活动，难免不出现差错和失误，当差错和失误危及了公众的利益，损害了组织形象时，组织应及时进行补救。

阅读资料 3-3

爱 的 奉 献

1995年5月25日，天水延安饭店用一个特殊的活动迎来了自己5周年的生日。上午9点，4个天水特困家庭来到饭店，饭店叶总经理向他们问好，带着他们走向会场。会场坐着天水市领导和饭店全体员工。

会议在《爱的奉献》乐曲中开幕。叶总代表饭店全体员工首先发言，他说：比较幸运的人有责任帮助不幸的人，然后亲自将饭店原来准备搞庆典的钱送到4个家庭手中，并表示，当你遇到困难时，延安人一定会伸出援助之手。最后，大会在"只要人人都献出一份爱，世界将变成美好的明天"歌声中闭幕。天水电视台做了全程直播。

这次店庆后，饭店公共关系部又适时在员工中掀起做好事、献爱心的活动，他们经常带领员工扶贫助残，开展公益活动，员工的服务意识普遍得到提高，饭店的美名也响遍天水市，以至当饭店员工戴着"延安人"的胸牌外出公务时，都会迎来市民尊敬的目光。

启示：

天水延安饭店此次公关活动的目标非常明确，就是要通过"爱的奉献"在社会中树立起了良好的组织形象，提高了饭店的知名度和美誉度，获得了理想的社会效益。

3.2.3 塑造良好旅游组织形象的原则

在旅游组织进行塑造自身良好形象的过程中，应坚持以下原则。

1. 整体性原则

整体性原则是指旅游组织在进行塑造自身良好形象工作的开展中，不仅要依靠公共关系部和公共关系人员的不懈努力，而且有赖于组织各部门和全体员工的配合，组织的全体员工要自觉树立集体荣誉的意识，把塑造良好的旅游组织形象思想贯穿到整个组织工作的全过程中。塑造旅游组织形象是旅游组织每一个部门、每一位员工的职责，大家都应在公共关系部门的统一安排、协调下积极开展公共关系工作，这是此项工作取得成功的保证。坚持组织管理者和一线员工之间共同实施塑造旅游组织良好形象的工作，能够有效地建立起旅游组织内部人与人之间相互支持、相互信赖的关系，为实现塑造良好形象创造条件。遵循整体化原则，有助于打破管理者和一线员工之间的人为"界限"，使二者融为一体，建立共同的目标和相互支持、相互信赖的关系。

2. 形象性原则

珍视信誉是实现良好公共关系的基础，美化形象是公共关系的任务和目标。公共关系活动执意追求良好的公共关系状态，而这种良好的公共关系状态又具体表现为一个组织机构在社会公众心目中享有良好的信誉和形象。不珍视信誉，就难以美化形象。美好的社会形象是组织无形的资产，有了良好的社会形象就会赢得理想的社会舆论，为社会各界的了解、信任、好感与合作打下基础。组织在社会公众中信誉卓著、形象美好，就能因此而吸引更多的公众，招揽优秀的人才，增大组织的凝聚力，增强员工的向心力、归属感和自豪感，能较容易地吸引股东投资和争取各种渠道的资金，使产品在市场上有竞争力，使组织在激烈的社会竞争中兴旺发达，立于不败之地。

3. 长期性原则

立足长远，不能只顾眼前。旅游组织要想在公众心目中永葆"青春"，就必须进行长期的、持久的、艰苦的公共关系工作，不能将此当作一种权宜之计。为了长远利益，一定要把塑造旅游组织形象提高到战略水平高度，要舍得牺牲眼前利益，通过平时的工作将旅游组织形象建设好。

塑造良好的旅游组织形象要坚持长期性的原则,长期性是要求旅游组织在开展塑造旅游组织形象的活动时要保持活动的连续性,要经常性地开展活动,不能"三天打鱼,两天晒网",不能认为可以"做一阵子,歇一阵子",不能因为搞过一两次活动就有大功告成的想法,不能有麻痹和松懈的念头。旅游组织形象的塑造不仅有树立的过程,而且有一个维系和保持的过程。在这个过程中,旅游组织要根据组织形象的现状制定一系列目标、计划和实施措施,不断地改进自己的政策和行为,不断地开展各种公共关系事务活动,不断地修正和完善形象。

3.3 提供公正的咨询建议

公共关系在组织决策时具有咨询建议的职能。公共关系工作人员要向组织决策层和各种管理部门提供有关公共关系方面的各种情报、信息资料,供决策者参考与选择,作为决策依据。

3.3.1 咨询建议的必要性

公共关系专业人员向旅游组织管理决策层提供与旅游组织、公众相关的信息的过程,目的在于确保旅游组织决策的准确性和科学性。

1. 现代社会节奏快,信息流量大,决策过程中面临的因素多

随着社会的进步,旅游组织面临的情况越来越复杂多变,领导者在决策过程中必须依赖咨询。咨询建议与收集信息是密切相连的。收集信息是咨询建议的前提,没有足够的信息,一切咨询建议只能是空谈。收集的信息只有通过向组织决策层提供咨询建议,才能充分发挥其功能,实现其价值。因此,旅游公共关系作为一种管理职能,在旅游组织经营管理决策中发挥着越来越重要的咨询建议和参谋的作用。

2. 现代社会是一个非常复杂的系统

在现代社会中,任何组织都面临着极其复杂的环境,竞争对手数量大量增加,公众的要求越来越高,新的问题层出不穷,单凭领导层和管理部门的知识、能力和经验作出科学的决策显得相当困难。因此,需要组织各方面的专业人员提供咨询建议,公共关系部和公共关系人员在其中起着非常重要的作用。公共关系人员经常、广泛、直接地接触和了解各类公众,掌握各种信息,这样才能够为组织决策提供各种信息和咨询,公共关系部门也因此被誉为旅游组织的"智囊机构"和"参谋部"。

3. 领导者的精力是有限的

旅游业是竞争激烈的行业,旅游组织的领导者仅凭个人的经验和能力是很难做好本组织决策工作,这在大型旅游组织表现得尤为突出。

美国著名的管理学家西蒙曾指出:"管理就是决策。"现代管理是一项极其复杂的科学和艺术。由于现代组织活动的规模较大,社会联系较广,运用的科学技术涉及面宽,以及信息量膨胀，单靠领导者个人的决断来进行管理已经不太可能，靠个别谋士出谋划策也无法适应现代组织经营管理的需要，因此需要各方面的专业人员来为组织领导的决策提供情况咨询和决策建议。公共关系工作性质不同于组织的其他部门，受组织具体业务和利润指标的影响较小，比其他部门更关注公众利益。因此，在领导决策时提供公众需要、心理和舆论方面的信息，提出自己的见解和意见，敦促领导从公众利益出发予以考虑，就成为其职能之一。此外，公共关系部门由于工作需要，广泛接触内外公众，在接触各类公众过程中掌握和积累了大量信息，比较清楚该组织存在的差距和问题，了解员工的愿望和要求。为了帮助领导全面掌握情况，充分发挥手中信息的作用，公共关系人员应该主动为领导提供咨询和建议，从而使领导作出的决策更具有科学性、客观性、民主性和可行性。

3.3.2 咨询建议的内容

公共关系人员向旅游组织领导层和各管理部门提供的咨询建议主要包括以下内容。

1. 提供决策信息

1) 组织方针、政策方面

公共关系人员应从一种相对超脱的客观的角度提出建议。旅游组织制定的方针政策应当既能体现组织的利益又能符合公众的利益，并使二者实现和谐的统一。公共关系人员在执行咨询建议职能时要分析和评价本组织的方针、政策将会给社会带来哪些积极效果，会使公众得到哪些利益，是否会有带来危害和遭到公众反对的可能，而不是一味地考虑自身的利益。这种角度就是超脱的客观角度，在此基础上提出改进建议，使组织的方针政策和行为与公众的利益达成一致。

2) 组织形象方面

良好的组织形象是竞争的有力武器。良好的形象代表着组织的信誉、产品的质量、人员的素质。它能为公众创造出一种消费信心，使公众容易接受和选择其服务。因此，公共关系人员在提供咨询建议时，应当根据其所收集到的信息，及时而准确地分析、评估组织形象，然后向决策层提供咨询建议。尤其当出现不利于组织的社会舆论时，更要建议决策层开展适当的公共关系活动，引导和维护组织形象。

3) 公众方面

（1）公众一般情况咨询建议

这类咨询主要提供旅游组织与公共关系状态的一般情况说明，如内部员工的归属感、本旅游组织在社会上的口碑、公众对旅游组织产品的反映、新闻媒介对本组织的社会舆论、同行对本组织的评价等。根据不同需要，这类咨询可以是定期的，也可以是不定期的，目的是让旅游组织的决策层及时了解和掌握公众的一般情况，以便适时调整旅游组织的运行状况，为实现旅游组织目标创造有利条件。

（2）公众需求情况咨询建议

公共关系人员必须了解公众，把握公众的各种需求，及时向决策层提供公众需求信息。如商务旅游者选择饭店的要求是交通便利，通信设施齐备与先进，如果掌握这些要求，就能有针对性地提供相应的产品与服务，使客人满意。

由于公众所处环境和个性不同，公众的需求也是多方面和多样的，要准确了解各种公众的需求，必须掌握公众的心理变化。由于社会环境变化迅速，公众的心理状态也随之经常发生变化，这种变化会影响到公众的需求。因此，公共关系人员必须在对公众信息的长期收集和积累的基础上，对公众心理变化及时进行分析和做出预测，并向旅游组织的决策层提供咨询。这类咨询常常能富有成效地为旅游组织中长期战略规划的制定和变更提供可靠的根据。

2. 拟订和实施决策方案

在很多旅游组织内，公共关系部门甚至参与组织决策，为组织决策发挥更直接的作用。决策是社会组织选择决定问题的行动方案和具体目标及实现组织目标的行为。科学的决策必须要经过社会组织对自身条件和外界环境的准确判断，通过比较选择最优的方案，并在方案的实施过程中能够做出准确及时的调整，从而对实施结果做出客观、公正的评估和及时的反馈，为今后的决策打下基础。公共关系参与决策体现在组织决策的每个环节中以其独特的视角和专门的工作方法在组织决策过程中发挥着重要作用。

1）公共关系帮助旅游组织获取决策信息

公共关系人员可以利用与外界的广泛联系，为决策提供外界的第一手准确信息；同时，可以利用与内部各部门和人员沟通的渠道，为决策提供内部各方面的信息，从而确保决策的科学性。

2）公共关系帮助旅游组织确定决策目标

公共关系人员站在公众和社会的立场上，对各职能部门的决策目标进行综合评价，敦促有关部门或决策部门根据公众需求和社会价值及时修正可能导致不良社会后果的决策目标，使组织决策目标既反映组织发展的要求，也反映社会公众的需要。因此，公共关系本身成为决策目标系统中的重要因素。

3）公共关系帮助旅游组织拟订决策方案

决策方案包括设计方案和选择方案。在选择方案环节中，考虑公共关系要素，有助于方案的设计满足公众的要求，有利于组织对总体利益全方位的把握。

4）公共关系帮助旅游组织实施决策方案

公共关系人员协助组织把决策方案传达到各部门，甚至每一位员工，帮助他们理解每一项方案。另外，公共关系人员还要对决策方案的实施效果进行观察，及搜集、分析和整理反馈信息，及时传递给决策部门，以便决策部门作出必要的调整。

3.3.3 咨询建议的方法

1. 编制旅游组织内外部环境监测信息资料

编制旅游组织内外部环境监测信息资料可采用文字、图片、音像视听等多种形式。

2. 信息反馈会

在掌握大量有重要价值信息的基础上，适时举行信息反馈会，向决策层和中层管理人员汇报，帮助决策层作出科学判断。

3. 论证会

重大经营决策产生时，针对决策目标，应有多角度、多层次、多渠道的信息论证，请有关专家进行可行性论证，确保其科学性、完善性和可操作性。

3.4 进行全方位的协调沟通

协调关系是旅游公共关系的重要职能之一。所谓协调，是指旅游组织与公众进行交往、处理矛盾、调节关系的行为，既包括对内部公众关系的协调，也包括对外部公众关系的协调。协调组织与各种公众之间的关系，争取公众对组织的谅解和支持，使双方关系处于一种和谐的状态，为组织创造一个"人和"的环境。通过旅游公共关系的协调，能使旅游组织的所有职能部门的活动同步化、和谐化，使组织与环境相适应，为旅游组织的健康、顺利发展铺平道路。

3.4.1 协调沟通的意义

在现代社会里，组织在复杂的社会关系网络中不可避免地与其他社会组织形成横向或纵向联系。面对众多的公众群体，组织必须谨慎处理各种社会关系和利益关系，尽可能避免、减少、化解各种摩擦和冲突，实现环境的和谐，获得组织生存和发展的最佳环境，保证组织目标的实现。协调沟通是连接组织与公众的桥梁，是公共关系的核心职能。

1. 内求团结，增强组织的凝聚力

旅游公共关系的协调沟通职能表现在协调组织内部的纵向和横向关系的方面。它包括协调组织内部领导层与管理层及一般员工之间的关系，协调组织内部各员工之间的关系，协调组织内部各职能部门之间的关系等，从而在组织内部形成一个团结、合作、气氛较浓的良好环境，增强组织凝聚力。

内部公众特别是员工，是组织赖以生存和发展的细胞。他们的态度和行为，他们的团结和协作，最直接、最密切地关系到组织的一切方针政策和目标效益的实现。对于一个旅游组织来说，不论是管理者与全体员工的关系，还是组织内部各个职能部门之间的关系，都必须保持和谐的状态。只有这样，才能产生有效的协同作用和最佳的管理效果，才能提高旅游组织在市场竞争中的生存发展能力。内求团结是外求发展的前提和保证。而组织内部各员工由于地位上的差别、认识上的差异、利益的冲突、信息沟通上的障碍、体制上的缺陷等，不可避免地会产生矛盾和纠纷。这就要求旅游公共关系人员高度重视内部公众关系的协调，通过建立和完善组织内部的各种沟通渠道和协调机制，促进组织内部的信息交流，做到上传下达、下情上报、左右沟通、共享信息，为组织创造出良好的内部人事氛围，以提高组织的向心力、凝聚力。

旅游组织公共关系人员一方面应努力协调好上、下级关系，发挥承上启下的作用，建立对话渠道，让管理者经常倾听下层的建议和呼声，了解员工的情绪、意见和要求，掌握员工的思想动态，及时调整与员工的关系，集思广益地进行指挥和决策。另一方面，通过公共关系人员的各种努力，组织所获得的成就及对社会的贡献会使员工产生成就感和荣誉感，增强对组织的归属感和献身精神；应避免由于信息渠道不畅而离心离德、互相猜疑及小道消息满天飞现象的发生。

2. 外求发展，创造和谐的社会环境

旅游公共关系人员协调组织外部的各种关系，包括协调旅游组织与上级主管部门（政府部门）之间的关系，协调与有关组织（协作单位和竞争对手）之间的关系，协调与社会公众之间的关系。一般情况下，旅游公共关系人员的外部协调工作重点应该在与旅游组织目标直接相关的目标公众的协调上。通过协调，避免或减少旅游组织与其外部环境间的摩擦和冲突。

旅游组织的发展离不开与各类外部公众的联系，离不开社会各方面的配合与支持。一方面，旅游组织需要社会提供必要的资金、劳动力、市场、原料及各种社会服务；另一方面，旅游组织必须为社会提供优质的旅游产品和服务，向社会缴纳税金，并承担各种社会义务，这样就不可避免地要同政治、经济、法律、科研、教育等部门发生联系。随着现代社会的信息化、经济活动的全球一体化，社会环境变化对旅游组织的经营影响越来越直接，越来越深刻，旅游组织对环境的依赖性也日益明显。旅游组织与社会环境之间的这种相互需要、相互依赖、荣辱兴衰与共的利害关系，要求旅游公共关系人员把外部关系的协调作为重点。应通过各种交际手段和沟通方式的运用，协调彼此间的利害关系，消除彼此间的误会和矛盾，巩固已有的合作关系，促进组织的自身效益和社会整体效益的提高和统一，创造和谐的外部环境，从而使旅游组织获得更加良好的生存发展空间。

旅游组织作为社会整体中的一个细胞，在经营与发展的过程中，必然要与整个社会发生千丝万缕的联系，与各类公众发生联系，离不开社会各方面的支持、配合和谅解。公共关系人员要及时做好协调沟通工作，积极谋求组织与外部公众的合作关系。

协调沟通是公共关系的核心职能，也是公共关系最根本的职责。公共关系的其他职能，也就是为了更好地协调沟通，组织形象也主要是在协调沟通中建立和发展起来的。

3.4.2 协调沟通的方法

1. 建立畅通的传播沟通渠道

1) 在组织中营造沟通氛围

畅通的信息沟通是协调好内外公共关系的基础。通过传播和沟通，了解公众的动态和意见，尊重他们的利益和要求，使组织的决策和活动顾及公众的利益。同时，也及时将组织的环境、难处、需要合作的项目、能提供的优质服务等各种信息告知公众，由此达到"付出的努力让社会知道，面临的困境求公众理解"。传播障碍、沟通不畅是产生误会、摩擦、对立的重要原因；缺乏有效的传播沟通手段，就无法与公众建立良好的关系。建立畅通的传播沟通渠道可借助大众传播媒介，也可利用自控媒介；可借助公共关系广告，也可利用座谈会、意见箱、接待来访、公开电话、举办展览等方式。只有通过广泛的信息传播，促进公众和组织的相互了解，方能有效地改变公众态度，增加有利的机会。

营造沟通氛围应做到：从内部公共关系角度出发，营造组织良好的沟通氛围；鼓励自觉沟通，发现员工工作中的好现象及时给予鼓励；制定沟通制度并通过严格执行制度形成习惯。

2) 在员工中形成坦诚风尚

坦诚是金。组织中如果形成了坦诚的风尚，管理者与管理者、管理者与员工都以坦诚相见，这个组织就具有了良好的沟通环境，而这种软环境正是所有组织梦寐以求的。

要做到在组织中形成坦诚的风尚应以观念为先导。要在组织中推广坦诚风尚，首先要在观念上更新，提倡"只有坦诚才能获得理解"、"只有坦诚才能得到尊重"的新型人际观念。同时要褒贬分明，提倡坦诚是一种思想引导，要使这种思想在组织真正扎根，形成习惯，必须辅之以鲜明的褒贬、奖惩手段。

3）设立沟通渠道

通畅的沟通渠道，是保证上下左右信息流通的前提。现代组织中，一般都设立了两种沟通渠道——公开和不公开渠道。

（1）公开渠道

公开渠道是组织内部沟通的主渠道，主要形式有各级意见会、听证制度、恳谈会、公司信息发布会、职工动员大会、公司网站等。在这个渠道中流动的信息是组织的观念、思想、目标、计划、规章制度、内部信息、环境情况及员工对这些信息的反馈意见等。

（2）不公开渠道

在实际工作中，有些信息是不便于公开的，这就是设立不公开信息渠道的原因。

不公开渠道常见的形式有意见箱、投诉站、单独会谈室等。

4）注重间接沟通

在现实中常见的情况是，在正规环境中，有时会出现沟通困难，但换一个轻松的环境，沟通却意外顺畅。这就是间接沟通渠道的作用。

间接沟通渠道一般分"交际渠道"和"活动渠道"两种。

2. 加强社会交往

内外关系的协调和维系，远不是传播沟通所能胜任的，还必须依靠各种直接的社会交往活动，为组织广结人缘、广交朋友，建立广泛的纵横关系。这种社会交往是组织生存发展的需要，也是组织获得和交流信息、联络感情、增进了解、开拓业务的重要的社会活动。我们中华民族自古以来重视人与人之间的礼尚往来和人际关系，特别注重人情味，因此社会交往是一种最常见又很实用的交往方式，特别适合于属于第三产业的旅游业。社会交往的具体形式是多种多样的，如公众联谊会、交际舞会、节日庆典、周年庆典、郊游野餐、沙龙活动、参观游览等，这些具体的交往形式，只要组织运用得恰当，都有助于增进与公众之间的友谊，加强相互的交往联系，赢得公众的善意合作。

要建立和发展各种非业务性的社会关系，广交朋友，联络感情，有了矛盾主动磋商，为组织建立一个良好的外部环境。处理好与社会的沟通协调方法应做好以下几方面的工作。

① 当关系双方处于和谐状态时，沟通协调的重点应当是通过不断传播旅游组织方面的业绩来保持和强化公众的良好形象。主要体现在扎扎实实地做好工作，真诚地满足公众利益，关心公众等。如开展周年纪念、联谊会、公益赞助等。

② 当关系双方处于不和谐状态时，沟通协调的重点应当是首先解剖组织自身，反省自身的表现和责任，严于律己，发现问题立即纠正。然后才是客观地分析双方的状态，并提出改进关系的具体意见和措施。在弥补不足的前提下，向公众进行必要的解释，消除误会。

③ 当关系双方处于不明状态时，沟通协调的原则首先是用善意的态度来表达自己的明确主张，竭力使双方消除紧张戒备等逆向性心理，为双方的信息角落创造正常的平衡的心理

条件。在此基础上，应把双方关系格局中含有的双方利益关系交代清楚，使双方关系状态的实质有个"预存立场"，做到心中有数。

另外，还要处理好与政府各有关职能管理部门和权力制约部门的关系。这些部门有组织人事部门、组织主管部门、环境保护部门、城市管理部门、卫生防疫部门、财政局、税务局、工商管理局、物价局、审计局、土地管理局、海关、公安局、法院、检察院、司法局等，这些部门分别掌管对组织制约一定的权力，争取这些部门的支持、合作与谅解相当重要，不可忽视。

阅读资料 3-4

麦当劳——方便上帝就是方便自己

北京的麦当劳食品有限公司在对北京发售月票网点的调查后知晓，北京有超过 600 万人使用月票乘公交车，而发售月票的网点只有 88 处，乘客深感不便。于是他们便"拾遗补阙"，推出一项新举措，在所属 57 家麦当劳餐厅内代售公交月票，为广大乘客创造便利条件。此举一出就吸引了众多顾客，市民对此交口称赞，麦当劳也树立了良好的社会形象。

每年高考前夕，在麦当劳宽敞明亮的餐厅里就坐着不少手拿书本、只要一杯饮料就待上好几个小时的考生，面对此景，麦当劳不但未赶他们走，反而特意为这些学子延长了营业时间。这些让顾客着实感受到方便的行为和麦当劳方便快捷的快餐形象相统一，使麦当劳形象进一步深入人心。

启示：

麦当劳始终维持着优异的整体形象，与其长期不断地开展富有成效的公共关系活动密不可分。麦当劳在取得斐然可观的经济效益和良好的国际声誉的同时，仍不忘记向曾呵护过它的公众投以关爱，与公众保持良好的沟通关系，这是麦当劳成为国际化优秀大组织的关键所在。

3.5 坚持长期的教育引导

教育引导是旅游组织针对内外公众，培育公共关系理念、启发公共关系认识的过程。旅游组织公共关系教育是组织公共关系可持续发展的重要源泉和动力。旅游组织公共关系的推广和深入，教育是最佳途径。通过旅游组织公共关系教育向内外部公众传播和灌输组织文化、公共关系目标，并反复强化、加深巩固，潜移默化地规范内外部公众行为、观念，将旅游组织理念植根于内外部公众的脑海中。

3.5.1 进行重视和维护组织形象的引导教育

旅游组织公共关系教育是将旅游组织的公共关系状态、实务和思想，通过一定的方式传递给内外部目标公众，以取得理解、支持和信任的一项长期任务。旅游组织公共关系教育与形象塑造相互作用，共同发展。形象塑造是旅游组织开展公共关系教育的目的，而公共关系教育又能夯实组织形象。

1. 公共关系教育以树立旅游组织形象为目标

旅游组织公共关系教育的目的，是使旅游组织内外部公众对其经营、文化、政策、行为等有一个全方位的接触和了解，并从内心认同旅游组织，对树立组织形象产生积极的推动作用。旅游组织公共关系教育是一个长时间的过程，而树立旅游组织形象也是一个漫长的、渐进的过程。因此，以树立组织形象为目标，是使公共关系教育取得实效的有力保证。

1) 有明确的教育目标，教育内容才有针对性

旅游组织公共关系教育以树立组织形象为目标，其教育内容针对性较强。一般来讲，教育内容的确立是由教育目的决定的，只有教育目的明确，才能有针对性地、合理地组织教育内容，提高教育质量。旅游组织公共关系教育的目的是树立组织形象，其教育内容便可围绕开发、塑造和营销旅游组织形象而展开。针对内外部目标公众的不同特点，教育内容可以有所区别，但无论如何变化，都必须坚持以塑造组织形象为宗旨。

2) 有明确的教育目标，教育方式才有灵活性

旅游组织公共关系教育方式灵活多样，才能有效地传播旅游组织信息，加强与目标公众的沟通。公众心目中旅游组织形象，因受到自身价值观念、思维方式、道德标准、审美取向及性格差异等因素的影响而有所差别。因此，在树立旅游组织形象时，应针对不同公众采用不同的教育方式，围绕公众自身特征因材施教，力求经济、可行地引导、激发公众对旅游组织产生好感，以形成良好的认同和赞誉。

3) 有明确的教育目标，教育绩效才有可估性

旅游公共关系教育的效果，就是旅游组织将反映自身总体面貌和风格的特色，通过一定的教育方式传递给目标公众所产生的知名度和美誉度。旅游组织的总体特征、风格、美誉度、知名度是旅游组织形象的构成要素，评估旅游组织公共关系教育的效果，应以是否在旅游组织公众心目中树立了良好的组织形象为衡量标准。

2. 公共关系教育是传播、规范旅游组织形象的重要途径

公共关系教育是伴随旅游组织形象塑造而进行的，具有持续性、感召性、广泛性和适时性等特点。因此，公共关系教育是开发、塑造、规范、营销组织形象的一条长期的、有效的重要途径。

1) 公共关系教育的持续性

旅游组织在长期、持续开展公共关系教育的同时，可以不断获取最新公共关系理论和实务知识，并结合自身综合实力，源源不断地向内外部公众输出组织信息，及时发现和纠正教育实践中存在的问题。组织形象并不是一成不变的，它将随着时代的变迁和市场形势的变化而变化。在一定条件下，会形成一些概念性的东西，成为一种公众心理定势，进而为旅游组织公共关系教育提供丰富的素材。同时，持续有效的传播和规范组织形象，也离不开公共关系教育。对于组织可持续发展而言，这是非常重要的。

2) 公共关系教育的感召性

教育具有感染力和号召力。通过旅游组织公共关系教育不仅能传播组织信息，在公众舆论中树立组织形象，同时能有效地感召组织公众，使之自觉和不自觉地成为旅游组织的目标

公众。

3) 公共关系教育的广泛性

旅游组织形象是旅游组织公共关系的核心。旅游组织形象传播和规范的广度和深度直接影响旅游组织公众的总体评价。旅游组织公共关系教育可以广泛、全面、深入地向目标公众解释旅游组织行为，以获得较高的知名度和美誉度。

4) 公共关系教育的适时性

旅游组织公共关系教育在旅游组织经历的不同时期，对旅游组织形象和规范有所不同，具有一定的适时性。因此，在进行旅游组织公共关系教育时，旅游组织应把握住自身形象的时代性特征，向目标公众及时全面地传播。

3. 公共关系教育可强化、巩固旅游组织形象

教育具有强化、巩固的功能。旅游组织形象通过持续的公共关系教育，刺激内外部公众，使之在接受公共关系教育的过程中产生某种重复反映的可能性，以加强和巩固对旅游组织的理解。一般来说，公共关系教育的强化作用无论对外部或内部公众，都有正强化和负强化之分。正强化可以加强和巩固公众对旅游组织形象的理解；反之，负强化则起削弱作用。

旅游组织在开展公共关系教育时，应多采用正强化，如通过奖励、联谊、庆典等公共关系教育活动，来增强内外部公众对旅游组织形象的分析、理解，以加深印象。正强化的方式有社会强化、物质强化和活动强化三种。社会强化，就是通过参与大量社会公益活动（如赞助、捐款等）以提升组织的社会影响和社会地位，强化内外公众对组织形象认知的一种方式；物质强化，则指以物质奖励的形式（如赠送试用品、宣传单、消费券等）来刺激内外公众，使之以亲身经历或享受来体味旅游组织形象的过程；活动强化，则是举办一些有趣的活动（如竞赛、游戏、联谊等），邀请内外部公众参加，在活动中展现组织形象，感染公众。旅游组织在开展公共关系教育时，应因时、因地、因人采取不同的强化方式，巩固和强化组织形象。

3.5.2 进行职业道德的引导教育

提高旅游组织员工的职业道德、锻造员工素质是旅游组织公共关系教育的重要内容和途径。只有全面提高旅游组织内部员工的职业道德，才能全面提高服务质量，树立组织形象，进而影响组织外部公众，获得最佳舆论评价。

1. 公共关系教育增强员工职业道德观念

旅游组织公共关系是一门科学和艺术，具有自身的行为准则和道德规范。通过公共关系教育，其一，使员工树立正确的职业道德观，正确对待工作，忠于职守，敬业爱岗，做到忠诚、公正，在真与假、善与恶、美与丑、正确与错误发生矛盾冲突时，毫不犹豫地支持和维护真、善、美和正确的方面；其二，使员工从旅游组织全局利益出发，不计较个人得失，即使为了顾全大局损失个人利益也毫不迟疑，做到廉洁奉公、不谋私利，造福于组织和公众，绝不为谋取个人私利而影响、危害组织声誉，或不择手段、唯利是图、损人利己；其三，对员工进行"全心全意为旅游组织公众服务"的思想教育，使员工树立"服务第一"的观念，为公众提供最优质的产品和服务。

在进行旅游组织公共关系教育时，必须将职业道德教育作为重要内容。加强职业道德教育能够培养员工热爱祖国、遵纪守法等高尚的道德情操，树立远大的理想和正确的人生观，从而端正旅游组织公关活动的指导思想。

2. 公共关系教育规范员工职业行为

旅游组织开展公共关系教育，一方面能将基本理论知识传播给员工，另一方面能将公共关系实务和经验传授给员工。这样，旅游组织员工便可以在一个很开阔的平台上领悟旅游组织公共关系状态、实务和思想，并自觉规范自己的行为，服从于大的方针、政策；同时，能结合实际灵活运用、不断创新各种公共关系技巧，充实自身的公共关系经验和能力。

3. 公共关系教育孵化员工岗位责任意识

公共关系教育最终能让知识升华为观念，进而孵化出一种意识。一旦形成积极的"意识"则表明教育取得了最佳效果。这是由于意识具有能动作用，能自觉或不自觉地驱使人们的行为。旅游组织公共关系教育也不例外，只有长期坚持，不断更新和完善公共关系教育，才有可能孵化出员工良好的岗位责任意识。以立足本职为己任，自觉加强公共关系能力的培养、锻炼，以自己为表率，展现组织形象，吸引组织公众，促进产品销售，提高组织的经济效益。

3.5.3 进行公共关系观念和知识的引导教育

为适应实际公共关系工作的需要，提高服务水平，旅游组织需要扎扎实实地开展公共关系业务教育和业务培训，进行公共关系观念和各种公共关系技术及实务知识的引导教育，使员工掌握从事旅游公共关系工作的各种实际本领和技能，包括外语能力、旅游知识、礼貌语言、风度仪表、交谈方式等。对旅游组织员工队伍进行公共关系观念和知识的引导教育，使全体员工自觉实施公共关系行为，形成公共关系文化氛围。

首先，要做到公共关系教育与日常工作相结合，形成奖惩制度化。要将旅游组织公共关系教育的经常性工作与全体干部、职工的日常行政、业务、服务工作结合起来。各部门在自己的工作范围内订计划、作决策时，都应自觉地配合旅游组织公共关系目标。公共关系状态的好坏，也应成为考核评价部门业务工作的标准之一。同时，应明确各部门、各岗位的公共关系责任，并列入有关规章制度中去，如门卫的仪表仪态、电话总机接线员的服务方式、人事部门的职工关系、销售部门的服务态度等，均从不同角度涉及组织整体的声誉和形象。因此，在旅游组织干部、职工中进行公共关系教育和训练，开展公共关系评比和奖惩是必要的。

其次，倡导自觉意识，形成组织公共关系文化氛围。进行公共关系观念和知识的引导教育有赖于旅游组织内部形成一种浓郁的公共关系文化氛围。在旅游组织内部普及公共关系教育，倡导自觉公共关系意识，规范岗位职业行为，使全体员工认识到组织的形象、声誉等无形资产比有形资产更难得、更珍贵，创造和维护组织的良好形象和声誉需要大家的共同努力。因此，为组织赢得声誉的言论和行为，应得到高度的评价和奖赏；对损害组织形象的言论和行为，应视作违反而予以严肃处理，以期达到全体员工在内外交往沟通中自觉运用公共关系理念蔚然成风。

旅游组织员工队伍具有公共关系意识才能统一思想和行为，为更好地开展旅游服务工作打下基础。员工队伍的公共关系意识主要包含以下内容。

1. 塑造组织形象的意识

旅游组织员工队伍应具有塑造组织形象的意识，这是旅游组织公共关系意识的核心。它包括两层含义：一是员工队伍建设工作应以塑造组织形象为核心，规范员工的服务语言和行为；二是塑造个人形象，不仅包括旅游组织员工个人的社会责任感、道德观念、思想修养和个性心理特征等内在形象，也包括仪容仪表、礼貌礼节等外在形象。

旅游组织员工队伍应该明确认识良好的组织形象是一种无形的财富和取之不尽的资源，而组织形象的塑造必须建立在员工努力工作和自身形象塑造的基础之上。如果旅游组织员工队伍未在思想上确立组织形象意识，则他们的行为往往是盲目的，或者顾此失彼，很难做好旅游服务工作。

2. 服务公众的意识

旅游组织形象是为特定对象塑造的，这些特定对象便是组织公众。离开组织公众的、孤立的组织形象可以说毫无意义；忽视了组织公众，旅游组织的生存就会受到威胁，也就谈不上什么发展了。

一般而言，旅游组织直接面向外部公众的，正是组织内部不同岗位上的各种服务人员，他们的服务是全方位的。试想，一家宾馆的服务设施非常好，而服务人员态度极差，客人到来不仅没有得到应有的服务，反而花钱买了一肚子气。这样，客人下次还可能会光顾这家宾馆吗？当有人向其征询对该宾馆的形象评价时，他会说有利于宾馆的话吗？当然不会。可见，员工队伍为公众服务的意识是旅游组织的生命线。

只有确立了服务公众意识的员工队伍，才会处处为公众利益着想，利用条件、创造条件为公众服务，努力满足公众方方面面的要求，从而为旅游组织取得较好的美誉度和知名度。

3. 沟通交流的意识

沟通交流的意识，可以说是一种信息意识。旅游组织为了塑造良好的形象，更好地为公众服务，以实现其目标，就必须构架一个信息交流的网络，来掌握环境的变化，保护旅游组织的生存，促进旅游组织的发展。而旅游组织员工队伍作为组织的前沿人员，更应具备这种沟通交流的意识，将旅游组织信息传递给公众，再将公众评价反馈给旅游组织，以双向沟通的方式求得相互理解、相互影响、相互适应，达到塑造良好组织形象的目标。

旅游组织员工队伍具备沟通交流意识，才能及时发现问题、筛选信息，同组织公众联络感情，同时将组织公众对旅游组织的各种建议和批评及时传递给组织，使旅游组织能及时调整自身形象，以求得到公众的支持。

4. 真诚互惠的意识

"诚招天下客"这句在中国流传很广的话，就是要求旅游组织员工队伍以真诚的态度对待公众，努力赢得公众的好感，得到公众的支持和信任，只有这样才有助于美好形象的塑造。真诚是做人的基本准则，对旅游组织员工队伍建设尤其重要。在旅游服务活动中，往往遇到这种情况——即使无法满足公众的要求，但只要态度真诚，公众也会感到满意。

旅游服务活动必须以公众利益为出发点。旅游组织员工队伍只有重视公众利益，才能更好地维护本组织的利益，利人才能利己。组织经营以盈利为目标，但却必须以互惠为基础。既然旅游者以货币购买了服务，互惠就不仅表现在物质利益上，更重要的是表现在旅游组织员工所提供的服务能否让公众得到精神上的愉悦和心理上的满足。旅游组织的服务只有以公众利益为出发点，满足公众物质和精神两方面的需求，才能达到互惠的目标。

要互惠，必须做到真诚。没有真诚的态度就很难做到真正的互惠。旅游组织员工要培养真诚、互惠的意识，凡事要充分为组织公众着想，对服务对象以诚相待。

本章小结

本章主要介绍了旅游公共关系的主要职能。旅游公共关系的职能是由其工作性质和目的所决定的，包括实施双向信息交流、塑造良好的旅游组织形象、提供公正的咨询建议、进行全方位的协调沟通、坚持长期的教育引导等主要职能。在现代社会中，旅游公共关系之所以能迅速地发展起来，其根本的原因在于旅游公共关系的主要职能对旅游组织的生存、发展有着不可替代的极为重要的作用。公共关系作为一门现代经营管理科学，在旅游组织经营管理过程中正发挥着日益明显的独特作用。

案 例 分 析

案例 3-1

"胖儿火锅店"的新招

四川省达县市红旗街一条深巷内，有家"胖儿火锅店"，尽管地点偏僻狭窄，但由于服务态度好，火锅味美价廉，1986 年开张以来生意一直很红火，闻名全市。然而自 1990 年春节之后，生意开始出现滑坡现象，就餐的顾客不如从前多了。有满脑子公共关系意识的年轻店主，人称"胖儿"的孙军，及时对全市的同行业进行了一番考察，发现春节前全市仅有 20 余家火锅个体户，过年后却猛增到 50 多家。有几家火锅店的声誉也相当高，登门就餐的顾客比去"胖儿火锅店"还多，孙军感到本店优势已不复存在。为了继续争夺公众，塑造好自身形象，孙军经过反复权衡之后，率先在全市同行业中推出三条新招。①变过去点菜计价的高额盈利为"二十元通吃"的微利收入。即凡入本店吃火锅的顾客每人只需交 20 元钱，便可吃到本店的各种菜肴，直到吃饱为止，还有啤酒供应。②凡年满 80 岁的老人来店就餐一律免费，如果是老人的寿辰，还可得到一份鲜美的蛋糕及其他贺寿礼物。③增加学前儿童就餐饭，就餐时有儿童喜欢的动画录像放映。

按照议定的方案，孙军展开了三步公关活动：一是在地区电台、电视台晚间最佳时间播送由记者采写的本店新闻，并将新闻刊登在地区《通川日报》显要位置；二是在闹市区如车站、邮局、百货大楼、歌舞厅、市中心花园等地张贴海报；三是进一步树立良好服务形象，门前每天专设一名彬彬有礼的女服务员迎送就餐顾客，挂放行李。

这些新招一出台人们争相传颂，"胖儿火锅店"名声大振，光顾就餐的男女老少络绎不绝。虽然本高利薄，"胖儿火锅店"每月的纯盈利却比过去同期增长两倍多。现在，市民一提起烫火锅，首先想到的就是"胖儿火锅店"。

分析：

塑造良好的组织形象对组织获得理想的经济效益和社会效益起着很重要的作用。"胖儿火锅店"运用公共关系原理，使用了三条新招，在重新树立自己形象的同时掌握了有力的竞争武器，达到了预期的组织目标。

思考：

1. 在市场竞争中，"胖儿火锅店"的制胜法宝是什么？
2. 本案例说明了在公共关系活动中应发挥的职能有哪些？
3. 通过学习本案例你得到的启示有哪些？

案例 3-2

盖茨的沟通难题

在20世纪30年代，罗伯特·盖茨在美国底特律创办了一家制造收音机的小厂。后来，这家小厂发展成为一家大公司。

在公司创办初期，每个主管和工人都认识盖茨，而盖茨也能叫出其中大多数人的名字。在公司的成长过程中，盖茨也始终保持着与各级员工的接触，员工个人对公司怀有强烈的忠诚感。

但是，随着公司的繁荣和发展壮大，盖茨先生的担心增加了。他担心公司正在丧失"小公司"精神，他也担心公司的信息沟通受到妨碍，他还担心公司员工因对公司其他部门从事的工作无知而造成大量无效的重复劳动。同样，他还担心自己失去同员工的直接接触和联系。

为了解决信息沟通问题，他聘用了一名信息沟通主任。

信息沟通主任采用了当时其他公司正在使用的各种信息沟通手段。如在每个办公室和分布各地的工厂安装公告栏；办了一份刊载公司新闻和个人消息的公司报纸；发给每个员工"公司实况"一书，提供关于公司的重要信息；公布定期的利润分配；公司出面主办讲授信息沟通课程；在公司总部每个月举行一次由100名高层主管人员参加的例会，在名胜地区每年举行为期3天的、由1 200名各层次主管参加的例会，以及为讨论公司事务而召开的大量特别委员会会议。

在付出了大量时间、精力和费用以后，盖茨先生感到失望了。他发现，公司信息沟通不畅的问题依然存在，小公司精神正在流失，而且看不到好转希望。

分析：

（1）盖茨先生的失望就是想用治理小公司的思维模式治理大公司，再努力也于事无补，他需要转变思想和工作模式。

（2）在信息沟通方面存在以下问题：公司没有形成组织文化，传达的只是消息，而不是文化。公司信息传递没有形成真正畅通的渠道。公司员工之间丧失了积极的沟通氛围，信息沟通不应仅仅是被动的接受，还应是主动的获取。

（3）从内部公共关系着手，建立组织的精神文化，规范内部沟通渠道，并在此基础上鼓励员工多渠道接受和输出信息。

（4）保持"小公司"精神的出发点是正确的，但保持的只能是精神，即小公司能及时发现和立即修正自身问题的灵敏性。

思考：
1. 通过案例，谈谈公共关系活动中协调沟通职能的重要性表现在哪些方面。
2. 在本案例中，盖茨先生沟通的失误原因是什么？
3. 你在此案例中获得的启示有哪些？

课堂练习与思考

一、名词解释

双向信息交流　知名度　美誉度　协调　教育引导

二、简答题

1. 旅游公共关系的主要职能有哪些？
2. 旅游公共关系实施双向信息交流的意义是什么？
3. 为什么说塑造良好的组织形象是公共关系的主要职能？应从哪些方面着手塑造良好的组织形象？
4. 知名度和美誉度二者的关系如何？
5. 旅游公共关系部门应提供哪些公正的决策咨询内容？
6. 进行全方位的协调沟通的意义体现在哪几方面？
7. 简述对旅游从业人员进行职业道德引导教育的意义。

情景模拟训练题

1. 选择一起旅游投诉案例，模拟在旅游服务接待过程中受理和处理游客的投诉的过程，由指导老师做出评价。
2. 选择当地一家酒店，分别从酒店外观、服务人员工作质量、服务项目设置、酒店宣传等角度进行调查，针对其公共关系工作写出评价报告，并在课堂上进行交流。

第 4 章 旅游公共关系工作的原则和过程

学习目标：
1. 了解旅游公共关系工作的原则；
2. 了解旅游公共关系调查及评估意义；
3. 熟悉和理解旅游公共关系调查的基本程序、调查方案的设计及旅游公共关系评估的内容和程序；
4. 学会各种调查方法；
5. 掌握旅游公共关系策划的内容和程序及旅游公共关系评估的标准和方法。

为了使公共关系活动顺利开展，必须对公共关系工作进行全面策划，制订一个完整的实施方案，保证公共关系工作按照一定的程序和步骤运行，这就是常说的"公共关系四步工作法"，即公共关系调查、公共关系的策划、公共关系计划的实施和公共关系效果的评估。其中，调查是活动开展的基础，计划是整个工作过程的全盘规划，实施是对工作的开展，评估则是对整个过程的最后总结。本章将结合旅游业的特点和具体情况阐述旅游公共关系工作的原则，以及整个工作程序的要领和方法，以便使旅游公共关系工作更具有针对性、计划性、连贯性和实用性。

4.1 旅游公共关系工作的原则

旅游公共关系是现代社会旅游经济活动迅速发展的必然产物，是商品交换、市场竞争的客观要求，也是旅游营销活动中的一个必要环节。竞争的有序化需要一定规则，旅游公共关系活动同样需要一些必须共同遵循的原则。

4.1.1 以公众利益为出发点

公共关系事实上就是公众关系，公共关系应当以公众利益为出发点。公众是面临共同问题和共同利益并与组织发生相互作用的社会群体，共同的利益不但把公众连成一体，而且也把公众与社会组织联系起来。"和自己的公众对象一同发展"，表明了以公众利益为出发点，实际上组织也从中获取并维护了自己的利益。

1. 保证组织基本任务的完成

完成旅游组织的基本任务,向社会公众提供优质的产品和服务,这是对公众负责的最起码的要求。每个旅游组织都有自己既定的目标和任务,这个目标和任务体现了社会分工要求,是旅游组织利益、公众需求和社会要求三者结合的产物。旅游组织实现自己的目标,完成各项任务,这是对公众负责最直接的表现。

阅读资料 4-1

"一个人"的飞行

1988年10月25日,一架波音747喷气客机从东京飞往伦敦。机上,只有一名乘客!这架飞机是英国航空公司所属的008号班机,乘客是日本妇女大竹秀子。为什么一架飞机竟只载一人飞行?

原来,在东京等候这架班机的有191名乘客,可是,这架飞机因机械故障推迟起飞。其他190名乘客经劝说都改乘别的航班走了,唯独大竹秀子非008号不乘。在此情况下,英航毅然决定008号班机在修复后放弃另外的商业飞行,只载着大竹秀子一个人,开始了航程为13 000公里、飞行时间为13个小时的长途飞行。大竹秀子被请到头等舱,15名服务员和6名机组人员专为她一个人服务。她享用了水煮大马哈鱼、嫩煎猪肉等美味菜肴,又收看了专场电影,在睡意蒙胧中飞抵伦敦。大竹秀子一走下飞机旋梯,便被闻风而至的几百名记者团团围住……

这次飞行,英航虽损失了10万多美元,从此却声名鹊起,迎来了络绎不绝的乘客。

启示:

从表面上来看,这次飞行对英航的确是个不小的损失。可是,从深一层来解释,它却是一个无法估价的收获。正是由于英国航空公司一切为乘客服务的行为,在世界各国来去匆匆的乘客心中换取了一个用金钱也难以买到的良好的公司形象。

---

2. 关注社会问题,对社会负责

一个组织能否完成基本任务,这是重要的,也是对公众负责的表现。但还必须关心由组织自身行为引出的问题,并进一步关心与组织自身行为无关的一般社会问题。

1) 关注组织自身行为所引起的问题

旅游组织公共关系工作必须十分注意由组织自身行为所引起的各种问题给公众和社会带来的影响,尤其是那些带有一定危害的问题。如某些组织,虽然产品质量较好,消费者比较满意,这些组织的公共关系部门也为此做了不少有益的工作,但如果他们忽视了自己的组织对环境造成污染这一客观事实,又不采取一定的具体措施减轻或消除污染,这也是对公众不负责任的具体表现。凡是类似这种组织在积极运行过程中,只考虑完成任务、保证经济效益,而忽略了对生态平衡的破坏、对精神文明建设的损害等,都是对公众不负责任、对社会不负责任的行为。因此,每一个组织都应从公共关系的角度,对社会性问题、长期性问题表示关注,并尽最大努力予以解决。

2) 关心与组织自身行为无关的一般社会问题

这是指各项社会事业的发展,如社会文化、教育事业、科技事业、公益和慈善事业等,这些社会问题与组织的基本行为没有直接的关系,似乎对组织的经济效益不会有什么影响,故容易被组织忽视。其实,关心这些社会问题,能够充分表现组织的社会责任感和经济实力,能在更大的范围内引起各类公众的好感,同时也能激发内部员工的自豪感和向心力。虽然这些方面的作用表现得不那么直接、明显、具体、迅速,但它所蕴含的潜在效能却非常大,值得组织关切和重视。所以,组织要有长远观点和战略眼光,主动去关心社会,积极参与社会服务,这也是公共关系工作的一个重要方面。

阅读资料4-2

"保护明天"——贵阳市"未成年人保护卡"活动

由茅台集团的高原啤酒、贵阳市未成年保护委员会、共青团贵阳市委和贵州惠通广告公司联合举办的"保护明天"——贵阳市"未成年人保护卡"活动,是在贵阳市两城区及三县部分学校范围内进行的,直接针对贵阳市10万个家庭进行传播,直接受众面达30万人,交叉受众面70万人以上。

"未成年人保护卡"是为低年级小学生、残疾儿童等制作发放的一种扑克牌大小的卡片。卡片上注明学生的有关情况,如照片、姓名、性别、出生年月、联系电话、血型、家庭住址、所在学校,还有儿童急救中心电话、未成年人保护委员会电话及119、110电话等,功能相当于未成年人(小学六年级以下)的身份证,以便小学生单独外出发生意外,如迷路、走失、车祸、急病等情况发生时能够及时得到有效的救助。保护卡的背面为组织的广告。推广"未成年人保护卡",其目的是增强全社会保护未成年人意识及未成年人的自我保护意识,活动的主题是"保护明天"。这是一个连接千家万户和社会各界的世纪性主题,是集政府行为、社会公益和商业行为于一体的新闻策划。因为商业行为同时具备了政府行为和社会公益行为,因此极大地引发了公共关系和新闻媒体的关注与参与,在全社会形成了声势浩大的公共关系传播,并具有持续性和多层次性。这里最大的赢家还是高原啤酒。

谁能想到,这样一个公益活动竟和啤酒联系了起来。

高原啤酒在贵阳地区市场缺少知名度和品牌认知,未形成品牌势态。高原啤酒的目标消费群是年龄结构在20~35岁之间,以工薪阶层和个体私营组织主为主体,公众为高中以上学历、月收入在800元以上的消费群体,而这个群体中的大部分都是未成年儿童的家长,这就使"未成年人保护卡"活动具备了特别针对性。儿童是未来的主人,也是未来的市场,伴随儿童成长的保护卡,将使组织在数年以后获得一个忠诚群体的消费市场。此活动直接影响到30万人的相关群体,交叉影响到70万人的外围群体——儿童直系亲属及其他,这就使组织的形象和品牌知名度、美誉度及品牌价值得到了迅速提升。

启示:

高原啤酒以最巧妙的方式,把组织的目的融入极具社会公益性的事件之中,从而引起媒体的关注,在提高组织社会形象的同时,也提高了其产品形象。

3. 有效调节组织和公众利益

对公众负责并非不考虑组织自身利益,而是要求公众与组织的利益平衡,做到双方互惠互利。组织在开展公共关系活动的过程中,为了满足公众的需求,有时可能牺牲组织的一些眼前利益，让组织付出一定的代价。但是从长远考虑，这是对组织生存环境的维护，是组织的公共关系投资。事实上，公共关系的根本着眼点是组织的长远目标，开展公共关系工作的根本目的，就是要保证组织在社会中的长久生命力，争取社会的长期支持。如果鼠目寸光，斤斤计较，不惜损害公众利益来平衡眼前的得失，这样做的最终影响是坑了公众，坑了组织，最终也坑了自己，造成损人不利己的结局，其实质是对公共关系的否定。或许人们对历史上曾经发生过的无数"利己必败"的事例还记忆犹新。在这里不妨举例说明。

阅读资料 4-3

"秦晋之好"的破坏

公元前 647 年，在晋国出现了前所未有的大灾荒，庄稼颗粒不收，晋惠公连忙召集大臣商讨对策。一位大臣提出建议——向秦国求援，被晋惠公采纳。秦穆公感到两国间一向关系很好，又是姻亲，晋国百姓在受难，自己不能不管。于是秦国开始无私地援助晋国粮食，使得渭水、黄河、汾水里漂满了秦国运粮的大船，晋国很快渡过了难关。为此，晋国的老百姓十分感谢，编歌唱颂秦王的恩德。然而，巧的是，第二年秦国遇上了饥荒，由于上一年大量支援晋国，粮食储备不多，秦国便派大臣去晋国买粮。哪知晋国忘恩负义，不但一口回绝了秦国的买粮要求，还乘人之危，纠集梁国一起发兵讨伐秦国。秦国上下恨透了晋惠公这个小人，将士们齐心协力，杀得晋军大败，晋惠公也成了俘虏。

启示：

从这个故事可以看出，秦晋本是春秋时期两个十分友好的国家，后人把这种深厚友谊比喻成"秦晋之好"，但到了晋惠公时却把这种美好的关系破坏了，这是晋惠公缺乏公共关系意识的结果。他失败的教训是深刻的，最关键的是违背了互惠互利的公共关系基本原则，只想让别人吃亏，自己占便宜，以至最后落得个一败涂地，沦为俘虏的下场。

4.1.2 以事实为基础

实事求是，一切从实际出发，对于旅游公共关系具有巨大的指导意义。旅游公共关系以传播为手段，是旅游组织与社会公众相互了解、相互适应的过程。公共关系传播中需要借艺术和技巧来树立形象，争取公众。有人错误地认为，公共关系只是一种传播艺术和宣传技巧的行当，这就本末倒置了。旅游公共关系的传播艺术和技巧绝不是空穴来风，要建立在客观事实的基础上。经过对事实的准确把握，加上技术技巧，才能取得预期的效果。

1. 及时有效地把握事实

① 要客观评估自己的公共关系状态，错误的评估将使组织失去公共关系开展的最佳时机。

② 要实事求是地向公众介绍组织的产品、服务和观念。传播缺乏真实性的信息会失去公众的信赖。

③ 要了解组织面对的公众的各种属性；否则，空耗人力、财力，还达不到预期的目的。实事求是的精神将赢得公众的理解和信任，增加公众对组织的好感，一旦组织遇到困难，也能

得到公众的理解和同情,组织才能与公众在互谅、互让、互利的基础上共同发展。实事求是地传播,并不等于是死板地、机械地、原封不动地、自然主义地再现。在事实的基础上,可以创造性地发挥各种技巧和艺术。比如,处理得当的危机,不但可化险为夷,还有可能转危为机。

2. 客观公正地传播信息

① 旅游组织的决策层在市场预测、旅游线路设计、旅游产品开发、经营管理、工作改善等环节中,都需要得到来自公众方面的各种信息。公共关系人员应当全面、广泛、深入地进行公众调查,没有全面的信息,决策层就只能是"闭上眼睛捉麻雀",公共关系工作也成了无源之水、无本之木了。

② 公共关系人员在调查了解有关事实时,不能主观随意,不能带着"结论"去寻找依据,不能报喜不报忧,要力求真实和公正。有的放矢地决策和从事公共关系工作才能事半功倍。

4.1.3 以科学为指导

公共关系的实践和理论,如果说在其初期还有单凭经验、跟着感觉走的做法,那么,随着社会文明的进步,现在已经成为在科学理论指导下的一门应用性很强的学科。作为公共关系现代分支的旅游公共关系,更应该从其产生之日起就以科学理论为指导。

1. 旅游公共关系建立在科学的基础之上

以中国特色社会主义理论为指导方针,研究和发展旅游公共关系学。马克思主义特别是马克思主义哲学和政治经济学,是旅游公共关系学世界观和一般方法论的指导思想。中国的旅游公共关系学必须按照马克思主义哲学和政治经济学的一般方法论进行分析和推理,才能使旅游公共关系学建立在科学的基础上,才能抵御和排除唯心主义和形而上学的干扰。邓小平理论是马克思主义在当代中国的继承和发展,它对随着改革开放而崛起的旅游事业的健康发展,对于新型的旅游公共关系学科的建设无疑有着根本性、直接性的指导作用。

2. 旅游公共关系科学原则的表现

以相关学科的有关理论构成旅游公共关系学的基础理论。旅游公共关系学是一门综合性的交叉边缘学科,它涉及社会科学的相当多的学科,这些学科的有关理论构成了旅游公共关系学的基础理论部分。例如,研究转变旅游者的态度,使之从独立公众或逆意公众变成为顺意公众,就需要引入旅游心理学、社会心理学的概念和理论;营销是旅游组织,也是旅游公共关系的主要任务,就需要市场学的相关理论。随着旅游实践和旅游公共关系实践的发展,作为一门学科的这种不够完备的现象应当逐渐得到消除。但消除的途径是科学地吸收并同化这些相关理论,而绝不是也不可能离开这个理论基础另走一条路。

3. 采用科学的调查方法,按客观事物的本来面目去反映现实

科学的任务就是正确地反映客观存在,揭示事物的内在联系和发展规律。作为一门应用科学的旅游公共关系学要完成自身的这个任务,其出发点就是实事求是地了解组织所处的环境及与环境的相互关系,研究公众的构成和变化的情况。"没有调查,就没有发言权",旅游组织开展公共关系活动,不能凭主观臆断,不能靠直觉灵感,而要靠科学的调查方法,对公共关系工作对象进行定量和定性的研究。在这个基础上估测环境和公众的各项指数,作出分析预测。这样进行的工作才是有效的。

4.2 公共关系工作过程

旅游公共关系工作过程是旅游组织为了达到建立组织与公众和谐信任的关系，树立组织良好社会形象的公共关系目的，而进行有目的、有计划活动的一般规律和步骤。旅游公共关系工作程序从调查研究入手，经公共关系策划、实施传播到评估效果，是一个完整的系统工程。4个环节相互衔接、协调进行，旅游组织公共关系工作只有按照"公共关系四步工作法"来组织实施，才有可能提高公关活动的工作质量和效率。

4.2.1 旅游公共关系工作调查分析

1. 旅游公共关系工作调查的含义与意义

旅游公共关系工作调查是运用科学的方法，有计划、有步骤地去考察旅游组织的公共关系状态，收集必要的资料，综合分析相关因素及其相互关系，以达到掌握旅游组织情况，解决旅游组织面临的公共关系问题的一种实践活动。旅游公共关系调查是旅游组织成功开展公共关系工作和活动的重要前提和基础。

1) 可以了解旅游组织在公众心目中的形象和地位

有效的公共关系调查可以使旅游组织准确地了解其在公众心目中的形象地位，了解公众对组织的知晓程度及对组织的评价，从而增强公共关系活动的针对性。

2) 为旅游组织决策提供科学依据

只有通过公共关系调查，才能了解旅游公众的要求和愿望，才能采取符合于公众要求和愿望的行动，进而作出符合公众要求和愿望的决策，同时可以防止组织把时间、人力和经费浪费在并不存在的问题或公众不感兴趣的公共关系项目上。

3) 使旅游组织及时把握公众舆论

公众舆论是指公众对共同关注的事物所持有的意见或评论，具有强大的影响力。积极的公众舆论有利于组织的发展，消极舆论有损于组织的形象，甚至会造成组织的危机。通过公共关系调查，监测旅游公众舆论，能使旅游组织及时采取行动，扩大积极舆论，缩小消极舆论。

4) 有利于提高公共关系活动的成功率

通过调查，旅游组织对所要开展的公共关系活动的主客观条件有足够的了解，才能保证公共关系工作有充分的准备和切实可行的计划，以取得最佳效果。

2. 旅游公共关系工作的调查内容

1) 开展旅游公共关系活动条件的调查

开展旅游公共关系活动条件的调查是指在开展旅游公共关系活动之前，要对开展活动的条件进行调查，以使组织根据自身条件开展合适的公共关系活动。旅游公共关系活动条件的调查内容包括以下三方面。

① 旅游组织的经营发展情况：包括旅游组织的经营发展目标、为社会提供何种产品或服务、旅游组织机构设置及职能、组织发展史上的重大事件等。

② 旅游组织成员的基本情况：包括领导者的基本情况，员工的知识背景、家庭背景、工作目的等。

③ 开展活动的物质条件情况：包括活动的经费、场地、设备等情况。

2) 旅游组织形象的调查

旅游组织形象是公众对一个旅游组织的印象、看法和评价，是组织机构的表现和特征在公众心目中的反映。衡量旅游组织形象的基本指标有两个，即组织的知名度和美誉度。旅游组织形象的调查主要就是组织的知名度和美誉度的调查。

3) 公众意见调查

公众是影响旅游组织生存发展的重要因素。现代社会中公众正日益分化出不同的群体，每个群体都有各自的爱好和价值取向。要与公众进行有效的信息交流，就需要对公众的爱好和价值取向有一个详细的了解。因此对公众意见的调查就成为公共关系调查的重要内容。公众意见调查主要包括公众心理、行为、消费习惯和公众的态度、爱好、希望、困难等方面内容。

4) 旅游组织公共关系传播效果调查

旅游组织公共关系传播效果调查是指对旅游组织开展公共关系活动所取得的效果的调查。旅游组织通常是通过举办各种各样的活动来开展公共关系工作，以达到影响媒介和公众的目的。这些公共关系活动的效果究竟如何，是旅游组织领导和公共关系人员需要了解的重要内容，这一情况也必须通过公共关系调查来获得。

3. 旅游公共关系工作常用的调查方法

在社会实践的广泛领域，经过人们长期的实践探索，总结出了许多各具特色而又行之有效的科学调查方法。就旅游公共关系调查而言，其实并不在于去独创一个新的方法体系，而是借用方法宝库中的若干方法，结合旅游组织形象管理的需要加以应用。

旅游公共关系调查的形式繁多，按调查对象可分为内部公众调查和外部公众调查；按调查方法可分为普通调查、典型调查和个案调查；按时间分为日常调查、阶段调查和专题调查。但旅游公共关系调查程序是基本相同的，大体分为 4 个步骤，即制订调查方案、设计调查方法、收集调查资料和处理调查结果，如图 4-1 所示。

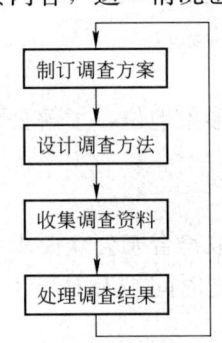

图 4-1 旅游公共关系调查程序图

4. 旅游公共关系调查资料的分析

1) 制订调查方案

旅游公共关系调查的首要步骤是制订调查方案。调查方案是整个调查工作的行动纲领，是保证调查工作成功的关键。调查方案包括以下 5 方面内容。

① 确定调查任务：公共关系活动的任务由调查的内容决定，内容在方案中要明确提出。

② 提出具体的调查方法：说明用哪种或哪几种调查方法进行调查。

③ 设计调查提纲：根据调查任务的需要设计一个详细的调查提纲，将所要调查的问题详尽地列举出来，使调查任务具体化。如为了解组织员工情况，就需要了解员工年龄、学历、工作经验、工作报酬等问题。

④ 确定具体的调查范围、调查对象及调查对象的选取方法：如对员工的调查时，针对整个组织、技术阶层或管理阶层，是采用普查的方法还是采用抽样的方法等。

⑤ 明确调查实施部门及人员：在方案中要明确调查活动的承担部门及人员，并制订对

调查人员的培训计划。

2) 设计调查方法

根据不同的调查任务和组织的主客观条件应选择不同的调查方法。旅游公共关系调查常用的调查方法有观察法、访谈法、文献调查法和问卷调查法。这几种调查方法各自有其优点也有其局限性。为了达到调查的目的，每一种方法在实施前都需要精心设计。

(1) 观察法

观察法是指调查者进入调查现场，用自己的感官及辅助工具，观察和记录调查对象的表现，从而获得第一手资料的调查方法。与其他调查方法相比较，观察法收集到的资料更直接、更真实、更生动具体，所以成为公共关系调查中常用的一种直接调查方法。在正式观察之前，要根据调查的目的制定出观察的提纲。观察提纲的设计包括以下内容：确定观察内容和观察对象；将观察内容具体化；确定观察的方式和方法；根据观察指标设计观察表格、卡片或拟定观察提纲；确定观察记录统计分析方法和进程安排。

(2) 访谈法

访谈法是指调查者依据调查提纲与调查对象直接面对面交谈，收集语言资料的方法，是一种口头交流式的调查方法。访谈法包括召开座谈会、对公众进行走访、当面谈话、电话询问等。该方法反馈与交流同时进行，收集信息较生动、具体、真实可靠，具有较强的人情味、灵活性和启发性，信息的使用价值较高。但要注意在访谈调查过程中，尽量排除收集信息的主观化和归纳的杂乱无章。

访谈，实质上是一种人际互动的过程。这个过程是通过双方面对面的交谈来实现的。公共关系人员按事先拟好的提纲或问卷向被访者提出问题。受访人则按自己的理解和分析判断给予答复。这既是一个宣传介绍组织的过程，又是一个收集信息的过程，从而获得有价值的信息资料。

访谈提纲的设计一般包括以下：确定访谈调查目的——为什么谈；确定访员——谁去谈；确定访谈对象——与谁谈；确定访谈时间——何时谈；确定访谈地点——何地谈；确定访谈种类——怎么谈；确定访谈记录方式——怎么记；确定访谈报告方式——怎么写。

如果是标准化访谈，必须用组织统一设计的访谈问卷；如果是非标准化访谈，提纲则无须有严格的分类和固定的回答方式，但要求必须把与调查主题相关的主要项目和问题列出，问题要简练、明确。

(3) 文献调查法

文献调查法是指调查人员通过查阅各种文献，对媒介所传播的有关组织形象或组织发展信息进行调查统计分析的一种间接的调查方法。文献调查法的步骤如下：建立索引，查阅和记录文献资料，对文献的核实及分类登录。以公共关系人员常用的一种书面文献调查形式是剪报。剪报是公共关系调查人员把报纸杂志上关于组织情况报道、评价及与组织发展有关的信息进行剪辑、整理、统计、分析的一种媒介调查方法。在进行剪报之前，要设计提纲，内容包括调查主题、调查媒体、文献的时间范围、调查内容等。

(4) 问卷调查法

问卷调查法是指调查者运用统一设计的问卷，利用书面回答的方式，向被调查者了解情况并收集信息的方法。常用于较大规模的抽样调查，用来测量被调查者的多种行为、态度和社会特征。其优点是节省人力、物力和经费，具有很好的匿名性，所得资料便于定量处理和分析，避免了主观偏见，减少人为误差。其缺点是回收率难以保证，资料代表性和价值会受到影响，使用范围受调查者文化程度限制，所得资料质量难以保证。问卷设计包括以下几种。

① 封面信。是在问卷的卷面上给被调查者的短信，又称说明信。它用来交代调查者的身份、调查目的、意义、内容、要求及通信地址，以消除被调查者的顾虑，争取他们的积极支持与配合。说明信的篇幅宜小不宜大，语言应简明、谦虚、诚恳。说明信一般放在问卷的开头。被调查人员能否接受调查，认真填答，很大程度上取决于封面信。

② 指导语。是用来指导被调查者填写问卷的说明。需要说明的事项一般包括对选择答案时所用符号的规定、选择答案的个数及其他要求。如填表说明：请在符合您的情况和想法的答案前画"√"或在____中填写；若无特殊情况，每一个问题只能选择一个答案。

③ 调查内容。调查内容是问卷的主体，包括问卷中的问题和答案部分。

● 问卷设计：是问卷的主要内容，一般包括基本情况（自变量）、行为事实（中介变量）、态度意见（因变量）三部分。基本情况一般只需要与调查内容相关的被调查者的背景资料，如年龄、性别、文化程度、职业、收入等项目；行为事实是调查内容的重要部分，主要是调查和测量被调查者与调查主题相关的行为和事实；态度意见是了解被调查者对所调查事物的评价。问题设计形式包括填空式、是否式、选择（单项、多项选择）式、矩阵式、表格式等。

● 答案设计：在问卷的每一个问题后，一般设计供被调查者选择或填写的答案，答案是问卷主体部分不可缺少的内容。答案可分为三种类型，即封闭式回答、开放式回答和半封闭半开放式回答。

封闭式回答指设计问卷时，在提出问题的同时，列出若干个答案，被调查者根据自己的情况选择一个或几个答案。封闭式回答对被调查者来说，填写比较容易、方便，因而有助于提高问卷的回收率，同时答案标准有利于进行统计分析和对比研究。其缺点是对比较复杂的问题，答案难以设计周全；回答方式缺乏弹性，难以发挥调查者的主观能动性；填答中的失误难以发现，影响回答的真实性和可靠性。封闭式回答主要有填答式和选项式等。

例如：填答式，即在问题后□内画"√"，由被调查者填写。

a. 您对春秋旅行社的服务满意吗？

很满意□　　满意□　　无所谓□　　不满意□　　很不满意□

b. 您经常外出旅游吗？

经常□　　　一般□　　偶尔□　　　难得□

开放式回答，则是在设计问卷时仅仅提出问题，不为被调查者提供具体答案，由回答者自由填写。优点是被调查者回答问题不受限制可以充分自由地发表个人见解，适合于回答那些答案较复杂，或尚未弄清各种可能答案的问题，因而常用于探索性研究。其主要缺点是回答资料标准化程度低，难以进行分析和比较；需要被调查者具有较高的知识水平和文字表达能力，同时花费较多的时间与精力，因而影响回收率。例如：

a. 您对本公司有何评价？_____

b. 您认为我们的服务主要有哪些缺点？_____

半封闭半开放式回答，即在封闭式回答后加上"其他"，或在开放式问题前加上封闭式答案。这种形式，既给被调查者一定的自由回答余地，又给其一定的标准答案，综合了封闭式和开放式回答的优点，克服了它们的缺点，具有广泛的用途。例如：

a. 您认为该产品的主要特点是：

性能优良□　　适合家庭需要□　　外观设计美观大方□

其他（请说明）_____
b. 您对我们服务的评价是：
满意□　　　　一般□　　　　不满意□
请说明理由：_____

(5) 抽样调查法

抽样调查法是一种科学地从调查总体中随机选取一部分调查样本的方法。总体是指所要调查对象的全部，样本是指从总体中抽取出来调查的那一部分。抽样必须要遵循随机性的原则，在选取调查对象时，应保证总体中的每一个个体被抽中的机会均等，这也是进行统计推论的前提条件。抽样法可分为以下几种。

① 简单随机抽样。即从总体中不加任何分组、排队，完全随机地抽取调查单位。总体中每一个单位被抽中的机会均等。

② 等距抽样。也叫机械抽样，是指把总体的所有单位按照一定的顺序排列起来，然后按相等间距或距离抽取必要的单位数目的抽样方式。抽样距离 K 是以总体 N 除以样本单位数 n 个单位的样本。方法是：在最初 K 个单位中随机抽取一个单位，以后顺次在每 K 个单位中抽取同样次序的单位。

③ 分层抽样。就是将总体单位按其属性特征分为若干层，然后在各层中随机抽取样本单位，而不是从总体中直接抽取样本单位。

④ 整群抽样。也称成组抽样，就是在总体中抽取调查单位时，不是一个一个地抽选，而是成群成组地抽选，然后对本抽选的各群（或组）中全部单位进行调查。

⑤ 多级抽样。也称复合抽样，把抽样过程分为两个或多个阶段来进行。即先从总体中进行分层抽样或整群抽样，然后再从抽得的层式中随机抽取若干调查对象组成样本。

采用抽样法，在调查中具有周期短、资料准确可靠及节省调查经费等优点。抽样法本身是一种通用的方法，它只涉及去调查谁，而不涉及具体问题，因而它不是与其他方法并列的一种方法，而是所有方法都要使用的一种方法。观察、访谈、问卷都要选择对象，不可能全民普查，而抽查就必须用到抽样方法。

3) 收集调查资料

收集调查资料实际上就是调查方案的实施过程。其中心任务是组织调查队伍，遵照调查总体方案的要求和设计好的调查方法进行资料和数据的收集。公共关系调查人员只有将调查资料、数据进行整理分析，才能准确地把握存在的问题，指导公共关系活动的开展。

(1) 公共关系"三度"的分析

公共关系中有"三度"，即知名度、信誉度和美誉度。公共关系三度反映了旅游公众对旅游组织的总体态度和评价。

从三度中确定二度即知名度和美誉度，对旅游组织形象进行评价。旅游组织在进行了公共关系调查之后，可将其中的两项指标标在"组织形象定位分析图"（如图 4-2 所示）上，确定旅游组织的形象地位，找出存在的问题，为制订公共关系计划提供翔实的资料。

组织形象定位图分为 A、B、C、D 4 个区，分别表示

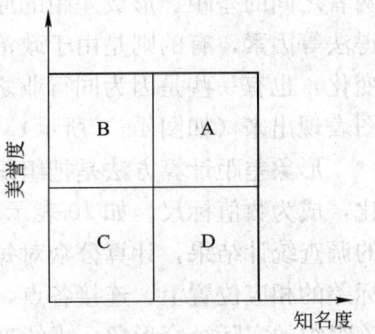

图 4-2　组织形象定位分析图

不同的公共关系状态：A区表示高知名度、高美誉度，处于这种状态下，说明组织公共关系状态良好；B区表示低知名度、高美誉度，这种公共关系状态有良好的发展基础，应在提高知名度上下工夫；C区表示低知名度、低美誉度，这种形象地位属于起步阶段，应设法先在提高美誉度的基础上再去提高知名度；D区表示高知名度、低美誉度，这一状况说明组织在公共关系上处于"臭名远扬"的恶劣地位，应先默默地改善自身，然后再想法挽回声誉。

(2) 组织形象的内容分析

对公共关系三度的分析，可以概括出一个组织的总体形象。这只是初步诊断了组织的公共关系状态。要诊断公共关系问题则要依据公众对组织具体工作的评价，即依据组织形象的具体内容。可以运用"语意差别的分析法"制作的组织形象要素调查表来具体分析形象要素，进一步测定组织的实际社会形象。

其方法是将事关组织形象的重要项目，如经营方针、办事效率、服务态度、业务水平等分别用正反相对的形容词表示好坏两个极端，在这两个极端中间设置若干程度有所差别的中间档次，以使公众对每一个调查项目均可以分档次进行评价。调查时，请调查对象对某一评价要素给出自己的评价。公共关系人员对所有调查表格进行分析，计算每一个调查项目中各种不同程度评价所占的百分比（见表4-1）。

表4-1 组织形象要素调查表

调查项目	评价单位/%							调查项目
	非常	相当	稍微	中性	稍微	相当	非常	
经营方针正确		65	25	10				经营方针不正确
办事效率高			25	65	10			办事效率不高
服务态度不诚恳				25	20	55		服务态度不诚恳
业务水平高					20	70	10	业务水平低
经营工作有创新			10	20	60	10		经营工作没创新
管理顾问有名气						10	90	管理顾问没名气
公司规模大					25	55	20	公司规模小

从表4-1可以看出，该组织经营方针比较正确，办事效率平平，服务态度较差，业务缺乏创新，管理顾问知名度低，组织规模较小，这是该组织知名度和美誉度都低的原因。

(3) 形象差距的比较分析

将组织的实际形象与自我期望形象进行比较，通过"形象要素差距图"进行分析，揭示两者之间的差距。形成差距的原因十分复杂，有的是由于组织自身机制不完善、传播方式不得法等因素，有的则是由于政治、经济、文化及公众心理的变化，从而引起对组织期望值的变化，也有一些是因为同行业之间的激烈竞争造成的差距。形象差距可以通过形象要素差距图表现出来（如图4-3所示）。

形象差距计算方法是把组织形象要素调查表上表示不同程度评价的7个档次相应地数字化，成为数值标尺。如10表示非常差，70表示非常好。然后根据"组织形象要素调查表"的调查统计结果，计算公众对每一个调查项目评价的平均值，将各个平均值分别标定在数值标差的相应位置上，连接各点，即成为组织的形象曲线。"形象要素差距图"中实线部分为该组织的实际社会形象，虚线部分为该组织的自我期望形象。两条曲线之间的差距就是组织的形象差距。

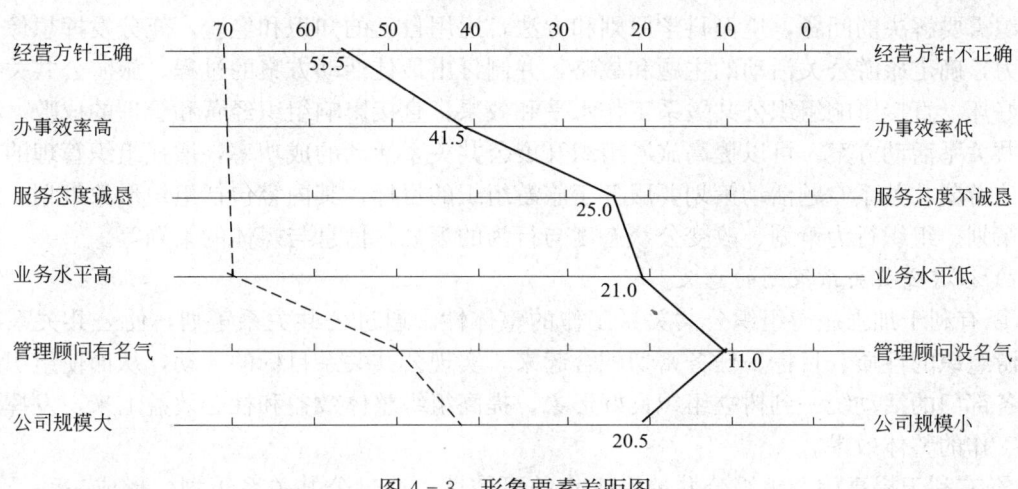

图 4-3　形象要素差距图

4）处理调查结果

处理调查结果是公共关系调查的最后一步。它包括两部分内容，整理调查资料和撰写调查报告。整理调查资料是对调查收集到的资料进行审查、汇总、统计获得相应的数据；撰写调查报告则是对调查资料的分析和调查结果的描述，并对整个调查的科学性、准确性及局限性给予必要的说明。

调查报告的撰写是整个调查活动的最后一个阶段，一旦调查报告提交出来，调查活动就告结束。调查报告的主要作用是运用多种方法考察和评价旅游公共关系活动的效果，以总结经验教训，为今后的工作提供借鉴；向决策部门报告公共关系工作的完成情况；利用公共关系工作的成果，对旅游组织内部成员进行激励。

规范的市场调研报告一般应包括以下 5 个部分。

① 序言：主要介绍研究课题的基本情况（包括目录）。

② 摘要：概括说明调查活动所获得的主要成果。

③ 引言：介绍研究进行的背景和目的。

④ 正文：对调查方法、调查过程、调查结果及所得结论和建议作详细的阐述。

⑤ 附录：呈现与正文相关的资料，以备读者参考。

当代公共关系领域中各种因素、各个环节处于相互联系和相互作用的状态中，作为一个高明的公共关系人员及决策者，只有及时了解尽可能多的各方面信息，才有可能做出相应正确的分析，了解自身的经济实力、组织状况、产品及服务的性质和经营水平，正确地评估自身的公众形象等，才能不脱离主体实际本身去做自己力所能及的事，才能避免主客不符导致公共关系活动受挫的状况。

4.2.2　旅游公共关系工作策划

1. 旅游公共关系策划的含义与意义

1）旅游公共关系策划的含义

旅游公共关系策划就是公共关系人员在充分调查研究、全面掌握信息的基础上，针对旅游组织需要解决的问题，遵循科学原则和方法，运用自己的知识和经验，充分发挥想像力和创造力，确定旅游公关活动的主题和战略，并制订出最佳活动方案的过程。旅游公共关系策划的好坏，直接影响组织公共关系工作水平和效果，直接影响组织经营和管理的成败。科学的公共关系活动方案，可以提高旅游组织开展公共关系活动的成功率，增强组织管理的有效性。旅游公共关系专题活动策划要服务于旅游组织的目标，其内容包括组织形象策划、组织环境策划、组织行为策划、改变公众态度与行为的策划、信息与媒体的策划等。

2) 旅游公共关系策划的意义

① 有利于加强旅游组织公共关系工作的整体性。通过公共关系策划，使公共关系目标与旅游组织的性质、目标、任务密切配合起来，实现公共关系目标的活动，从而使组织的政策和各部门的活动统一到树立组织良好形象、提高组织整体效益和社会效益上来，发挥公共关系工作的整体效果。

② 有利于提高旅游组织公共关系工作的可控性。通过公共关系策划，形成一种长期与短期结合、创新与维持组织形象相结合的公共关系目标体系，并以此为基础，妥善安排好日常工作、定期活动和专门活动的内容和项目，编制恰当的费用预算和时间预算，形成一张既积极主动又稳妥、有序的公关活动进程表。以此作为控制公共关系工作、检查评价公共关系效果的依据，从而使公共关系工作在目标和计划的控制之下稳步开展，取得预期的效果。

③ 有利于增强旅游组织公共关系工作的预见性。通过公共关系策划，可以使公共关系工作建立在充分调查研究的基础上，依据大量的公众和环境资料，预测趋势，分析后果，区分轻重缓急，提出既主动又灵活的适应环境变化的有力措施，以此影响组织的政策，争取组织决策者对公共关系工作的支持，争取组织各部门和全体人员的合作，从而尽量减少危机事件，使旅游公共关系工作主动超前，避免"救火"。

④ 有利于促进旅游组织公共关系工作的成熟性。通过公共关系策划，在情景分析的基础上，形成目标、方案和预算，使公共关系组织机构和人员有可能以此为依据，分析评价实现公共关系目标、执行公共关系方案和预算的情况，发现工作中的成绩，找出工作中存在的问题，从而分析原因，吸取工作中的经验教训，以指导今后的工作。

总之，旅游公共关系策划有利于明确组织的公共关系目标，积累工作成果；有利于控制工作过程，评价工作效果；有利于增强工作的预见性，减少危机事件；有利于积累工作经验，提高工作水平，保证旅游公关活动达到预期目标。

2. 旅游公共关系策划的运作程序

策划任何公共关系活动，都必须遵循一定的工作程序。旅游公共关系策划归纳为八大基本步骤：公共关系目标的确立、策划主题的提炼、目标公众的认定、活动项目的选择、运转时机的捕捉、媒体应用的谋划、经费开支的预算、活动方案的审定。

1) 公共关系目标的确立

公共关系目标是旅游组织在一定时期内，通过公共关系活动要达到的目的。它是公共关系工作行动的纲领，任何公共关系若没有公共关系目标，后面的工作就没法开展。

公共关系目标多种多样，一般有传播信息、联络感情、改变态度和引起行为四方面的目标。

① 传播信息目标是通过信息传播的方式，让公众知晓旅游业组织的真实情况的目标。这是旅游公共关系中最基本的目标。

② 联络感情目标是一种通过对公众的感情联络，以获得公众对组织好感和信任的目标。感情联络实际上是旅游业组织的一种感情投资工作，这是旅游组织公共关系活动的一项长期任务。

③ 改变态度目标是指旅游组织通过具体的公共关系活动，改变公众对组织的心理倾向性的目标。这是旅游公共关系中的一项主要目标。

④ 引起行为目标是指在公众中引起他们对旅游组织有利的行为的目标。这是旅游组织所追求的最高目标。其实，传播信息、联络感情和改变态度最终都会引起行为变化。

除上述目标分类外，从时间上看，还可以把公共关系目标分为长（远）期目标、短（近）期目标、一般目标和特殊目标；从作用上看，还可以把公共关系目标分为进攻型目标和防御型目标两种。

2）策划主题的提炼

旅游公共关系活动的主题是对旅游公共关系活动内容的高度概括，它对整个公共关系活动起着指导作用。

提炼旅游公共关系活动的主题，犹如确定大型交响乐曲的主旋律。在旅游公共关系策划中，能否提炼出鲜明突出的公共关系活动主题，主题能否吸引公众、抓住人心，乃是公共关系策划成败的一个重要标志。因此，在提炼旅游公共关系主题时要注意以下内容。

① 旅游公共关系活动主题是为旅游公共关系目标服务的。提炼和确定公共关系活动主题时，必须要注意主题与公关活动目标的一致性。凡偏离目标的主题，都会给公众造成错觉，起到误导作用。

② 旅游公共关系活动主题一经确定，就会贯穿于整个公共关系活动的始终，中途的改换容易造成公众感知的混乱，因此，注意公共关系活动主题的稳定性是十分重要的。

③ 公共关系的基本思想之一是以事实为依据，因此要展示公共关系的精神，就必须注意公共关系活动主题的客观性。

④ 公共关系活动的目的是要见实效，公共关系活动主题必须要注意其实效性。公共关系主题的实效性具体表现在：一是主题与公共关系活动的客观实际相符；二是主题能够切中公众心愿；三是主题能够引发良好的社会效果。

旅游公共关系活动的主题是多种多样的。其表现形式既可以是一个陈述句，也可以是一句口号，但不管是怎样的表现形式，都应力求做到简洁明了、生动鲜明、亲切感人、新颖别致和语句流畅。

3）目标公众的认定

根据旅游公共关系的特定目标而开展的公关活动，都有特定的工作对象，因此认定与旅游组织有关的公众是与确定旅游公共关系目标相伴随的一项策划工作。在公共关系策划中，目标公众的认定是有效开展策划工作的重要条件。如果在公共关系策划中不对目标公众加以认定，就会导致一系列严重后果。例如，发表没有针对性的信息，而不顾其对不同公众的适用性，工作将不会有计划地按时进行，使人力与时间、物资和设备不能得到最有效的使用，目标将不会实现，管理部门将会因目标不会实现而失望。因此，在公共关系策划中首先要认定目标公众。

认定目标公众很难有统一的标准，其基本的原则是从组织的活动目标、需要和实力三个方面去考虑。

(1) 以组织的活动目标划定公众范围

例如，某饭店为扩大自己的声誉而组织的建店周年庆典专题活动，其公众主要就是同行、新闻单位、政府部门、部分重要客户，而那些建筑部门和军队就不是这次活动的目标公众。这种划分主要强调的是相关性。

(2) 以组织的活动需要决定目标公众

例如，当组织的活动出现危机时，组织开展公共关系工作的目标公众就应当是行动公众和逆意公众，以防危机的扩散和加剧，避免使这部分公众对组织产生信任危机。这种划分主要强调的是影响度。

(3) 以组织的实力确定目标公众

在公共关系活动中，组织常常面对广泛的公众，往往感到人力和财力的不足。在这种情况下，就应将有关公众按与组织关系的密切程度、影响的大小程度、相关事情的紧迫程度等因素进行排队，优选出最为主要的一部分公众作为目标公众。这种划分主要强调的是重要性。

4) 活动项目的选择

所谓公共关系活动项目，是指围绕公共关系目标而确定的在不同时期进行的各种形式的活动。公共关系活动项目的实施是实现公共关系目标的重要保证。根据公共关系实践模式，主要有以下几种实现公共关系目标的常选活动项目。

① 以形象传播为中心的宣传型公共关系活动模式的活动项目。有新闻发布会、记者招待会、展览会、旅游广告、宣传橱窗、庆祝活动、新闻报道、专题采访、经验介绍等。

② 以建立旅游业为中心组织社会关系网络的交际性公共关系活动模式的活动项目。有招待会、座谈会、工作午餐会、宴会、茶话会、联谊会、舞会、交谈、拜访、祝贺、信函往来、名片交换、签名活动等。

③ 以提供优质旅游服务为中心的服务型公共关系活动模式的活动项目。有咨询服务、预定车船机票和客房服务、消费教育、消费指导等。

④ 以社会性、公益性、赞助性活动为中心的社会型公共关系活动模式的活动项目。有传统节日活动、重大节日和纪念日庆祝活动、周年纪念、剪彩仪式、社区各项活动、赞助社会福利事业、支持赞助体育比赛、文艺演出、公共服务设施的建设和维修等。

⑤ 以收集、整理、分析、提供各类信息为中心的征询型公共关系活动模式的活动项目。有市场调查、民意测验、访问重要用户、设立监督电话、处理举报和投诉、进行组织发展环境的预测等。

公共关系活动项目繁多，旅游组织的公共关系策划者可根据自身的条件，去创造性地开展各种形式的公共关系活动。但在选择活动项目时一定要注意以下内容：一是项目要为目的服务；二是确定项目要量力而行；三是确定项目要考虑公众的因素；四是传播形式要与传播内容相统一。

5) 运转时机的捕捉

在公共关系活动中，常常见到这种情况，公共关系活动的目标和主题十分明确，目标公众也相当准确，活动项目的选择也令人满意，但活动的结果却使组织感到失望。其中最重要的一个原因就是活动时机选择不当。

时机，就是"机会"和"火候"的意思，它对公共关系的活动效果有重要的影响。自古以来，我国就有"机不可失，时不再来"的名言，说的就是这个道理。所谓"机会"，从普通意义上看，凡涉及事情成败的关键因素，如时间的急缓、形势的安危、实力的强弱、士气的高低、情况的明蔽等，均可称为"机会"。对于旅游组织来说，机会存在于：组织创办开业之时；组织更名或与其他组织合并之时；组织迁址之时；组织推出新产品、新服务之时；组织举行周年或周年性纪念活动之时；组织新股票上市之时；国际国内举行各种节日和纪念日庆典活动之时；重大的社会活动和社会事件出现之时；组织形象出现危机之时；国家或地方政府新政策出台之时；公众观念和需求发生转变之时；国际国内经济大环境大气候转变之时。机会对任何组织来说，都是均等的，关键就看策划者能否抓住它。谁先抓住它，谁就能在竞争中获得先机，谁就能获得成功。

公共关系活动时机的把握不是机械地靠时间所能做到的，它凭的是旅游公共关系策划人员的直觉或感觉。这往往需要多年丰富经验的积累，以及策划者的才智和灵性才能悟到。比如在组织发展的开创时期，由于组织尚未与社会各界建立广泛的稳固的联系，初出茅庐，尚未崭露头角，无人知晓或很少知晓，这时组织的公共关系传播活动就应该安排"新"、"奇"、"特"的专题活动来扩大影响。当组织已走向正规、运作正常、形势看好之时，即组织处于发展期时，公共关系部就应策划能使组织"立"——站稳、"续"——保持、"系"——维系的专题活动项目，以使组织得到更加有力的发展环境和条件。当组织处于一派兴旺景象的高峰期时，公共关系工作应考虑"定位"、"开拓"和"防御"方面的专题公共关系活动，以使策划者保持清醒的头脑。当组织发展受挫，处于回潮期时，公共关系工作在考虑"立"和"系"之外，还应该在"促"字上下工夫，通过有效的公关活动，促使组织美誉度和整体形象的回升。当组织出现严重危机时，即组织处于低谷时，公共关系工作应围绕"矫"字去开展活动，以争取公众的理解与合作，从而化解矛盾，协调关系，挽回影响。当组织走出低谷，重新走上回升之途的更新期时，公共关系工作就应在传播中注意开展具有"创新"、"变异"的专题活动，重新塑造一个全新的组织形象，以使组织重振声威，再放异彩。可见，公共关系活动时机的选择，在一定意义上说，是旅游公共关系人员主动进取精神的一种表现。

寻找和确定旅游公共关系活动的时机十分重要，在选择时机时一定要注意以下几点。

① 尽量选择那些能够引起目标公众关注和具有新闻价值的时机。

② 善于利用重大节日和重大事件烘托和扩大公共关系活动的影响，还要学会避开重大节日和重大事件对公共关系活动所产生的负面影响。

③ 随时注意观察事态的发展变化，掌握对自己组织有力的信息，时机一旦成熟，就要采取果断的行动。

时机的选择是一种技巧和方法，没有固定的模式，策划者应根据具体情况及整体目标去把握时机，以求收到良好的预期效果。

6）媒体应用的谋划

媒体是公共关系活动传播信息的载体。当今社会，报纸、杂志、广播、电视、卫星、网络等都是旅游公共关系活动所倚重的媒体。随着现代科学技术的发展和人们观念的迅速转变，对传播媒体的要求更倾向于综合、立体和全方位。这就要求策划人员必须知晓各种媒介的优点和缺点，并善于巧妙地组合，造成优势互补，依据具体情况择优而用。最常见的方法有以下几种。

(1) 依据传播对象选择媒体

这就是说，分析传播对象是哪一类人，这些人的受教育程度如何，依他们的兴趣和习惯易接受哪种媒体传达的信息，他们对什么形式和内容的信息感兴趣，他们接受信息的条件如何。

(2) 依据传播内容和形式选择媒体

旅游组织传播的内容和形式是各种各样的，不同的传播内容和不同的传播形式必然要求不同的媒体。对于那些大型的公共关系活动，如新产品拓展市场、周年纪念活动等，必须以大众传播媒介为主的多种媒体综合运用；而对旅游消费者和用户的走访、调查，则应多以电话和书信等人际传播媒体为主。

(3) 依据组织实力选择媒体

公共关系策划人员在考虑媒体时，应尽力以节省经费为出发点，在有限的范围内选用适当的媒体。

7) 经费开支的预算

经费预算既是公共关系策划的"目标"，又是对公共关系活动经费开支的控制。策划中的经费预算，既能给公共关系实施带来事前心中有数之感，也能使决策者认可决策方案成为可能。因此，必须重视策划中的经费预算。

旅游公共关系活动中的经费预算主要包括两项内容。

(1) 行政开支

该项开支主要包括日常行政费、劳务报酬费和设施材料费。

① 日常行政费。只维护旅游业公共关系部门日常工作而发生的费用。它主要包括电话费、办公文具费、交通费、交际应酬费、资料购置费、资料复制费和其他通信费（如电传、特快专递费等）等。

② 劳务报酬费。这里主要指旅游业组织内部公共关系人员的奖金、福利费和组织外聘专家、顾问、技术人员的工时报酬费用等。

③ 设施材料费。主要是指购置、租借或维修各种视听器材、通信器材、计算机、复印机、录像器材、交通工具、工艺美术器材，制作各种纪念品、印刷品、音像制品及各种传播行为所需的实物和用品费用等。

(2) 项目开支

它是指实施各种公共关系活动项目所需的费用。例如，重大庆典活动费、重大项目专家咨询费、活动调研费、专项组织形象广告费、大型活动展览费、公益事业赞助费，以及为其他不测事件和突发事件而准备的费用等。

8) 活动方案的审定

在完成上述策划后，公共关系策划人员应针对各种不同的方案进行反复比较，选定最佳方案。

(1) 方案优化

方案优化就是提高方案合理值的过程，目的在于寻求尽善尽美的方案。方案的优化一般可从增强方案的目的性、增加方案的可行性和降低消耗三个方面去考虑。优化的方法有4种。

① 重点法。对同一个方案优化时，可先分析目的性、可行性和消耗性三个方面，哪一

个方面增加或者减少对该方面的合理值影响最大,就把影响最大的方面定为重点。如果方案中目的性和可行性都很强,虽然费用太高,就应以增强可行性为重点。总之,就是要重点地突破薄弱环节,以使方案整体优化。

② 轮变法。在影响整体的要素中,将一个要素作为变数,其他作为定数,对作为变数的要素做数量的增减,以期在其他要素不变的情况下提高合理值,直至不能再增加。然后,换一个要素作变数,又将原来的那个要素与其他要素一起作定数,依次类推,直至最后合理值不能再提高为止。

③ 反向增益法。即在影响整体的要素中,以一个要素的较小变动去求得其他要素的较大变动,达到"舍寸进尺"的效果。

④ 优点综合法。即将各个方案中可以移植的优点综合到被选择的方案中去,使被选上的方案优中加优,达到最优化。

(2) 方案论证

方案论证就是方案订好后所进行的可行性论证。一般由有关领导、专家和实际工作者对计划的可行性提出问题,由策划人员答辩论证。其论证的方面主要有以下几种。

① 对目标进行分析。即分析目标是否明确,实现的程度如何。

② 对限制性因素进行分析。即分析公共关系计划在哪些条件下可以实行,在哪些条件下可能实行。

③ 对潜在问题进行分析。即预测公共关系计划实行时可能发生的潜在问题和障碍,分析防止和补救的可能性。

对预期结果进行综合效益评价,判断该计划是否付诸实施。

(3) 书面报告与方案的审定

公共关系计划经过论证后,必须形成书面报告——策划书,然后上报决策层审定。

策划书的写作格式有以下几种。

① 封面。封面应注明策划的形式与名称、策划的主体、策划日期、文件编号。

② 序文。把策划书所讲的要点提炼概括,形成 400 字左右的文字,使人一目了然。

③ 目录。

④ 宗旨。即将策划的重要性、公共关系目标、社会意义、操作实施的可能性等问题加以具体说明,以展示策划的合理性和重要性。

⑤ 内容。这是策划书的主体和最重要的部分。要求层次分明,逻辑性强,重点突出,切忌过分详尽、冗长。

⑥ 预算。即按照策划确定的目标每项列出细目,计算出所需经费。

⑦ 策划进度表。即把策划活动的全部过程拟成时间表。

⑧ 有关工作人员目标责任分配表。根据目标管理原则,对各项目标、任务,按责、权、利,以表的形式落实到有关人员。

⑨ 策划所需物品和活动场地的安排。

⑩ 与策划有关的资料。如有关背景资料、前期调查结果、类似项目及竞争对手情况等。

公共关系策划书写好之后,必须要上报决策层,经过本组织领导的审核和批准后,策划阶段方算结束,接下来便进入公共关系计划的实施阶段。

4.2.3 旅游公共关系工作的实施

旅游公共关系计划的实施与评估是旅游业公共关系工作的两个重要组成部分。实施与评估的最终目的是解决公共关系计划所研究的问题，实现在公众中树立组织良好形象的目的。

1. 旅游公共关系工作实施的含义与意义

旅游公共关系计划的实施，就是通过公共关系活动的开展来获得相关公众对旅游业组织及其行为的了解、理解、信任和支持的过程。在整个公共关系工作中，实施是一个极为重要的环节，贯穿于整个公共关系工作的始终。重视和研究实施工作对提高公共关系工作效率和效益具有重大的现实意义。

一项公共关系计划的实施，在一定程度上比制订计划更为重要。

1) 公共关系计划的实施是实现计划的重要环节

旅游公共关系计划的实施是直接、具体、实际解决问题的过程。计划再好，不经实施，仍是"纸上谈兵"，这对旅游组织和公众都是毫无意义的。

2) 公共关系计划的实施决定了计划的实现和效果

旅游公共关系计划的成功实施能够圆满地完成公共关系计划中所确定的任务，实现计划的预期目标。如果公共关系计划的实施失败，不仅会使计划落空，甚至会使计划中想要解决的问题更加恶化。可见，公共关系计划的实现和其良好效果的取得，关键取决于公共关系计划的实施。

3) 公共关系计划实施的结果是后续方案的依据

旅游组织形象的塑造是一个长期的过程，是多个公共关系活动实施的长期积累的结果。从这一意义上说，旅游组织形象的塑造犹如一个系统工程，每一个公共关系活动计划的实施都是这个系统工程中紧密相连的环节。如果前一个环节出了问题，就会使旅游组织的形象在社会上造成一定的负面影响和后果。因此，公共关系计划的制订都必须要以前一项公共关系计划实施后，由各种渠道反馈回来的信息为依据。这也是公共关系计划制订过程中的一个重要原则。

2. 旅游公共关系计划实施的特点与影响因素

旅游公共关系计划的实施是一个极为复杂的过程，这与公共关系计划实施过程的特点和影响因素有关。

1) 公共关系计划实施的特点

公共关系计划的实施是由一系列连续活动构成的过程。在每一项活动中，由于领导层决策时，呈现在决策层面前的可供选择的活动方案太多，虽经努力筛选，鉴于经验和直觉水平所限，很难作出一个理想的抉择，况且在决定之后，方案实施之前，新的信息的导入使所实施的计划免不了与实际情况有一定的差距。另外，随着时间的推移、实施的进展和环境的变化，在实施过程中仍会遇到新的情况和新的问题，这就需要不断地修正或调整原来的实施方案、程序、方法和策略。为此，公共关系计划实施的动态性造成公共关系计划实施的复杂性。

由于公共关系计划的实施是一个不断变化和需要调整的动态过程，实施者需要依据整个实施方案中的原则和自己所处的环境、面临的条件发挥主观能动性，来确定自己的实施策略。从这个意义上说，公共关系计划的实施过程是一个创造性的过程。在公共关系计划实施过程中，公共关系人员如果忽视创造性这一特点，公共关系计划的实施将是一个没有艺术性的程序化和制度化的活动。正是由于公共关系计划实施具有创造性这一特征，才使得公共关系计划在实施过程中增加了原计划所没有的新的因素，实施工作时更趋复杂。

公共关系计划的实施不仅对组织形象，还对整个社会的文化、习俗和行为的改变产生深刻的影响及推动作用。从这一角度来看，旅游公共关系计划实施后的影响具有广泛性的特点。因此，旅游公共关系人员在实施公共关系计划时，就必须以全面的观点、发展的眼光和审慎的态度进行实施工作。

2) 公共关系计划实施的影响因素

公共关系计划实施的复杂性受众多因素的影响，其中主要有三个方面，方案本身的目标障碍、实施过程的沟通障碍及突发事件的干扰。

(1) 目标障碍

所谓目标障碍，是指在旅游公共关系计划中由于所拟定的公共关系目标不正确或不明确而为公共关系计划的实施带来的障碍。在公共关系计划实施过程中，公共关系计划实施工作基本上要依据计划方案所规定的内容进行。如果计划目标不正确或不明确，必然要给计划的实施造成种种障碍。因此，要想有效地开展实施活动，就必须对公共关系目标进行检查。检查的内容主要有：第一，计划目标是否切合实际和具有可操作性；第二，计划目标是否具有明确的标准和实现的可能性；第三，计划目标是否表明了组织的期望；第四，计划目标是否在实施者职权范围内所能完成；第五，计划目标是否规定了完成的期限。如果这5个方面发现有问题，实施人员就应当主动与计划的制订者联系并促其重修计划。

(2) 沟通障碍

公共关系计划的实施过程实际上是进行传播沟通的过程。在传播过程中，由于语言、习俗、观念、心理、组织等方面的原因，使得传播沟通不可能如愿以偿。因此，了解实施过程中的沟通障碍和及时排除这种障碍是保证公共关系计划有效实施的关键。

在公共关系计划实施活动中，常见的沟通障碍有以下几种。

① 语言障碍。在旅游公共关系计划实施过程中，旅游公共关系人员必须借助于一定的词汇、语调来表达思想、情感、意愿，协调与公众之间的关系。如果使用语言不当，就会引起沟通障碍。例如，文字不通顺或错别字而引起误解；文字模棱两可或讲话口齿不清，引起理解错误；沟通中使用方言土语，对方无法理解等。

② 知识经验水平差异大引起的障碍。在公共关系计划实施过程中，如果传授双方知识水平和经验水平相差很大就易发生障碍。例如，一方认为内容很简单，而另一方由于知识水平限制却理解不了。

③ 习俗障碍。习俗及风俗习惯，它是在一定文化历史背景下形成的具有固定特点的调整人际关系的社会因素。它虽不具法律效力，但却很难使人违抗。在日常生活和活动中，符合习俗时人们则趋之，不符合时则避之。因此，在公共关系计划实施过程中，公众对象复杂，风俗习惯各异，如果忽略习俗这一因素，实施便不能顺利进行。

④ 观念障碍。观念属于思想范畴，由一定的经验和知识积淀而成，是一定社会条件下人们接受、信奉并用以指导自己行动的理论和观点。这种理论和观点既可以构成计划实施的动力，也可以构成计划实施的阻力。一般情况下，封闭观念和极端观念易形成障碍，使实施工作不能顺利进行。

⑤ 组织障碍。在旅游公共关系计划实施过程中，大量的实施工作要靠组织内部人员团结协作，共同努力才能完成。为此，合理的组织结构就成为有效地进行内外沟通的关键。然而组织结构的庞大，内部层次过多，易使信息失真，造成实施的困难。

⑥ 心理障碍。心理障碍是指个人的认知、兴趣、态度、情绪、性格等心理因素对实施工作造成的障碍。在公共关系计划实施过程中，实施工作能否顺利进行，关键取决于公共关系实施人员和公众心理是否相悦。心理相悦是公共关系计划能够顺利实施的基础。

造成沟通障碍的因素有很多，除上述6种外，还有诸如沟通方式、方法、技术及政治等方面的障碍。

为了防止或克服沟通障碍，提高实施过程中的沟通效果，最关键的是公共关系人员要努力提高心理水平，正确运用语言文字，掌握有效的沟通和聆听方法。

养成良好的心理习惯，对于提高沟通效果意义重大。良好的心理习惯包括注意力集中、情绪稳定、态度端正等。注意力集中能准确理解信息，避免与减少信息损失；情绪稳定有助于正确地判断信息，避免由于偏激而歪曲信息；态度端正在沟通时能心平气和，有助于对信息的正确理解与接受。

正确运用语言文字能提高沟通的效果，密切与公众之间的关系。有关研究表明，在沟通过程中，正确运用语言文字要注意以下几点。

① 运用对方在感情上容易接受的语言，避免或少用评论性、挑战性的语言。
② 使用的语言文字意义要明确，不要拖泥带水、模棱两可，以免对方产生误会。
③ 使用语言文字时不要滥用辞藻。
④ 措辞得当，通俗易懂。
⑤ 在交谈中可借助动作、表情。
⑥ 少用或不用长句。
⑦ 言之有据，条理清楚。
⑧ 语言文字要净化。
⑨ 交谈中涉及生疏人名、地名要放慢语速，重要人名和地名要重复。
⑩ 交谈中要明确交代清楚是第一人称还是第三人称。

面对面交谈要收到良好的沟通效果，就应注意下列几点。

① 选择适当的地点，充分利用"家居优势"。
② 要有充足的时间，不要仓促草率。
③ 交谈开始时的内容要根据交谈的性质来确定。
④ 创造平静、诚恳的交谈气氛。
⑤ 交谈的主题要明确，不要把话题扯得太远。
⑥ 交谈结束时要有礼貌地告辞。

善于聆听是改善沟通的重要方法。要做到这一点，必须注意以下几点。

① 少讲多听，保持沉默，不要打断对方讲话。
② 设法使交谈轻松，使讲话人感到舒适，消除其拘谨不安情绪。
③ 表示出有聆听的兴趣，切忌冷淡和不耐烦。
④ 尽可能排除外界干扰。
⑤ 站在对方立场上考虑问题，表现出对对方的理解。

⑥ 要有耐性，不要插话。
⑦ 控制情绪，保持冷静。
⑧ 不要与对方争论或妄加评论。
⑨ 提出问题以显示自己在认真聆听。

(3) 突发事件的干扰

在公共关系计划实施过程中，不可能一直保持平衡、和谐、一致。公众的投诉、新闻媒介的批评、不利舆论的冲击、地震、水灾、火灾等事件难以避免。这些问题的突然出现，会严重地影响公共关系计划的正常进行。由于突发性事件发生突然，来势非常迅猛，常常是影响大，后果严重，对组织的生存和发展构成威胁。

为了使公共关系计划的实施不受影响或少受影响，公共关系计划实施人员必须要做到以下几点。

① 面对突发事件要保持镇静，迅速查明原因。
② 维护组织和公众的双方利益。
③ 积极稳妥地处理事件，最大限度地减少损失。
④ 利用传播媒介真实、准确地传播有关信息，向公众解释组织所采取的政策与对策，争取公众的谅解与配合，化不利为有利，变被动为主动，重塑组织形象。

为预防危机事件的再度发生，从组织角度看，应注意以下几个方面。

① 要培养全员的危机意识，提高抵御危机的能力。
② 建立预防危机的信息检测系统，随时收集实施情况的反馈信息，发现苗头及时解决。
③ 掌握政策决策信息，及时修正或调整实施计划。
④ 经常分析公众对计划实施的评价，找出薄弱环节，采取相应的措施。

3. 旅游公共关系计划实施的原则

为保证公共关系计划的有效实施，必须遵循以下原则。

1) 目标控制原则

所谓目标控制原则，是指在公共关系计划实施过程中，保证公共关系计划实施活动不偏离公共关系计划目标的原则，即用目标作为控制手段，使公共关系活动沿着公共关系计划目标所规定的方向发展。

在旅游公共关系计划实施中，计划目标是旅游组织要追求的一种活动的预期结果，是旅游组织的一种期待，它能确定旅游组织的行为方向，控制旅游组织的行动。因此，在旅游公共关系计划实施过程中，目标控制原则是旅游组织在公共关系计划实施时经常采用的原则。

2) 适应对象原则

适应对象原则是公共关系计划的实施能有效地被公众所接受，能达到预期结果的原则。这一原则的关键是实施的方法、形式、途径、策略和手段与目标公众的需求、经济状况、受教育程度、职业习惯、生活方式相一致。一般情况下，目标公众会有选择地接受自己所喜欢、所需要、所习惯或适宜自己的信息、形式、方法和手段等。在实施工作中如果违背这一原则，计划的实施就不可能达到理想的效果。

3) 控制进度原则

控制进度的原则就是根据整个公共关系计划和目标的需要，按照一定的程序，掌握工作进度的原则。在旅游业公共关系计划的实施过程中，由于分工不同的实施人员在执行自己分管的工作时，常常会出现工作不同步的现象，因此旅游组织应经常检查各方面工作的进度，及时发现超前或滞后的情况，进行协调，使各方面的工作同步进行和平衡发展。

4）整体协调原则

整体协调原则是指在旅游公共关系计划实施过程中使各环节之间、部门之间及旅游业组织和公众之间达到平衡、和谐、一致、合理、配合、互补和统一的状态的原则。整体协调的目的在于使全体实施人员在思想观念和行动上保持一致，保证实施活动的同步与和谐，做到整个实施部门统一意志、统一行动，高质、高效地完成实施工作。

5）选择时机的原则

选择时机的原则是指旅游公共关系计划实施过程中恰到好处地捕捉"天时"、"地利"，充分运用时间和空间的原则。在旅游公共关系计划实施过程中，若能精心选择与安排时机，整个公共关系计划的实施将会借助于恰当的时机而收到良好的效果。相反，如果忽视时机或选错时机，公共关系计划实施将不能如愿或惨遭失败。

6）合乎经济原则

合乎经济原则是指旅游公共关系计划实施过程中在保证公共关系计划实现的前提下，将物力、财力降低到最低限度的原则。旅游业公共关系活动的经费一般是有限的。成功的公共关系计划实施应在最经济的条件下去争取尽可能大的实施效果。

4.2.4　旅游公共关系工作评估

旅游公共关系工作评估，就是根据特定的标准，对公共关系计划和实施效果进行衡量、检查，以判断其优劣的过程。评估是旅游公共关系工作的重要组成部分，可以为旅游公共关系活动的不断调整和修正提供依据，使旅游公共关系活动朝着顺利实现旅游公共关系战略目标的方向发展。

1. 旅游公共关系工作评估的意义

在旅游公共关系工作程序中，公共关系评估控制着每一个实践活动的环节。其具体作用表现在以下4个方面。

1）公共关系工作评估是旅游公共关系工作的重要环节

旅游公共关系活动是为了实现旅游业战略目标而开展的。为了准确了解、把握这种活动是否朝着有利于实现旅游业战略目标的方向发展，防止其出现偏离，就应对旅游公共关系进行全面、及时的评估，以使旅游公共关系工作不偏离旅游公共关系战略目标。

2）公共关系工作评估是旅游公共关系后续工作开展的必要前提

人类的实践活动总是在不断总结前人和自身活动的基础上得以继续前进的，这其中总是存在着一定的继承性。同样，旅游公共关系活动的开展，也是以原来的公共关系工作及其效果为背景的，在对以往的公共关系工作进行总结、评价后，再制订新的公共关系计划。公共关系工作评估对旅游公共关系工作具有明显的"效果导向"作用，因此可以说，公共关系工作评估是旅游业开展后续公共关系工作的必要前提。

3）公共关系工作评估可以弥补旅游公共关系活动的致命弱点，取得决策层的支持与重视

由于公共关系工作对于旅游业来说是一种有形投入、无形产出的活动。因此，不少旅游

业决策人员由于看不到公共关系工作的明显效果，进而就否定或轻视公共关系工作对旅游业的重要作用。通过评估，说明公共关系投资的收益情况，让公共关系工作效果展现在旅游业决策人员面前，就可以避免受轻视等问题的发生，进而可以取得旅游业决策人员的理解、支持与重视。

4）公共关系工作评估是鼓舞士气、激励员工的重要手段

通过评估，将公共关系投资的收益情况让旅游业员工有一个全面了解，从而使他们认清组织的利益和实现途径，自觉地将实现本组织的战略目标与自己的本职工作紧密地联系在一起。同时，旅游公共关系人员通过评估，除了可以加深对自己所从事的公共关系工作的性质与重要性的理解之外，还可以证明自己对组织使命的圆满完成所做出的贡献，这对于提高其士气、坚定其自信心也是大有裨益的。

2. 旅游公共关系工作评估的程序

旅游公共关系工作的评估是一个过程，这个过程有以下8个方面。

1）确立统一的评估目标

确立统一的评估目标是评估程序的第一步。确立目标是为给检测旅游公共关系工作设立一个参照物。如果评估目标不统一，就会在评估调查中收集许多无用的资料，从而影响评估的效率与效果。另外，还应将评估目标具体化，从而有利于评估资料收集工作的明确化和准确化。如果能将有关问题的评估重点整理成书面材料，将有助于保证评估工作不出现偏差。

2）取得旅游业最高管理层的认可

评估是整个旅游公共关系计划的重要组成部分。但在现实工作中，许多旅游业工作人员认识不到这一点，觉得评估工作可有可无，甚至是多此一举，从而使得评估工作开展不起来，或是落不到实处。因此，在制订公共关系计划之初，就要取得最高管理层的认可，从而对评估工作做出周密、充分的安排。

3）要在旅游公共关系人员中达成共识

旅游公共关系部门的公共关系人员必须在内部对评估工作取得一致看法，统一认识，统一标准，通力合作，方能完成评估工作。

4）选择适当的评估标准

评估目标的确立只是说明旅游公共关系工作的期望效果，而评估标准的确立则是评估目标的具体体现和评估工作尺度的确立。没有尺度就无法对物体长短进行衡量，同样，没有评估标准，也就无法对旅游公共关系工作做出评估。

5）确定收集评估资料的最佳途径

根据评估目标、评估标准来确定收集评估资料的最佳途径。途径有多种，不存在绝对、唯一的问题，要根据上述两方面来认真寻找最佳途径。

6）保持完整的旅游公共关系活动实施记录

完整的公共关系活动记录，除了能充分反映公共关系人员的工作方式和工作效果之外，还能反映公共关系计划及其实施措施的可行程度。这些资料为评估公共关系活动的效果提供了基础性材料。

7）向旅游业最高领导层报告评估结果

向旅游业最高领导层报告评估结果。这样做，一方面是为了保证旅游业管理者能及时掌握情况，有利于进行全面协调；另一方面，也可以说明公共关系活动在保持与组织目标相一

致及其在实现组织目标过程中的重要作用。

8) 评估结果的充分使用

评估工作绝不是为了评估而评估,而应是为今后公共关系活动提供科学的依据,从而使旅游公共关系目标的确立、计划的制订及活动的实施都更加符合组织的发展方向,更加符合实际,使公共关系活动的每一个周期都比上一个周期发挥更大的作用。

3. 旅游公共关系工作评估的内容

旅游公共关系评估的目的在于获得公共关系活动过程、工作效率和收益的信息,以此作为开展和改进公共关系工作以及制订公共关系工作新计划的依据。因此,公共关系评估的内容包括总体效果的评估和公共关系活动过程的评估。

1) 总体效果评估的内容

旅游公共关系的绩效表现为经济效益、社会效益、组织形象的改善及旅游业各组织与公众的沟通情况等。因此,总体效果的评估内容应包括以下几方面。

① 公共关系活动目标是否符合实际?活动主题是否明确?感召力如何?

② 旅游组织内部各职能部门、员工对公共关系活动的了解和支持情况如何?

③ 传播媒介的选用及其效果如何?公众对传播的信息接受程度及态度改变和行为变化情况如何?传播是否达到了预期的效果?

④ 公共关系活动计划方案是否周密?

⑤ 公共关系活动预算执行情况如何?

⑥ 公共关系活动的效果如何?公共关系活动的效果对组织后续行为产生什么影响?

⑦ 对公共关系活动结果所遗留问题及隐患的处理意见和建议。

2) 活动过程的评估内容

旅游公共关系活动分为两个阶段:准备阶段和实施阶段。

(1) 准备阶段的评估内容

该阶段公共关系活动尚未正式开始,因此评估重点主要是检验现有资料的情况,以及信息内容正确、充实与否及表现形式恰当与否。

准备阶段公共关系活动的实施者重点检验对公共关系活动项目有影响的因素,这些因素包括目标公众情况、媒介所需材料情况、社会政治经济环境情况等是否充分,这些都是公共关系活动的实施者在实施前的行为投入。这种行为投入量充分与否是对公共关系准备过程评估的一个重要指标。

整个公共关系评估过程是紧紧围绕着"公共关系活动是否适应环境需求"而开展的。因此,公共关系活动中准备的信息资料是否符合问题本身、目标及媒介的要求,沟通活动时间、地点、方式是否符合目标公众的愿望,人员与预算资金是否充分等,也是评估公共关系活动准备阶段的重要内容。

(2) 实施过程的评估内容

该阶段是公共关系活动实施的实质性阶段。在此阶段,评估工作的重点是检验发送信息的数量,信息被传播媒介所采用的数量,受到信息的目标公众数量和注意到传播信息的公众数量。

在公共关系实施过程中,检验组织所发出的电视、广播图片、文字及讲话次数,对其他群体和组织发出的信件、宣传材料数量等,可以评价组织在传播工作方面的努力程度。同时,也可以由此来检验不理想的环节和计划实施过程中的一些弱点。

在公共关系实施过程中，信息能否对公众产生影响，其前提是信息必须被传播媒介所采用。报刊索引和广播记录是检验传播媒介采用信息资料数量的重要依据。由此，可以评价组织为有效利用各种可能取得的信息而将信息传递给目标公众的努力程度，也可以检验组织在使用人力、物力和财力方面的情况。

在公共关系实施过程中，信息能否对公众产生影响，关键是信息必须被公众所接受。对于公共关系评估来说，最重要的是要了解收到信息的公众的结构，掌握这些公众对信息的理解和熟知程度及需求的倾向性程度。这是公共关系评估工作最为重要的内容，由此可以明显地看到实施过程的效果，还可以预测公共关系活动将出现的整体效果。

本章小结

旅游公共关系工作不仅在旅游组织的各项管理活动中有其特殊的地位和作用，是一种独特的管理职能，而且从管理学的角度，应将旅游公共关系工作本身也视作一个完整的管理过程，将纷繁复杂的公共关系工作纳入系统的管理轨道，使其成为一个有目的、有计划、有步骤、有序可控的管理过程，目的是提高旅游公共关系工作的科学性和有效性。

旅游公共关系活动的开展是按"调查研究—公关策划—传播实施—效果评估"这4个环节进行的，其中调查是基础环节，策划是关键环节，实施是复杂环节，评估是衔接环节。这四大步骤一环扣一环不断循环着。每一次循环都是一次进步，都将旅游组织的公共关系工作推向更高一个层次，都向旅游组织的整体目标推进一步，使之达到更为良好的一种公关状态。

案 例 分 析

案例 4-1

从田忌赛马看公共关系运筹

据《东周列国志》第八十八回记述，有一天，田忌引孙膑到赛马场观看他与齐王赛马。孙膑发现，田忌的马力与齐王之马相差不大，但上马对上马，中马对中马，下马对下马，只能甘拜下风。孙膑对田忌说："君明日复射（赛），臣能令君必胜。"孙膑向田忌建议，用相对优势的上马和中马对齐王相对劣势的中马和下马，而以绝对劣势的下马对齐王绝对优势的上马。这样，三场赛完，总体上处于劣势的田忌取得两胜一负的胜利。比赛结束，齐王不解，田忌奏禀齐王："今日之胜，非臣马之力，乃孙膑的妙算。"

分析：

尽管公共关系不同于赛马、不同于战争，但隔行不隔理。从能否选择最优决策这一点来说，是彼此相通的。《孙子兵法·计篇》中所指出的："多算胜，少算不胜，何况不算乎？"

胜与负、成功与失败,往往在于算与不算、算的正与误、自觉与不自觉之上。从公共关系整个策划的过程看,也是一个运筹的过程。从目标的确立、主题的把握到媒介、时机的选择和经费预算等,无不需要多算。算得周密与不周密、正确与错误、自觉与不自觉,正是衡量一个公共关系策划优劣与否的重要标志。

思考:

根据此案例分析公共关系策划的步骤及其重要性。

案例 4-2

"先搞清这些问题"

有一家宾馆新设立一个公共关系部,工作伊始,该部就配备了豪华的办公室、漂亮迷人的公关小姐、现代化的通信设备等,但该部部长却发现无事可做。后来,这位公共关系部长请来了一位公共关系顾问,向他请教"怎么办"。这位顾问一连问了以下几个问题:

"本地共有多少家宾馆?总铺位有多少?"

"旅游旺季时,本地的外国游客每月有多少?港澳游客有多少?国内的外地游客有多少?"

"贵宾馆的'知名度'如何?在过去的三年中,花在宣传上的经费共多少?"

"贵宾馆最大的竞争对手是谁?贵宾馆潜在的竞争对手将是谁?"

"去年一年中因服务不周引起房客不满的事件有多少起?服务不周的症结何在?"

对这样一些极其普通而又极为重要的问题,这位公共关系部部长竟张口结舌,无一对答。于是,那位被请来的公共关系顾问说:"先搞清这些问题,然后再开始你们的公共关系工作。"

分析:

这个案例体现了调查对组织公共关系工作的重要性。那么,什么是旅游公共关系调查?旅游组织如何开展公共关系调查?

思考:

根据此案例分析公共关系工作调查的步骤及其重要性。

课堂练习与思考

1. 怎样设计调查方案?
2. 旅游公共关系策划的内容和程序是什么?
3. 案例分析:女总统的笑

马耳他女总统芭芭拉访问上海期间曾下榻锦江饭店。锦江饭店公共关系部的工作人员在接到任务后查阅了大量资料,进行了周密的准备。当女总统走进总统套房时,意外地发现了台上放置了全套"露美"化妆品、烘发吹风器和珠花拖鞋,房间内还放置了一架昂贵的钢琴。临别时她亲笔留言:"在上海逗留期间,感谢你们给予我第一流的服务,并祝你们幸福,前途美好。"

请问：上海锦江饭店公共关系部的工作人员为了解马耳他女总统的爱好，采用了哪种调查方法？这种调查方法的优点是什么？

情景模拟训练题

1. 某旅游公司欲了解本组织员工文化素质情况，请你设计一个调查方案（使用抽样方法选取调查对象），并运用中问卷调查的各种形式设计一份简要的调查问卷。

2. 有一家合资酒店组织，在强手如林的市场竞争中，为了保持较好的组织形象，需要对组织的知名度和美誉度进行调查和预算。在对150名顾客进行了本组织形象问卷调查后，发现知晓人数为60人，称赞人数为45人。
(1) 请根据测算公式计算该组织的知名度和美誉度。
(2) 画出该组织形象地位图。
(3) 就该组织进一步开展公共关系活动的方向提出建议。

3. 请按"公共关系四步工作法"的程序和内容策划一次公共关系知识大赛。

第 5 章　旅游公共关系专题活动

学习目标：
1. 了解各种旅游公共关系专题活动的类型；
2. 熟悉和理解各种公共关系专题活动的特点与适用范围；
3. 学会或掌握策划、组织并实施各种公共关系专题活动的方法和技巧。

公共关系是一门实践性很强的学科。为了实现公共关系目标，落实公共关系计划，提高公共关系效益，旅游组织常常需要开展各种公共关系专题活动。通过这些活动，把旅游组织和广泛的社会生活紧密地联系在一起。在活动中，使公众潜移默化地接受组织的信息和观点，增加对组织的好感；吸引新闻媒介的注意，使之采访报道，以提高组织的知名度；协调组织和各类公众的关系，为组织创造一个和谐融洽的内外环境，从而提高组织的声誉，树立组织良好的形象。旅游公共关系专题活动的成功与否，决定于公共关系人员对公共关系专题活动的基本特点、基本要求和活动开展的具体方法的掌握程度，以及公共关系人员的公共关系技术水平和创造能力。

5.1　新闻发布会

当旅游组织准备操办一项重要活动，或者将处理有社会影响的重大事件，需要向社会各界公众通报时，或有其他具备新闻价值的消息需要发布时，就需要召开新闻发布会。新闻发布会，又称记者招待会，是一个社会组织为直接向新闻界发布有关组织信息，解释组织重大事件而举办的活动。它是组织广泛传播各类信息，吸引新闻界客观报道，搞好媒介关系的重要手段。

5.1.1　新闻发布会的特点

新闻发布会作为旅游公共关系专题活动的内容之一，具有以下特点。

1. 正规隆重

与公共关系活动中的其他项目相比较而言，新闻发布会的形式不仅比较正规，而且规格档次较高。新闻发布会除邀请专业记者参加外，一般还要邀请新闻界负责人、部门主管、各协作单位代表及政府官员参加。一个成功的新闻发布会需要较长时间的策划、筹备和布置。

2. 沟通活跃

新闻发布会与其他新闻传播方式相比，占用记者的时间较多，双方接触深。在会上除了信息发布者向记者发布信息外，记者可当场提问，与会记者还可以互相启发，更深入地挖掘新闻题材。新闻发布会对于增进旅游组织与新闻界的沟通，促进双方的合作起着不可忽视的作用。

3. 方式优越

与其他传播方式相比，新闻发布会无论在深度，还是在广度上，都更为优越。单独利用其他的传播方式，如报纸、广播、电视等，由于新闻媒介自主性的特点，通过其传播的旅游组织信息会因各家媒介组织的视角不同、取舍不同、刊播时间不一致等而影响了传播效果。而通过新闻发布会的各新闻媒介记者，有关信息将会经各大众传播媒介迅速地扩散和放大到社会公众里。

5.1.2 举办新闻发布会的时间和主题

旅游组织需要运用新闻发布会传播的公共关系事项有：开业及重大庆典；新产品、新景点、新旅游线路、新服务项目的推出；经营管理方针的改变；组织最高管理层人事变动；危机事件发生的善后等。这些事项需要向社会公众和新闻界沟通、传播或解释时，都要及时举办新闻发布会。新闻发布会之前，要注意以下几点。

1. 恰当的时机

新闻发布会的日期，要与将发生或已经发生的事件在时间上靠近，但又不要太紧迫，这是新闻发布会的最佳时间。时间上相距太远，会给公众形成时过境迁或"只听雷响，不见下雨"的感受。只有选择恰当的时机，才能使新闻发布会取得成功。此外，为保证受邀记者的出席率，新闻发布会应注意避开节假日和重大的社会活动时间。

2. 合适的主题

主题是新闻发布会的核心，确定主题应从新闻价值和组织利益的角度出发。所谓新闻价值，主要是指在新闻发布会上发布的信息，能否具有吸引新闻记者前来采访和报道的价值。在新闻发布会上，要明确将要发布的信息内容，要注意主题的单一、集中，不能一个新闻发布会上发布几方面互不相关的信息，因为这样做会分散新闻媒介的注意力，达不到发布会的效果。

5.1.3 新闻发布会的筹备

1. 根据新闻发布会的主题准备好各种材料

新闻发布会前应准备好各种文字材料。主要有发言稿、组织的基本宣传材料、答记者问的备忘录和为记者准备的新闻稿。新闻稿应在充分讨论、统一认识和统一口径的基础上，由专门的班子负责起草，并在会前打印发给与会记者。发言稿和相关材料的编写要系列化、清晰、简洁、实事求是。各种宣传辅助材料，包括口头的、书面的实物、图片或模型，要尽量全面、生动、详细，要方便现场的分发、展示和播放，以增强新闻发布会的传播效果。

2. 及早确定主持人和发言人

新闻发布会，一般先由有主持人介绍新闻发布会主题、本组织基本情况，然后由发言人发布重要信息。为强化信息的权威性，发言人应由旅游组织的主要负责人担任。他们不仅对本组织的方针政策等整体情况有全面、清楚的了解，而且其身份也表明了发言的权威性。主持人一般则由组织公共关系机构负责人担任。主持人和发言人都应事先熟悉发言内容。

3. 确定邀请记者的范围

根据所发布信息的重要性、设计的范围等因素确定邀请记者的范围：地方性记者或全国性记者，文字记者、图片记者或音像记者，中文报刊记者或外文报刊记者等。在邀请有关记者时，要特别注意，与组织有密切联系的新闻机构的记者不能遗漏，并适当邀请一些著名的新闻机构的记者参加。日期选定后，应提前三至四天把请柬送到邀请对象手中，以便记者们做好充分准备。会前一两天，再用电话邀请并落实。如果有未邀请而来参加会议的记者，也要热情接待。

4. 选择合适的地点

根据发布信息的内容及影响的不同，发布会可选择本地区或外省市大、中城市，甚至首都的新闻中心、宾馆、会议厅、会议室等场所。选定地点及场所后，会前要进行实地考察，不可因场地原因，临时改变地点或时间，造成与会者及记者的不满及财力、人力的浪费。会场设施要完善，有通信、音响及方便记者使用的灯光和电源等设备。会场不可太大，以免分散气氛。

5. 做好新闻发布会的预算

举行新闻发布会的规格、规模不同，它的花费也有所不同，要根据预先的款项作出合理开支计划，并留有余地。一般应考虑印刷费、邮电费、会场租金、摄影费、礼品费、餐费及酒水费、文具费、会场布置费、交通费、住宿费等。

5.1.4 新闻发布会的会议程序

新闻发布会的会议程序要安排紧凑，避免出现冷场和混乱局面。新闻发布会通常安排在上午10时或下午3时开始，以便于记者到会。时间不宜过长，应控制在一个半小时之内，要留有适当时间让记者提问。一般来说，一个新闻发布会应包括以下程序。

1. 迎宾、签到

签到处设在入口或入场通道外，迎宾人员在此欢迎客人。请参加会议的人员在签到簿上签上自己的姓名、单位、职务等。

2. 分发资料

工作人员要将会前准备的资料，有礼貌地发给到会的每一位客人，一般可以在与会人员签到时发送。

3. 会议过程

新闻发布会的程序是：主持人宣布会议开始，首先介绍发言人及出席的其他有关人员和新闻单位等；然后，由发言人发布新闻、详细介绍情况；最后是记者提问，发言人逐一解答。

4. 参观或其他安排

必要时可安排参观或会后举行茶会、酒会、便餐等招待活动，为记者们提供单独采访的机会，也有利于增进与新闻界的友谊。

5.1.5 新闻发布会的注意事项

1. 按新闻发布会的程序做好演练

要保证新闻发布会成功，最好的方法就是事先按新闻发布会的程序演练一遍，以便发现准备工作中的不足并加以改进。

2. 对待记者一视同仁

在新闻发布会中，要平等对待新闻记者。注意不要因为记者所属新闻机构的大小或与旅游组织关系的远近，而表现出亲疏不一，或阻止记者提问，以免造成不良影响。

3. 与旅游组织的宣传口径保持一致

新闻发布会要发布哪些消息，某一消息公开到何种程度等，都应有统一认识和统一安排，并与组织一贯的宣传口径保持一致。否则，就会引起记者反感，造成社会公众对组织的误解。

4. 做好发布会的接待和记录工作

开会期间，工作人员要佩戴工作牌，人员数量要适当。所有工作人员都应明确本次新闻发布会的目的、内容、对象等情况，并能各司其职，礼貌待客。要注意安排好本单位领导和嘉宾的出席，如有社会名流参加，也应突出其身份，借以扩大影响。发布会过程中，工作人员要避免随意走动。还应准备合适的礼品或纪念品赠送出席者，要安排摄影人员专门拍摄会场情况，以便进行宣传和作为资料。开会时应有专人负责记录记者的提问和发言人的回答，并归入专门的档案，以便于准备以后的新闻发布会和检查新闻发布会的效果。此外，散会时注意维持好秩序，做到有条不紊。

5. 主持人和发言人要注意言谈举止和现场气氛的引导

主持人和发言人要注意仪表，精神饱满，讲话注意有快有慢，详简得当，突出重点。以庄重、有涵养，富有想像力和感染力的言谈举止活跃会议气氛。主持人在新闻发布会出现冷场时，要善于激发和引导记者提问；而在记者争相提问时，则要维持好会场秩序。主持人要把握记者的提问范围，既能使记者深入提问，又避免离题太远。无论主持人还是发言人都要注意尊重别人的发言和提问，不能有任何阻止或厌倦别人发言的表情、动作和言语。最后，主持人还要控制发言人的讲话时间和掌握新闻发布会的时间，不要使时间过长。

6. 掌握好回避问题的技巧

新闻发布会中不免会有记者提出一些组织者事先没有认真考虑过的问题，对于这类一时间完成不了或不便回答的问题，一般须采取回避态度，尽量避免使提问变成辩论，即使对方讲的与事实有出入，或发现对方有其他用意，也不应给对方以难堪，伤害对方感情，造成对立情绪。要学会通过李代桃僵、避正答偏、诱导否定等言语的变化技巧，在不知不觉中移开话题。当你已做了必要的解释并及时地转换话题，记者也就不会再继续追问了。如果简单地用"不知道"、"不清楚"、"无可奉告"等说法把提问者拒之门外，反而会使记者们追根问到底，造成尴尬局面，甚至会令记者发表对组织不利的报道。

5.2 社会赞助

旅游公共专题活动中的社会赞助是指旅游组织以捐助人的身份对社会公益事业提供金钱或物质等方面的无偿支持和援助。旅游组织也可以通过对社会公益事业的赞助来向社会公众传播有关信息，达到让公众了解组织的目的。由于这种活动明显的利他性，因而组织传播的信息易为公众所接受。旅游组织可借助此种活动来树立良好的社会形象，提高组织的知名度和美誉度。

5.2.1 社会赞助的作用与类型

1. 社会赞助的作用

旅游组织开展各种赞助活动，主要有以下作用。

1）赞助可使旅游组织获得社会效益

通过赞助，表明旅游组织作为社会的一员，积极承担其所应尽的社会责任和义务，追求组织的社会效益。旅游组织的赞助活动需要组织出钱出物，并且是无偿的。但是，从间接意义来看，赞助活动又是"有偿"的，任何一次成功的赞助活动，都会给赞助者带来许多意想不到的好处，只是作为赞助者不能通过赞助活动直接取得经济效益。

2）赞助可改善组织的社会环境

通过赞助，关心和支持各种社会公益活动，为旅游组织创造一个和谐融洽的社会人际环境，树立良好的组织形象。旅游组织对社会活动或社会公益事业的赞助，既表达旅游组织对公益事业的关心，也容易为公众所称道。同时，通过赞助活动增加旅游组织与公众的相互了解，取得公众的帮助与支持，从而树立良好的组织形象。

3）赞助可加强组织与特别公众的联系

通过对特定活动的赞助，加强与特定社会公众的联系与交流，达到培养与特定社会公众良好感情的目的。特定社会公众与组织的良好感情，将使他们在组织需要帮助的关键时刻，给予组织有力的支持。如有许多组织经常赞助青年人喜爱的文体活动，以此来取得青年人对该组织及其产品或服务的喜爱。

4）赞助可增强组织广告的影响效果

旅游组织在赞助活动现场，通常可获得活动现场的黄金广告位，甚至全权广告代理权。旅游组织通过赞助来做广告，可以借助新闻媒介报道赞助之手，展开强大的广告攻势，从而使旅游组织产品或服务的广告影响力大大增强。

2. 社会赞助的类型

1）体育活动类赞助

这是社会赞助最常见，也是效果较好的一类活动。因为人们对体育活动的兴趣越来越高，体育活动的社会影响越来越大，重大的体育活动，更为广大社会公众所关注，也为新闻媒介广为报道。通过对体育活动的赞助，既提高了旅游组织的美誉度，又让千百万观众熟悉了组织，扩大了组织的知名度，是一种"名利双收"的公关活动。

赞助体育活动的方式很多，如担负某体育组织的经费，资助某项体育比赛活动，为体育团体提供某种产品或提供服务等。如扬州春兰大酒店及蓝天大厦，1998年足协杯小组赛在扬州举办期间，主动向江苏加佳队及四川太阳神队发出热情邀请，为他们一行提供客房免费住宿等一系列最佳服务和优惠，两队球迷追随而来，也下榻球队所在酒店。酒店与球队和球迷所开展的一系列联谊活动，吸引了新闻媒介的关注，纷纷作了宣传报道。两个酒店的美名随之传播出去。

2）文化艺术活动类赞助

文化艺术活动类赞助包括的内容很多，如赞助电视节目制作、播映；赞助广播节目；赞助报刊开辟专栏；赞助文艺表演活动；赞助节日游园和庆典活动；赞助科学研究和艺术研究；赞助出版图书等。这种赞助可以在组织与公众之间维护良好的感情，同时也是扩大组织社会影响从而提高社会效益的一种有效形式。

3）教育事业类赞助

教育事业是一项关系到国家千秋大计并日益受到社会重视的事业，教育是今天投资，明天见效益，具有重要的战略地位。教育事业赞助可分为赞助设立奖学金、赞助学校常年经费、赞助社会办学、学校建设经费等几种具体形式。这类赞助活动在国内外都十分流行。如"中国希望工程"得到了许多富有社会责任感的组织的支持，这项资助贫困地区的失学儿童重返校园的活动，牵动千万人心，引起全社会的关注。肯德基快餐国际公司积极参与支持"希望工程"活动，他们在1992年举办为期一周的义卖活动，将利润10万元全部赠给了希望工程，该公司亚太区总裁捐款5万美元，用于建立"希望小学"，该公司北京分公司的全体员工每人每年自愿捐资40元人民币，负担一名贫困地区儿童的学杂费。"肯德基"这些举动与"希望工程"一同引起了世人的瞩目，赢得了顾客的信赖和支持，事业更加兴旺发达。

4）社会福利事业类赞助

社会福利事业赞助内容十分广泛，如赞助残疾人社团、基金会；赞助幼儿园、敬老院和进行社会救济等。赞助的具体形式有临时性捐助、定期性捐助或两种具体形式相结合的捐助等。这类赞助相对于体育活动类、文化活动类和教育事业类的赞助，可能不那么轰轰烈烈，不那么为更多的公众所关注，然而它却更能体现出该组织的崇高社会形象，更能赢得公众的好感。如广州花园饭店，自开业以来，一直以服务残疾人为宗旨，率先出资铺砌残疾人的轮椅通道，为残疾人设置专用洗手间、提供价廉物美的残疾人套餐、设计盲文菜谱等，被称之为"残疾人之家"。又如中国大酒店，曾以"四季厅"一天的营业收入全部捐赠给残疾人福利基金会，给孤儿院儿童送食品等，这些资助活动，都为酒店增强了美誉度。

5）赞助设立各类奖励基金

赞助设立各类奖励基金是赞助活动的一个重要内容，对促进社会进步和组织自身发展有积极作用。这类奖励基金可能用于支持某一职业或某一专业的发展，如新闻奖、摄影奖等；还可能用于支持某种社会精神的弘扬，倡导精神文明的建设，如见义勇为奖等；还可能用于支持某种社会事业的推广，如合理化建议奖、节约模范奖等。

随着社会经济的发展，赞助的类别也日益丰富多彩。作为一个旅游组织，可以选择和进行最适合于自己的一类赞助，当然，也可以同时进行好几类不同的赞助。既可以直接提供资金，也可以提供产品和优质服务进行赞助。

5.2.2 社会赞助的原则及步骤

1. 社会赞助的原则

为了使赞助达到组织的目的,组织在实施赞助过程中,要始终坚持赞助的基本原则,这些原则主要有以下几方面。

1) 社会效益原则

社会赞助活动要首先讲究社会效益,以承担社会责任作为开展赞助活动的目的,开展赞助活动必须着眼于社会效益,优先考虑慈善事业、社会福利事业和教育事业的赞助。

2) 经济原则

旅游组织根据自身的经济能力考虑赞助数额的大小,量力而行,还要重视可能给组织带来的综合效益和长远效益。

3) 知名原则

要分析公众及新闻界对有关赞助项目的关注程度,通过赞助表示组织对社会公益事业的参与及支持,提高组织的知名度和美誉度,树立组织的良好形象。

4) 合法原则

社会组织开展赞助活动必须遵循合法原则。一方面,社会组织赞助的活动对象必须符合法律道德,符合社会利益和公众利益;另一方面,社会组织开展赞助活动时必须遵守国家的政策法规。如果社会组织赞助的对象是违法的,或者组织违背政府的政策法规,利用赞助活动搞不正之风,都会损害组织的形象。

2. 社会赞助的步骤

1) 成立专门负责赞助的机构

为充分发挥赞助的作用,一般需要组织一个专门的赞助委员会或赞助审查小组,负责赞助的研究工作、赞助成本和赞助收益分析,以保证组织和社会都能收益。

2) 赞助项目的确定

赞助活动是一项专业性很强的公共关系工作。赞助活动可以由旅游组织自主选择对象予以赞助,也可以应被赞助者的请求来确定,但不管赞助谁,赞助形式如何,赞助事先都应做好准备。

3) 赞助计划的制定

赞助项目确定以后,就应该制订出一个完整的赞助计划。赞助计划是赞助目标的具体化,通常包括赞助对象的范围、赞助形式、赞助目的、赞助费用预算等。

4) 赞助活动的实施

在赞助计划制订后,就应选择专门的公共关系人员负责落实各项具体的赞助计划事项,在具体执行计划的过程中,要尽可能地运用各种切实有效的手段和方式,充分施展公共关系技巧,使组织通过赞助扩大对社会的影响。

5) 赞助效果的评估

研究确定赞助项目,制订并实施赞助计划及具体步骤的目的是要赢得赞助的良好效果。因此,在每次赞助活动中,赞助者都应注意赞助效果的检查测定,要求将赞助的具体实施情况和赞助之后社会公众、新闻界的反应与赞助计划相对照,明确指出完成了哪些预定指标,哪些指标没完成,并分析其原因,然后写出评估总结报告,上报组织的领导层,并做好记录存档，为以后的赞助活动提供参考资料。

5.2.3 社会赞助应注意的问题

1. 针对性强

社会赞助要有针对性，拒绝"摊派"歪风。社会赞助是旅游组织自愿履行社会责任和义务的表现，因而旅游组织拥有选择赞助的权利，不必满足所有的"找上门"和所谓热点活动的要求。遇到不必赞助或明显没有社会效益的情况，要坦率相告，解释原因。对虽然合适，但旅游组织难以负担的赞助请求，要晓之以理，动之以情，坦陈自己的难处，婉转地要求减少赞助或表示不宜参与赞助，做到"赞助不成仁义在"。遇上无理纠缠者，必须坚决用法律手段来保护自己的权益。

2. 抓住机遇

充分利用赞助活动所提供的机会。赞助承诺后，要尽量利用赞助的活动来宣传自己，因为赞助活动的主办人有许多事情要做，他们只能给赞助者提供机会，而怎样利用赞助则是赞助者自己的事。

3. 提高效率

提高赞助的效率和质量。一个组织可以出面把多方面的资金集中起来，设立一个基金会。基金会可单独或联合地向社会公益事业提供稳定的长期资助，取得长期的社会效益。在赞助活动仪式举行时，旅游组织可以邀请与自己有密切联系的新闻机构记者出席仪式，这直接关系到赞助及组织信息传播的最佳效果。

4. 控制赞助预算

严格财务审计制度，控制赞助的预算。赞助活动在财务方面要严格管理，以免资金被挪作他用，或被私人非法侵吞。组织必须严格控制赞助的预算，不得超支。组织还要注意保留一部分机动款项，以解决临时活动之用。

5.3 展 览 会

展览会是组织通过实物、文字、图表来展现其成果、风貌、特征的一种公共关系专题活动。展览会是旅游组织公共关系专题活动的一种重要形式，是旅游组织推广产品和服务、宣传旅游组织成就、塑造形象的重要方式之一。展览会一般以展出实物为主，结合专人讲解，有利于与公众的直接交流，使参观者对参展产品和参展组织留下深刻印象，提高组织及其产品在公众心目中的可信度。

5.3.1 展览会的特点和作用

1. 特点

作为社会组织在特定的环境条件下开展的一种专题活动，展览会具有以下几个特点。

1) 综合运用多种传播媒介

展览会上既有讲解、交谈、现场广播等声音传播媒介，又有宣传手册、介绍材料等文字媒介，还有宣传照片、幻灯片、录像带和影视片等图像媒介。这三种媒介有机地结合起来，以立体交叉的复合性方式同时调动公众的多种感官，给公众留下深刻的印象。

2) 良好的沟通效果和宣传效果

直观的实物、精致的版面和艺术的造型，辅之以动人的解说和优雅的音乐，使展览会产生一种引人入胜的感染力。因而展览会比单纯的文字或口头的宣传更具有说服力和最佳的宣传效果。展览会能为前来观看的公众提供与酒店、旅行社、旅游景点等旅游组织直接沟通和相互交流的机会。旅游组织可直接了解公众的意见和态度。

3) 效率高，省时省力

展览会期间，不论是现在的或潜在的社会公众均会慕名到场。一个展览会可以集中许多行业的不同展品，也可以集中同一行业的同一产品，因而为参观者提供了比较、选择的机会，也为旅游组织宣传促销节省了大量的时间和费用。许多参展者也正是通过展览会建立了自己良好的形象，打开了产品的销路。

4) 深受新闻媒介关注

展览会是综合性的大型活动，往往能成为新闻媒介采访的对象，成为新闻报道的中心议题。新闻媒介对展览会和展品的传播，对公众会产生极大的影响。

2. 作用

展览会作为一种传播活动方式，在政治、经济、文化等方面会产生较好的效益与影响。通过展览会可带来新产品、新信息和新技术，这将启发人的思路，开拓人们的视野，增强质量与竞争意识，展览会所吸引的客源将会给当地旅游业和其他产业带来生机。此外，展览会所展示的不同地区的文化传统和审美需求也会引起当地文化结构的调整更新，增进文化交融和交流，从而为参展组织带来新的活力、新的生机和新的效益，形成一种良性循环。具体来说，其作用有以下几个方面。

1) 促进公众对旅游组织的了解

展览活动具有真实性、知识性和趣味性的特点。生动的图片、形象的文字说明、声情并茂的讲解，以及直观的实物展示都直接地介绍了组织的特色和成就，能吸引广大公众注意，从而增进公众对旅游组织的了解，提高旅游组织的知名度。

2) 促进产品的销售

一个成功的展览会也是一次成功的广告，旅游组织可以通过举办或参加各种旅游贸易展览会来促进旅游产品的销售，巩固与发展同业界朋友的关系。

3) 促进信息的交流

展览会的举办，能让参展的旅游组织了解不同旅游需求的最新消息，同时也把旅游组织自身的产品行情、推销手法等信息及时传达给公众，达到与公众多方交流，密切沟通的目的。

4) 促进政治文化方面的沟通

旅游业是中国社会的窗口，充分利用展览这一专题活动形式，参加各项国际旅游展览活动，能把中国的政治、文化和民族风情传播出去，并能招徕世界各地众多的宾客来华旅游，增进地区或国际间的政治文化交流。

5.3.2 展览会的种类

展览会由于内容、规模和时间的不同而不同，主要有以下分类。

1. 室内展览会和露天展览会

展览会按场地划分有室内展览会和露天展览会。室内展览会比较正规、隆重、容易制造出一定的环境气氛，不受天气影响，时间可长可短。但设计布置工作量大，费用比较高，受到空间范围的限制，较为精致贵重的展品宜在室内展览。露天展览会不受空间局限，也无须过多地装饰布置，费用比较低廉，但受天气制约。

2. 固定展览会和流动展览会

展览会按形式划分有固定展览会和流动展览会。固定展览会是在室内或户外某一固定空间举办的，如故宫博物院。流动展览会则没有固定的举办地点，而是在展品的实际运用过程中宣传社会组织及其产品的形象。

3. 商贸展览会和宣传展览会

展览会按性质划分有商贸展览会和宣传展览会。商贸展览会的目的就是打开产品的营销局面，通过实物广告的方式提高产品的市场占有率，向公众推销产品。旅游组织主办的这类展览会的特点是面向目标客源，重点吸引的对象是展览会举办地的旅游消费者，引导旅游者去目的地旅游观光，如"德国西柏林旅游贸易展览会"。商贸展览会在旅游业中还有一种类型，是旅行商交易型，这也是我国旅游组织最值得参加的旅游展览会。它的特点是参展者都是各地旅游组织的代表，参观者则是来自各地旅游产品的买家（代理商）和旅游专家。买家与卖家在展览会上产生意向，深入洽谈，最后签订买卖合同。宣传展览会只单纯达到与公众沟通的目的，没有商业目的和不产生直接的商贸活动，如"澳大利亚旅游风光"图片展。

4. 专题性展览会和综合性展览会

展览会根据内容来划分，可分为大型综合展览会和专题产品展览会。综合性展览会是全面介绍一个地区或一个社区情况，它概括性强，能使参观者留下全面深刻的印象，如"中国旅游'八五'成就展"。专题性展览会是因某一特定专题而搞的展览活动。与综合性展览会相比，内容较少，规模较小，不具综合性，但更要求主题鲜明，内容集中且有深度。

5.3.3 展览会的组织工作

展览会是一种综合性的活动，要耗费较多的人力、物力、财力和时间。一般说来，办好一个展览会需要做好以下组织工作。

1. 分析举办的重要性

因为展览会是大型的综合性公关活动，需要较多的人力，费用开支也比较大，在举办展览会或参加某展览会前，一定要对举办展览会的必要性和可行性进行研究，防止费用开支过大，得不偿失，或因准备不足而起不到应起的作用。

2. 明确展览的主题和目的

在纷繁复杂的展览内容中，明确一个基本主题和目的，作为全局的提纲，以决定展览会中使用的沟通方法和形式。所有的实物、图片、图表及文字等必须有机地组合、排列，混乱的结构会使参观者印象不深刻。

3. 确定展览类型及参展项目和单位

展览的主题明确了之后，要进一步明确展览会的类型、参展项目和邀请对象。如办大型综合展览会，通常用广告和邀请信等形式向可能参展的组织讲明展览宗旨、类型项目、要求及费用等，为潜在参展组织提供决策所需的资料。

4. 明确参观者的类型

参观者的类型将影响到信息传播手段的复杂性和多样性，如果参观者对展出项目有较深的了解和研究，介绍的资料要较为专业化和详细深入；若是一般的参观者，则应采用通俗易懂的语言，进行直观普及性的宣传。

5. 选择开展的时间和地点

展览会开展时间一般根据旅游组织需要而定，有些展览会要顾及季节性和时效性。展览会地点则要考虑交通是否方便，环境是否适宜，辅助设施是否配套，参观者是否方便。如"第二届中国国际园林花卉博览会"时间定在金秋季节，这样会使展览会周围环境与展览主题相互映衬、相得益彰。

6. 搞好展览设计和解说词的撰写

展览会的组织者要根据展览主题、类型等要求，指定专人进行展览会的总体构思企划，按照展览规划精心设计展台、主题画面和展览物，确定宣传口号，设计不落俗套的会徽和纪念品，编印介绍展览会的宣传材料，撰写图片介绍、前言和结束语。展台总体形象设计应考虑的因素包括：空间利用、基本颜色、装饰的选用、灯光等。除了对外公开展示外，在展台后要辟设一小块隔离区，供客户洽谈、休息等用。展览的解说词要生动、具体又精练，因为展览会所陈列的实物和图片、文字都是死的东西，但经过讲解员的介绍后，就能赋予这些东西以生命的活力。

7. 做好新闻界联络工作

展览会要利用一切可以调动的传播媒介进行公关活动，使公众通过视、听等多种渠道了解有关旅游组织的信息。展览会举办前成立一个对外发布新闻的机构，负责和新闻界进行联系，要制订新闻发布的计划，如确定发布的时间、时机、形式等，公共关系人员应挖掘展览会中的新闻价值，写成稿件，最大限度地扩大组织的影响。

8. 培训展览会工作人员

展览会需要解说员、接待员和服务员。这些人员个人素质和对展览技能掌握的程度，将对整个展览效果起到重要作用。所以，必须对他们进行必要的专业知识训练、技能训练和公共关系知识教育。

9. 完善展览会辅助设施和相关服务

筹备展览会还应该准备好电源、电话、照明、音响、影像、消防等辅助设施，提供洽谈室、文书、邮政、检验、交通运输、旅游及住宿等相关服务。

10. 编制展览会费用预算

展览会前要编制展览费用预算，有计划地分配展览所需的各项资金，防止超支和浪费。通常情况下，一个展览会的费用包括场地费用、设计费用、工作人员费用、联络及交际费用、宣传费用、运输费用、保险费用等，要根据展览所要达到的效果来考虑这些费用的标准。

11. 选用展览方法和技巧

为了使展览会变得生动活泼、新颖别致，还需要选择展览方法和技巧，如邀请有关知名人士出席，举行别开生面的开幕式，邀请有关文艺团队助兴等，以活跃展览会的气氛，吸引更多公众前往参观。

5.3.4　展览会效果的评估

旅游组织在对已经举办或参加过的展览会进行效果检测时，可以利用的手段主要有以下4个方面。

① 评估成绩，全面总结。最普通的评估方法是计算到访客户与参展费用的比例，内容包括：这次参展的成绩、有待改善的不足之处，参观者的素质和数量；展览基本目标有没有实现；目前亟须补充的是什么；下次举办展览会还需要注意的问题等。

② 设计与展览会相关的知识测验题，以有奖问答的方式，吸引参观者回答，借以了解参观者对展览会的态度和意见。此外，设置公众留言簿或邀请公众座谈，以便于参观者表达其对展览会的意见。

③ 在展览会结束后，对不同的客户和不同的资料及时作出补充，设立专门联系档案。对重要公众进行追踪调查，为他们寄出感谢信及其他销售资料，解答遗留问题，以发挥展览会的长期影响。

④ 在通过上述手段了解到参观者对展览会的各种反映之后，还应当组织专门力量进行整理、归类和分析，并对照展览会的组织和准备工作进行检查，以发现其中的不足，从而为以后的展览会取得更佳的效果奠定基础。

5.3.5　展览会注意事项

旅游组织通过展览会的形式进行宣传主要有两种情况：一是旅游组织自己举办展览会；二是旅游组织参加由别人组织的展览会。不论是什么情况，要想充分利用展览会，达到组织的宣传目的，就需要从以下几个方面注意有关的重要事项。

1. 内容要充实

围绕明确的主题，认真选择展品，精心布置陈列，合理配置展品。要求展版、实物与解说词之间的配置，既不能重复，又不能脱节。展品的配置要有利于突出展览会的主题，不使用脱离主题的过分装饰、音响刺激、各式花招等，去分散参观者对展品的注意力。

2. 做好宣传广告

要将展览会的信息传播至特定公众，以达到良好的宣传效果，组织需要有针对性地准备展览会的内容，以吸引参观者，而这要以弄清预测参观者的类型为前提和基础。

3. 提供良好的接待服务

理想的接待人员应具备的条件是：懂得专业知识，能提供业务、产品方面的咨询服务，有较强的口头表达能力和接待能力，仪表端庄。在接待参观展览者时，不要用"雷达式"目光进行扫描，接待人员要尽快判断出参观者的意向，实现与参观者的良好沟通，让他们有机会说明其兴趣和需要。

4. 调查和评估

旅游组织应邀参加由别人组织的展览会，一定要进行详细的调查和评估，要了解该展览会举办的历史、展览会主办单位的信誉、展览会的专业性、展览会的地点，以及展览会的收费等情况。在对上述的问题有了肯定性结果之后，组织可作出参展决定；反之，则不参展。

5. 充分准备

旅游组织在参加展览前的准备工作中，要印制好参展需要的宣传资料，包括景点介绍、公司简介、旅游线路（或其他产品）。要在展销会签名处索取参展者名册、卖家名录等展览会资料，提早准备正式商务信件，发给可能的买家，邀请他们在展销会期间光临展览会洽谈。还要选择好重点招徕的目标商，研究其需求结构，可能承受的价格水平，可能面对的其他竞争者的压力，制定出适当策略。

6. 恪尽职守

在展览会举办过程中，参展人员要坚守展台，切不可擅离职位。要充分利用展览会组织者举办的各种社交活动、专题报告会、信息交流会、研讨会等，尽可能多地叙旧结新，广交朋友，争取主动，推出本旅游组织形象和自己的产品。所有参展人员要注意行为举止和穿着形象，微笑待客，对买家要认真倾听他们的问题、意见，从中了解行情，搜集信息，对对方提出的有关旅游业务或其他类似产品问题，不能立即回答的，要向对方致歉，并送上小礼物，可留下他的地址，以便以后答复。

7. 善始善终

展览会结束后，为做好追踪工作，可多停留一两天，以便趁热打铁，对本地客户及时追踪；并拜会新旧客户，解决在展览会期间没有来得及处理的问题。另外，及时整理参展时进行的调查，将同行组织产品行情、推销手法，以及不同年龄、性别、职业者的不同旅游需求的最新信息整理出来，反馈、通报给组织，应用到组织的营销策略及产品开发上面。

5.4 庆典活动

5.4.1 庆典活动的作用

庆典活动是旅游组织在重要节日或举行庆祝的一种公共关系专题活动。庆典活动与旅游组织平常的活动相比更具有特殊性和隆重性，能引起公众较多的关注。因此，旅游组织经常利用庆典活动以求达到组织扩大知名度、提高美誉度的目的。

任何庆典活动，均是旅游组织向社会公众"亮相"的宝贵时机。它可以增进公众对旅游组织的了解，塑造旅游组织良好形象。其作用为以下几种。

1. 引力效应

在旅游组织日常的活动中，工作即使做得相当出色，也不一定会被大部分外界公众所注意。适时举办庆典活动，可以为旅游组织制造声势，将外界公众的注意力吸引到旅游组织上来，使旅游组织在公众中打出名声。

2. 实力效应

旅游组织举办庆典活动，是以雄厚的经济实力为前提的。通过举行一次大型庆典活动，旅游组织无形中向外界表明了其强大的实力，可以使外界公众产生和增强对旅游组织的信任感，愿意和旅游组织打交道。

3. 合力效应

对于旅游组织内部人员——股东、员工而言，开展庆典活动，可以增加他们的自豪感，增强旅游组织的凝聚力和向心力，使旅游组织内部人员更热爱本组织，从而更有效地为旅游组织的发展提供支持，形成旅游组织发展的强大合力。

5.4.2 庆典活动的类型

庆典活动的范围较广、形式也很多。概括起来有以下类型。

1. 开业庆典

开业既可指旅游组织工地奠基，也可指旅游组织成立，开始经营活动。此时举办庆典的用意在于让社会公众知晓旅游组织，从而为旅游组织的产品或服务顺利进入市场铺平道路。

2. 周年纪念庆典

周年纪念庆典是一种重要的与社会公众沟通机会，旅游组织可以利用这种机会向各界公众宣传自己的发展、成就和社会贡献，提高公众的信任感和组织声望。周年庆典是旅游组织常用的庆典形式。

3. 庆功典礼

对于旅游组织而言，庆功典礼有锦上添花的好处，趁着组织在公众中有着良好印象，再做出一定的努力，进一步强化并扩大这种良好的形象。

4. 节日庆典

旅游组织可以利用一些重要的节日，如国际旅游日、春节、圣诞节、国庆节、儿童节、劳动节举办各种联谊活动，借助热闹的节日宣传本组织。利用这些节日举办各种联谊活动，如大型游园、团拜会、嘉奖会、让利销售等，融洽各种公众关系。

5. 重大活动庆典

国家及旅游组织所在社区的体育、文艺团体在重大比赛中获奖，组织若开展庆典活动，必能为社会各界所瞩目，收到良好的公共关系效果。

5.4.3 庆典活动的组织工作

庆典活动要引起公众的广泛注意，开展得有声有色，旅游组织公共关系人员应做好以下组织工作。

1. 庆典策划

公共关系庆典活动应纳入旅游组织整体经营计划，应使其符合旅游组织整体效益提高的目的。公共关系人员要对庆典活动进行系统策划。庆典活动的具体形式要认真选择，尽可能地做得新颖、独特、不落俗套。这样的庆典才能一炮打响，引人注目。

2. 庆典来宾的邀请

庆典活动应邀请与旅游组织有关的政府官员、上级领导、知名人士、新闻记者、股东代表、客户代表、社区公众代表等前来参加。请柬一般要提前半个月发到来宾手中，以便他们安排日程。重要人物，最好由旅游组织公共关系机构经理登门邀请。

3. 确定庆典活动程序

庆典活动一般有下述几个程序：主持人宣布庆典开始；介绍重要来宾；由组织领导和重要来宾演讲；安排剪彩或参观活动；安排座谈、宴会、晚会等活动。活动间歇可请重要来宾留言、题字。

4. 落实致辞和剪彩人员名单

庆典正式开始之前，公共关系人员要落实致辞和剪彩人员名单，一般情况下参与致辞和剪彩的一方人员应是组织最高负责人，客方人员应是地位较高和有一定声望的知名人士。大型庆典的这两类人员名单要征求政府接待部门和有关方面意见才可最后确定。请领导人和知名人士致辞和剪彩要事先征得他们同意。

5. 编写宣传材料和新闻通稿

参加庆典的各界来宾在签到时，都可以看到旅游组织的宣传材料。这些宣传材料要事先组织编写、审定、印刷。在发给新闻记者的材料中，还应有专门准备的关于这次庆典的新闻通稿，供记者发稿时参考引用。

6. 做好庆典活动接待工作

庆典开始之前，应做好一切接待准备工作，接待人员各就各位。重要来宾应由组织高层领导人亲自接待，以示重视和礼貌。要设置专门的接待室，以便在正式活动开始前让来宾休息。入场、签到、剪彩、留言、食宿等活动均有专人负责。公共关系人员还要准备好庆典现场的电源、音响、录像、横幅等环节。准备好宣传品及赠予来宾的礼品等。

另外，在庆典活动的组织策划时，一定要做好安全保卫工作。

5.4.4 庆典活动的注意事项

庆典活动是一种技巧性要求很高的公共关系专题活动，因天时、地利、人和等条件而开展，为了达到预期的活动目的。须注意以下几方面事项。

1. 有针对性

庆典活动应纳入组织的整体公共关系计划，应使庆典目标符合组织总目标和组织公共关系目标。切忌想起一事办一事，遇到一节庆一节。

2. 选择好时机

庆典活动应在调查研究的基础上，抓住时机，尽可能使活动与旅游市场开拓相结合，与旅游组织的形象塑造相结合。

3. 善于制造新闻

新闻媒介对旅游组织庆典的反应，是衡量活动成功与否的标志，也是旅游组织形象能否树立的重要环节，庆典活动应尽量邀请新闻记者参加。但是，新闻记者参加只是具有制造新闻的可能性，要利用庆典活动扩大旅游组织的知名度，提高美誉度，最重要的是要努力使庆典活动本身具有较高的新闻价值。具有社会公益性质的活动，旅游组织自身有重大意义的活动，如新的项目奠基（剪彩）、被授予荣誉等，这些活动都会为庆典增加新闻价值。

4. 要注意总结

旅游组织的公共关系活动讲究整体性和连续性，作为整体公共关系一部分的庆典活动应与其他公共关系活动协调一致。因此，每一次庆典活动后都必须及时地总结，以保证今后开展活动的连续性。

本章小结

旅游公共关系专题活动是旅游组织提高知名度、美誉度的重要手段。本章介绍了几种最常用的专题活动。新闻发布会必须要有恰当的"由头"，选择最佳的时机，尽量满足记者们的合理要求。赞助活动一定要事前认真调查研究、目的明确、师出有名，通过比较选择，争取最佳效果。展览会要展、销结合，形象、直观，要办得生动活泼、别具一格。开业庆典是提高组织知名度、扩大影响的活动，应遵循热烈、隆重和节约的原则。从拟定名单到最后的馈赠礼品，每一步骤都应该精心设计。这些专题活动是调查研究、公共关系策划、实施传播、反馈评估的综合展示，应融会贯通地加以运用。

案例分析

案例 5-1

一次别开生面的公关活动

2004年6月天津总旅举办了一次别开生面的旅游。天津总旅为了开拓市场并在国家建设文明社会的大前提下，在网上、报纸上、电视台广泛刊登一则消息：组织一个"癌症病晚期患者旅游团"沪宁杭七日游。他们把行程路线、安排、急救措施等介绍得很详细。很多癌症病晚期患者的家属纷纷给他们报名，大家本着"把最后的幸福留给他们"的心理，在多方的帮助下，这一特殊的旅游团组建成立。这些癌症晚期的患者在护士、医生的陪同下，有的还用担架抬着，乘着软卧奔向南方。一路上，奏响了"互爱、互助"的主题旋律。进出站的工作人员、过往的乘客、游客都为他们的旅游活动所感动。所到之处，大街上、车站上无论多么拥挤，都会自动让出一条道路，主动为他们提供便利条件。这些特殊游客在观赏到美丽风景的同时，更感受到了人间的温暖，有的病人病情出现了奇迹般的好转。

分析：

一次别开生面的旅游，带来的不仅仅是经济效益，更多地带来了社会效益，同时提升了天津总旅的知名度、美誉度。是一次多赢的公关活动。

思考：

上述案例中表现了天津总旅怎样的策划技巧？公共关系专题活动策划的关键点何在？如何把握专题活动的时机？

案例 5-2

九越湖公司"一鸣惊人"

福建省南平市九越湖旅游开发有限公司是南平市旅游界的新兵。目前，独自成片开发的南平九峰山、古越洲岛、延平湖部分水域虽未破土动工，但其名在闽北已是家喻户晓，甚至在全省也有一定的知名度。这得益于九越湖公司成功的公关工作。

九越湖人抓住闽北公众的心理，策划了一场大型文艺晚会，晚会组织了一批国内知名明星到南平为九越湖旅游开发有限公司成立献艺，南平电视台首次向全市10个县（市、区）进行现场直播。艺术家们精彩的表演不仅让在场的观众为之欢呼，而且深深吸引了所有的电视观众。一夜之间，九越湖公司便像"九越湖之光文艺晚会"一样，深深烙在了闽北人民的脑海中。

分析：

一次成功的公共关系专题活动，能够给旅游组织带来意想不到的效果。其关键在于以下几点。

1. 形式上新颖：对于一个身居在山区小城市的居民来说，这场大型的演唱会可谓是件"新鲜"之事，能够引起当地公众的兴趣。
2. "明星们"的到来，吸引新闻媒体的广泛关注。所以能够引起"轰动"效应。
3. "九越湖之光文艺晚会"主题鲜明，符合公众"愿意看热闹"的心理。

但是，经营旅游业成功的关键不在于一两次的公共关系专题活动，而在于旅游组织应该有持之以恒的公关意识，通过各种传播手段，不断宣传扩大自身的知名度和美誉度，才能不断发展壮大。

思考：

该案例属于哪类专题活动？其特征有哪些？

课堂练习与思考

1. 新闻发布会、展览会、赞助活动这三类公共关系专题活动的基本特点和基本要求有哪些？
2. 西苑大酒店拟赞助本市电视台举办××××年春节文艺晚会，地点放在酒店会议大厅，请根据所学知识，制订一份详细的赞助活动计划。
3. 正确区分不同类型的公共关系专题活动有何意义？
4. 一天，经理通知公共关系部门准备下一周的新闻发布会，请你帮他们拟定一份新闻策划书，并与同学交流一下。
5. 如何筛选社会赞助的对象和项目？其依据是什么？

6. 就"社会组织应随时开放自己,以得到公众的了解和支持"的观点谈自己的想法。

7. 美国通用汽车公司曾举办过一次"历代汽车进步"大游行,他们把各种老式汽车集中在纽约的主要马路上,穿着整洁的司机拿起摇手柄,发动汽车。于是,一条"老爷车"组成的巨龙摇摇晃晃地从纽约驶向美国各地,沿途所有行人都好奇地驻足观看,观看这一"奇景",一时间"通用"公司出尽了风头。

请问:上述案例中表现了美国通用汽车公司怎样的策划技巧?公共关系专题活动策划的关键点何在?

8. 请你为新开业的酒店或旅行社策划一个公共关系专题活动。

情景模拟训练题

1. 为增进校际或同学友谊,请模拟一次联谊活动。
2. 让学生组织主持一次有意义的攻关专题活动,并进行会场的布置。要求学生分组进行,比较小组在操作技能上的优劣,最后教师作总结评价。

第 6 章 旅游公共关系危机处理

学习目标：
1. 认识旅游投诉的处理原则、过程，掌握处理旅游投诉的技巧；
2. 明确 CIS 导入旅游组织的意义；
3. 了解旅游公共关系危机发生的原因和过程；
4. 掌握旅游公共关系危机的防范策略；
5. 熟悉旅游公共关系危机的处理程序；
6. 理解旅游公共关系危机事件的处理策略。

在市场竞争日益残酷的今天，旅游组织在经营活动中面对着复杂的内外公众和不断变化着的内外环境，面对着各种压力与挑战，这使旅游组织无时无刻不受到危机的威胁。面对危机，有的束手无策，有的化险为夷，这主要是由于组织公共关系部门解决危机的方法和手段不同所致。通过科学预测与决策，修订合理的危机应急计划，并在危机发生过程中充分运用科学的手段，减少危机给组织与公众带来的影响，进而寻求公众对组织的谅解，以重新树立和维护组织形象的公关活动就是危机处理。危机公共关系的预防与处理对旅游组织的形象、信誉和品牌都会产生巨大的影响，成功的危机公共关系可以快速地切掉危险源的继续蔓延，将损失降到最低甚至转危为安。

6.1 旅游投诉的受理和处理

6.1.1 妥善处理旅游投诉的重要性

在目前旅游业市场的大环境下，任何组织都有可能遇到顾客投诉的情况，处理好投诉纠纷也是一种重要的经营手段，唯有妥善处理客户的投诉，帮助他们解决实际问题，确实做到让客户满意，才能有效地维护组织的形象。

1. 防止投诉演变为组织危机

遇到"客户投诉"，一旦处理不当或处理不及时，就有可能导致不满和纠纷，从而造成公共关系危机，严重损害旅游组织的日常活动及公共关系形象。因此组织应该采取各种可行的方法，预防、限制和消除由此而产生的消极影响，从而使组织危机损失最小化。

2. 迅速扭转公众的印象

客户投诉是客户对商品或服务品质不满的一种具体表现。因此，处理客户投诉，既要尽快找出症结所在，弥补漏洞，同时必须及时努力消除客户的不满情绪，恢复客户的信赖。运用公共关系学的基本原理和方法，科学地处理投诉，就有可能把"大事化小，小事化了"，甚至变坏事为好事，迅速扭转公众对组织的印象。

3. 提高服务质量和管理水平

客户投诉虽然可能引起危机，但是从另一个角度来看，客户投诉是最好的产品情报。顾客向公司投诉往往说明：在他们眼里组织是能够帮助他们的，组织不仅没有理由逃避，而且应该怀抱感激之情欣然前往处理，充分检讨与改善，转化为提高组织服务质量和管理水平的良机。

正确处理旅游投诉是提高旅游服务质量感知水平的重要措施，通过旅游投诉的妥善处理，可以了解服务质量的薄弱环节，为今后提高服务质量提供依据。同时，通过对投诉的处理，有利于缓解客户的不满意情绪，培养客户的忠诚度，提高客户对服务质量感知水平。

6.1.2 旅游投诉处理的原则

1. 真心诚意帮助投诉者

处理投诉时必须站在顾客的立场上将心比心，诚心诚意地去表示理解和同情，承认过失。因此，对所有的客户投诉的处理，无论已经被证实还是没有被证实的，都不是先分清责任，而是先表示道歉。我们必须认真听完顾客的抱怨，适当的时候对他（她）的抱怨表示赞同，设身处地的从顾客的角度考虑问题。此时，顾客的心情会因为有人听他诉说而好一点，也最容易听进你的话，接受你的意见或是建议。把投诉处理好后，应给顾客提供更好的服务。

美国有一家汽车修理厂，他们有一条服务宗旨很有意思，叫作"先修理人，后修理车"。什么叫"先修理人，后修理车"呢？一个人的车坏了，他的心情会非常不好，你应该先关注这个人的心情，然后再关注汽车的维修，"先修理人，后修理车"讲的就是这个道理。可是这个道理很多人都忽略了，往往是只修理"车"，而不顾人的感受。因此正确处理客户投诉的原则，首要的就是"先处理情感，后处理事件"，用真心对待顾客。

2. 绝不与投诉人争辩

我们来分析一下顾客抱怨的原因。比如，一个顾客在某饭店餐厅用餐，对于菜肴基本满意，不过发现了一个小问题，便提出来替换，但是服务员不太礼貌地拒绝了他，这时他开始抱怨，投诉饭菜质量。事实上，他的抱怨中，更多的是服务员的服务态度问题，而不是饭菜质量问题。

只有认真听取顾客的抱怨，才能发现其实质性的原因。一般的客户投诉多数是发泄性的，情绪都不稳定，一旦发生争论，只会更加火上加油，适得其反。真正处理客户投诉的原则是：耐心地倾听客户的抱怨，避免与其发生争辩，先听客户讲。耐心是最重要的，你需要面带微笑，并且是真诚的微笑。即使是因客户本身错误而发生的不满，在开始时一定要向他道歉，就算自己有理由也不可立即反驳，否则只会增加更多的麻烦。这是在应对客户投诉时的一个重要法则。

3. 维护旅游组织合法利益

维护组织合法利益，是组织防范风险、减少损失的正当做法。这一方面要求员工在处理投诉过程中尽职尽责，热爱本职工作，对客户负责，有强烈的责任感，不做任何与履行职责相悖的事，不做那些有损于组织形象和组织信誉的事；另一方面，在找出客户满意且合理的解决方法的同时，尽力维护组织的经济利益。

6.1.3 旅游投诉处理的程序

1. 认真倾听投诉者的意见

倾听是解决问题的前提。在倾听客户投诉的时候，不但要听他表达的内容，还要注意他的语调与音量，这有助于你了解客户语言背后的内在情绪。同时，要通过解释与澄清，确保你真正了解了客户的问题。

例如，你听了客户反应的情况后，根据你的理解向客户解释一遍："先生，来看一下我理解得是否对。您是说您尝了我们餐厅的这道菜，感觉太咸，要求我们给你重新做一份。"再向客户澄清："我理解您的意思了吗？"客人可能说："是的！"也可能说："不是，我要换一个别的菜。"

认真倾听客户，向客户解释他所表达的意思并请教客户我们的理解是否正确，都向客户显示你对他的尊重及你真诚地想了解问题。这也给客户一个机会去重申他没有表达清晰的地方。

旅游组织工作人员应该以微笑缓和自己和顾客的情绪，以关心的态度倾听顾客的诉说，然后用自己的话把顾客的抱怨重复一遍，确信你已经理解了顾客抱怨的问题所在，而且对此已与顾客达成一致。如果可能，请告诉顾客你愿意想尽一切办法来解决他们提出的问题。

2. 保持冷静

客户在投诉时可能会表现出烦恼、失望、泄气甚至发怒等各种情感。特别是当客户发怒时，我们可能会觉得委屈，心想："凭什么对着我发火？又不是我的错。"其实我们不用把这些表现当作是对个人的不满，要知道愤怒的情感通常都会潜意识中通过一个载体来发泄，因此对于愤怒，客户仅是把我们当成了倾听对象。因此我们没有必要生气甚至表现出不悦，要保持冷静。

3. 表示同情

客户的情绪是应得到极大的重视和最迅速、合理地解决的。对顾客的感受应给予理解，对顾客的处境要表示同情，同时应使用恰当的语言给顾客以安慰。例如我们可以对顾客说："真对不起，让您感到不愉快了，我非常理解您此时的感受。"

4. 给予关心

对顾客的问题要表示关心，要站在顾客的立场，设身处地地为顾客着想。可以对他说："让我看一下该如何帮助您"或"我很愿意为您解决问题。"给予顾客特别关心。可能的话使用姓名称呼顾客并告诉顾客将处理此事，千万不能采取怕麻烦或"大事化小""小事化了"的态度，而应尽快着手解决。

5. 不转移目标

即使当你接到投诉时非常忙，也应将注意力集中到顾客所投诉的问题上，不可以随便走开或随意引申，更不可发牢骚嫁祸他人或责怪其他部门人员。

6. 记录要点

将顾客投诉的主要内容记录在备忘录上，这样做的好处一是能使顾客的讲话速度放慢，从而缓和其激动的情绪；二是能让顾客感觉到商场对其投诉的重视程度；三是记录的要点可以作为今后解决问题的依据。

对于较复杂的事件，我们需详细询问顾客问题发生的缘由与过程，详细记录事件的时间、地点、人物、事情经过等细节内容。

7. 告知处理方法、时间

1）要把采取的措施告诉顾客

听完顾客的投诉，应按照投诉处理的程序逐级呈报寻求解决问题的办法，并告诉顾客。不可一味地向顾客道歉、请求谅解而对顾客投诉的具体内容置之不理，也不可在顾客面前流露出因权力有限而无能为力的态度。

2）要给予顾客确切的回复时间

应充分估计出处理问题所需的时间，并将其告诉顾客，绝不可含糊其辞、模棱两可、让顾客琢磨不透，从而引起顾客的抵触情绪，给解决问题增加难度。若事情不在自己解决的权限范围之内，应按时限及时将投诉记录传递给相关部门处理。

8. 解决问题

应迅速着手调查，弄清事实根源，并将解决问题的方案通报顾客。针对顾客投诉，旅游组织都应有各种预案或称解决方案。我们在提供解决方案时要注意以下几点。

1）为顾客提供选择

可能的话，让顾客选择解决问题的方法或补救措施，使顾客感到受尊重。同时，顾客选择的解决方案在实施的时候也会得到来自顾客方的更多认可和配合。

2）诚实地向顾客承诺

能够及时地解决顾客的问题当然最好，但有些问题可能比较复杂或特殊，我们不能确信该如何为客户解决。此时不要向顾客作任何承诺。而是诚实地告诉他们情况有点特别，你会尽力帮他们寻找解决的方法，但需要一点时间，然后约定给顾客回话的时间。你一定要确保准时回话，即使到时你仍不能解决问题，也要准时打电话向顾客解释，说明问题进展，表明自己所做的努力，并再次约定给客户答复的时间。同向客户承诺你做不到的事相比，诚实会更容易得到客户的尊重。

3）适当的给客户一些补偿

为了弥补公司操作中的一些失误，可以在解决客户问题之外适当的给一些补偿。但要注意的是先将问题解决，并且要改进工作，避免今后发生类似的问题。处理投诉不能用小恩小惠去息事宁人，以免造成错误的期望。

9. 检查落实和记录存档

1）检查落实

问题发生后，应与组织及顾客研究解决方案，交与相关人员或部门确实执行，检测执行后的成效；问题解决以后，应与顾客再次联系，征询顾客投诉的问题是否得到圆满的解决，做到有始有终。

2）记录存档

将顾客投诉的处理过程整理出材料，并进行归类存档，同时将其记入顾客的投诉档案，可以避免以后发生类似的投诉事件，把投诉事件变为真正改进旅游与酒店服务的动力。旅游组织工作人员应深入了解顾客所抱怨问题产生的原因，确定是否有必要制作及填写事件报告单或调查表，列入教育训练范围。要做好客人投诉的整理分析工作，最好能形成典型案例，运用于日常培训体系中。

另外，应建立一套顾客投诉的管理程序，一有顾客投诉的事情发生，可以立即运行，立即解决。处理顾客投诉不仅在于将顾客的不满化解，更在于改进组织的服务水平，提高组织的服务能力。以往的顾客投诉处理让组织颇费脑筋，原因之一即是没有公认的投诉处理依据。而处理依据并不是要站在哪一边，主要是双方认可。

3）改进报告

要向上级主管领导或公司董事会汇报有影响力的投诉事件或规律性的投诉事件，防止问题一而再、再而三地发生。

6.1.4　处理旅游投诉的技巧

1. 让投诉人降温

无论客户是否永远是对的，至少在客户的世界里，他的情绪与要求是真实的，我们只有与客户的世界同步，才有可能真正了解他的问题，找到最合适的方式与他交流，从而成功地稳定对方的情绪。也就是说"要把对的让给顾客"。

我们有时候在说道歉时会很不舒服，因为这似乎总是在承认自己有错。其实说声"对不起"，"很抱歉"并不一定表明你或公司犯了错误，这主要表明你对客户不愉快经历的遗憾与同情。不用担心客户会因得到你的认可而越发的强硬，表示认同的话会将客户的思绪引向关注问题的解决。所以这时要冷静地接受顾客意见，并且冷静地判断这件事自己能否处理，如果是自己职权之外的，应马上转移到其他部门处理。

阅读资料6-1

投诉降温"三变法"

在处理旅游或酒店投诉时，依情况可采用"三变法"，即变更"人、地、时"以使抱怨者恢复冷静。

首先是变更应对的人。必要时请出您的主管、经理或其他领导，无论如何要让对方看出您的诚意。

其次就是变更场所。尤其对于感情用事的客户而言，变个场所就能让客户恢复冷静。

最后应注意不要马上回答，要以"时间"换取冲突冷却的机会。您可告诉他："我回去后好好地把原因和内容调查清楚后，一定会以负责的态度处理的。"这种方法是要获得一定的冷却期。尤其客户所抱怨的是个难题时，应尽量采用这种方法。

---

2. 在感情和心理上与投诉者保持一致

当客户正在关注问题的解决时，我们体贴的表示乐于提供帮助，真心实意地帮助客人解决问题，自然会让客户感到安全、有保障，从而进一步消除对立情绪，取而代之的是依赖感。比如说："我能理解给您带来的麻烦与不便，您看我们能为您做些什么呢"？

3. 果断地解决问题

投诉处理的目的是让不满意的客人成为满意客人，维护旅游组织的美誉度。因此客户投诉的处理必须付诸行动，不能单纯地同情和理解，要迅速地给出解决的方案并且实施，任何拖延都会招致客人更加不满。快速妥善解决客人的投诉可以体现组织的服务质量和人员素养，赢得客人的良好口碑，否则，即使问题到最后解决了，客人也未必会满意。

阅读资料 6-2

把"对的"让给顾客

2007年4月26日，吴女士请了一些朋友在某家环境不错的餐馆雅间里用餐。大家正在点菜，服务员送来一个果盘，里面有芒果、马奶葡萄、猕猴桃等水果，大家边吃边说，虽然餐前就上果盘，但是这赠送的果盘质量不错。结账时，吴女士发现账单里有果盘价格68元。于是找来领班询问。领班说："你点了果盘，就是跟我点的！进来时你问我'摆在架子上的这些水果是不是用来拼果盘的？'我说'是的，要不要给您拼一个？'你点头了。"吴女士认为果盘不该在餐前上，领班也没有说明果盘是收费的，既然收费，应问问客人爱吃哪些？定好后报价，客人认同后才加工成果盘。而领班认为这么贵的水果当然要收费，而且是客人点了头的，再说水果大家也都吃了。双方各有各的理由，发生了争执。后来领班说："你什么意思吧，是不是不想掏这盘水果钱了？"吴女士听后更加生气，于是说："这果盘钱就是不该我们出，我就是不出了！"领班语气还是很不随和，说："你要是实在不出我也没办法，只能我出这个钱了，但这确实不是我的错！""那还是我的错？"吴女士气愤地说。尽管客人结账时没有付果盘的账，但还是投诉了领班。

启示：

其实这个例子中领班失败的主要原因是：只顾与客人争对错而不是考虑如何解决问题，也没有去考虑客人的心理和真正的需要。客人有异议是认为领班没有说清楚，这是寻求尊重心理。况且顾客并不是真的不打算结账，只是想要个说法。领班首先应让顾客"降温"，而这位领班的语言反而引起了客人更加强烈的反感，导致"鸡飞了，蛋也打了"。即受到了经济损失，又遭到投诉。客观地来讲，顾客并非"永远是对的"，所以处理这类问题的技巧应该是"把对的让给顾客"。

6.2 旅游公共关系的危机意识

6.2.1 旅游公共关系危机事件的特征

1. 突发性

旅游公共关系危机的发生一般是不可预测的，在组织毫无准备的情况下转瞬发生的，往往让组织和相关当事人措手不及，给组织造成很大的冲击甚至遭遇生存危险，此时组织处于不得不面对和处理的紧急状态。

2. 危害性

旅游组织一旦发生危机事件，就会面临十分困难的局面，这对组织的生存和发展产生极为不利的影响。而且危机事件涉及面广，影响巨大，危害严重。如危机可能使组织的美誉度迅速下降，使组织的各种社会关系朝不利的方向发展，使员工的积极性、凝聚力降低，使组织受到经济损失，甚至给社会公众带来恐慌和损失，给社会生活带来危害。

例如，当1999年2月西南航空公司的T154型飞机发生空难事故后，第二天，所有的T154型飞机全部取消飞行计划。当然，许多乘客也不愿意再乘坐令人有不愉快记忆的T154机型的飞机。南京冠生园由于使用陈馅做月饼，被媒体曝光，几乎使冠生园濒临倒闭，使其当年的月饼销量下降了40%多。原阳的毒大米事件，使原阳大米一时间无人敢于问津。中国前第一保健品牌"三株"的衰败，人们至今还记忆犹新。1996年，湖南常德市一名60多岁老人陈伯顺突然死亡，其家人怀疑他是因为喝了三株口服液而致死的，于是将三株集团告上法庭。1996年6月，湖南常德市中级人民法院做出陈伯顺是因服用三株口服液致死的一审判决。三株不服，上诉至湖南省高级人民法院后，三株公司在湖南市场上首次出现零销售，三株口服液及三株系列产品在全国的销售也陷入困境，生产三株口服液的两个现代化工厂全面停产。1999年3月25日，湖南省高级人民法院对三株与陈伯顺一案做出终审判决，三株胜诉。尽管官司打赢了，但三株的衰败是无可避免的，三株的损失是不可挽回的。短短两年之内，这个年销售额达80亿元，号称中国最大的保健品组织的公司已陷入全面瘫痪。三株公司董事长吴炳新在胜诉之后痛心疾首：这场官司导致三株数10亿元的损失，10万人下岗。

3. 关注性

危机事件的爆发最能刺激人们的好奇心，因此往往会成为社会舆论的焦点，被作为新闻素材广泛传播，受到社会各界公众的广泛关注。如1984年12月美国联合碳化物公司印度分公司发生的博帕尔毒气泄漏事故，造成了2 000多人死亡；2001年的美国"9·11"事件，俄罗斯的库尔斯克号核潜艇的沉没，都是在非常短的时间内成为全世界大小媒体广泛报道的焦点。

4. 警示性

旅游组织发生危机的可能性和普遍性都很大，如果发生公共关系危机，处理起来不但事关重大，而且难度非常大，无论预防危机、处理危机还是控制危机，都是非常复杂的。而危机的发生，足以表明旅游组织内存在着不可忽视的问题，为旅游组织检视自身状况，认识危机、正视危机做了有力的警示。

阅读资料6-3

负面事件对第三方的影响

Ⅰ 未曾参与，却遭殃及

理解负面事件导致的形象传导究竟多重要？它对第三方的影响有多惊人？以下列举一家包装公司——伯基恩航空公司（BIRGENAIR）1996年所发生的一起飞行事故予以说明。

1996年，一架满载164名德国游客的包机在驶离多米尼加共和国之后不久，就坠入到海中。随后的事故调查说明，飞机驾驶人员应承担主要责任，他们都是土耳其人。伯基恩航空公司一直以来都被旅游运营商廉价租用，其所有者及组织这次旅游的运营公司的CEO也都是土耳其人。事后，不仅所有卷入这次事故的公司遭到了游客的遗弃，最令人惊讶的是，就连土耳其和多米尼加共和国的旅游都受到了影响，并殃及几乎所有由外国包机经营的业务。无须任何客观的理由，他们就被卷入了事件。

Ⅱ 埃及与其海滨旅游目的地

1992年和1993年发生的几起恐怖袭击事件给埃及的整体形象带来了负面影响。然而，许多客源市场的顾客并不认为海滨目的地"西奈半岛"（Sinai）和"红海"（Red Sea）与埃及的负面形象有什么关联。这主要是因为旅游组织将埃及与西奈半岛、红海分离为形象上彼此独立的两种产品：西奈半岛和红海的旅游目的地在对外进行宣传时总是闭口不提埃及。他们从广告中去除了所有有关埃及的文字和图片信息，从而避免旅游者将这些海滨旅游目的地和埃及联系在一起。

启示：

负面事件影响面大，传播速度快，而且在旅游业中经常因距离较近等原因殃及第三方。但是第三方也可以通过危机战略来避免受负面事件的影响。

6.2.2 旅游公共关系危机发生的原因

1. 组织内部的原因

旅游组织内部的因素导致的危机往往是由于决策、管理、公共关系等方面的失误，所以一般说来这种危机是可以预防和控制的。

1) 管理不善

旅游组织内部管理不善的原因分以下几种。

① 管理的规章制度不健全

工作没有定额，技术要求没有标准，操作也没有一定的规程，就会给公共关系危机的发生带来隐患。

② 员工的行为不规范

工作不讲质量，不讲服务礼仪，不讲职业道德和信誉，就会严重损害公众利益和伤害公众感情。如有些导游人员降低服务质量、压缩景点游览时间、增加购物次数，甚至因游客不购物或不愿参加附加自费项目而甩团，这些都可能引发旅游组织发生危机。

③ 领导者没有远见卓识

作为服务业的旅游业，其产品的诸多特性更加需要正确的、先进的管理理念指导组织发展。然而很多旅游组织过度地追求经济利益而忽视公众利益和社会利益，造成严重的食物中毒、游乐设施损坏、旅游高山缆车坠落等事故，因这类原因导致的公共关系危机完全是组织的责任，极易引起公愤，受到公众和社会舆论的强烈抨击，严重损害组织形象。如上海外滩一家颇有名气的饭店曾发生过一件令人震撼的食物中毒事件：国庆期间，11对新人在这家饭店共举办了103桌酒席，因熟食卤味食品不卫生，导致762人食物中毒，被送往42家医院治疗。顿时，该饭店在上海市民及外地游客中声名狼藉，几乎到了关门停业的地步。

2) 决策失误

在决策过程中，必须严格遵守以客观事实为基础，以公众利益为主导，以科学方法为保证的原则。如果旅游组织行为追求短期利益，对纷繁复杂的现实环境认识不清，违背"与公众共同发展"的公共关系理念，而使旅游组织的总体目标、公共关系目标与组织内部的现实条件和外部的客观环境严重脱节，就有可能使组织目标与社会利益目标相对立，从而引发公众对组织的抵触、排斥和对立，使组织陷入危机。如产品定价失误、恶性竞争、骨干跳槽等危机。

3) 疏于沟通

旅游组织和公众之间的信息的有效交流和沟通，有利于公众支持理解本组织，在危机出现时更是如此。对待公共关系危机时若保持沉默，后果将不堪设想。许多组织在危机发生后事事保密，层层设卡，唯恐公众知晓组织的决策内容，甚至不让员工知晓内部有关消息。也有些组织对外发布消息，但只知道单向发布信息，不注意信息的及时反馈，使得危机不能得以有效控制。

旅游组织和公众之间的情感沟通也非常重要。当组织遇到困难或遇到偶然性的质量问题时，基于组织和公众间的良好情感交流和思想沟通，公众对组织的理解和认同，危机是可以得到化解的。但是一些旅游组织很少和公众进行情感沟通，所以即使微小的失误也得不到公众的理解和支持，小事扩大，形成危机。

2. 组织外部的原因

旅游组织是在一定的社会环境中生存和发展的。现代旅游业在这个环境中显示出强大的生命力，但又有其脆弱性。自然灾害、政治事件和经济形势变化等，都可能导致旅游公共关系危机事件的突然发生。

1) 自然灾害原因

自然环境是不以人的意志为转移的，主要包括水旱灾害、气象灾害、地震灾害、地质灾害、瘟疫流行、海洋灾害、生物灾害和森林草原火灾等。这些灾难一旦发生，对旅游业的影响极大。如2004年12月26日，印度洋发生里氏9.0级强烈地震并引发海啸，灾难波及印尼、斯里兰卡、泰国、印度、马尔代夫等国，遇难总人数逼近30万；亚太地区因为南亚海啸所蒙受的旅游损失高达30亿美元；2005年8月25日，飓风"卡特里娜"在美国东南部佛罗里达州登陆，在当地造成至少7人死亡、5人失踪。在此后的很长一段时间内，新奥尔良乃至美国受灾地区的旅游业难以恢复到以前的水平。而在我国，2006年7、8月份旅游旺季，台风刮走了旅游生意，广东省内游出团量下降5成，连日的狂风暴雨给广州省内游带来了不同程度的影响，其中漂流、海岛等暑期热线受影响最大。

2) 社会安全事件

主要包括恐怖袭击事件、经济安全事件和涉外突发事件等。如大使馆误炸事件、撞机事件、"9·11"事件、美伊战争、国际恐怖袭击等对旅游业均造成了不同程度的负面影响，危及了旅游组织的经营活动，给一个国家和地区的旅游业造成巨大的损失，带来严重的危机。例如2005年7月7日，伦敦3列地铁和4辆公共汽车遭到自杀式恐怖爆炸袭击。此次爆炸事件共造成56人死亡，700多人受伤，是第二次世界大战以来伦敦遭到的最大攻击。爆炸发生后，对英国经济至关重要的旅游业损失3亿英镑收入，宾馆、饭店和其他行业的收入也遭受了重大损失。

3）经济形势

经济危机指资源、能源和生活必需品严重短缺、金融信用危机和其他严重经济失范、经济动荡等经济安全上的重大突发威胁。主要包括本国经济发展状况、区域性经济发展状况和世界经济发展状况，特别是世界经济发展状况对国际旅游业的发展影响很大。如 1997 年 5 月泰国发生的金融危机，波及整个东南亚、韩国、日本等，各个国家和地区的货币纷纷大幅度贬值，也对中国旅游业产生了冲击。而奥运会的成功举办则有利于主办城市乃至举办国的旅游经济快速发展，主要表现在：能够提升旅游形象；促进举办城市基础条件的改善；增加新的旅游吸引物；增加新的信息传播渠道和能力；优化旅游产品；能有效地促进入境游客的持续增长；大量增加旅游就业机会，提高旅游业的经济效益。

4）事故灾难

主要包括工矿商贸等组织的各类安全事故、交通运输事故、公共设施和设备事故、环境污染和生态破坏事件等。

5）公共卫生事件

主要包括传染病疫情、群体性不明原因疾病、食品安全和职业危害、动物疫情及其他严重影响公众健康和生命安全的事件。如 2003 年的"非典"，造成中国旅游业旅游总收入减少 2 768 亿元的巨大损失。

6）人为原因

一些旅游组织可能会遭遇由于人为的原因所造成的公共关系危机。人为原因主要包括以下几方面。

① 恶性竞争。如在竞争对手的产品中，投放有害物质，散布竞争对手不良财务信息，散播不利于竞争对手的社会谣言等，形成公共关系危机事件就属于恶性竞争。

② 代理商的责任。代理商可能因关系不融洽制造对旅游组织不利的风波。

③ 顾客行为责任。旅游业中，因顾客自生错误行为而引发对旅游组织声誉不利的危机事件时有发生。如顾客在饭店下榻时因不遵守饭店规章制度而遭受人身和财产损害，饭店因责任在顾客而不认真对待，也会引起顾客投诉，产生负面影响。

④ 公众误解。公众可能会因信息的缺乏或听一面之词而对旅游业组织形成误解，尤其是媒介公众的误解可能使误解范围扩大，程度加深，形成不利的舆论环境，造成危机。

6.2.3 旅游公共关系危机发生的过程

旅游公共关系危机发生的过程，一般可以分为初期、稳定期、抢救期和末期 4 个阶段。这 4 个阶段既可作为危机发生的周期，又可视为公共关系危机处理的分期。在危机的各个阶段均应有针对性地采取紧急行动。

1. 危机初期

危机发生的初期，表现在发生了与大众期望不一致的事件，从而引起社会关注。此时社会组织和有关公众对信息还模糊不清，所得到的信息可能前后矛盾。这就容易引起社会公众对组织的误解、偏见，甚至敌视。不过，这一时期公众还没有介入行动，公共关系人员也没有介入具体的危机抢救工作。

危机初期要深入现场，了解事实。经验表明，在危机发生初期，旅游组织的态度和对策直接关系到危机公共关系的效果。明智的做法是立即组成危机控制小组，了解事实真相，最快的速度展开调查，弄清危机事件发生的时间、地点、原因、人员伤亡、财产损失等情况。小组成员应包括组织负责人、公共关系部门负责人、有经验的新闻发言人和具体工作人员等。

2. 危机稳定期

这个时期，旅游组织和社会公众已较清楚地了解到到底发生了什么事情。有关当事人介入行动，同时安排抢救工作。这时，旅游组织已经开始采取一定的行动，公共关系人员分发新闻资料，向公众传递危机的有关信息，让公众了解事实。许多谣言不攻自破，消息来源被证实，公众情绪渐趋稳定。

危机稳定期应确定对策，发布消息。当掌握了危机事件的第一手资料，清楚了公众和舆论的反应后，旅游组织应深入研究，迅速确定对策。这时既要考虑危机本身的处理，又要考虑如何处理好危机涉及的各方面的关系，更要考虑如何抓住所蕴含的机遇，恢复声誉，重返市场。在危机稳定期，要及时向内部公众通报危机事件的发生时间、地点、有无伤亡及本组织处理危机事件的基本原则、方针、具体的程序与对策。将制订的危机处理方案通告各个部门及全体员工，以便统一口径、统一思想、协同行动、共同参加急救。还要不失时机地召开新闻发布会或记者招待会。一方面，坦诚地向新闻媒介公开危机的有关情况，包括真实的调查结果和旅游组织正在采取的措施；另一方面，恳请新闻媒介密切合作，防止不利的消息和舆论。在这一时期要尽可能诚恳地与受害公众和各方面的公众沟通，争取公众的理解。

3. 危机抢救期

抢救期是危机灾难发展到顶峰的时期，抢救工作进入关键阶段。如果是因服务质量等内部原因引起的危机事件，应不惜一切代价采取措施弥补。抢救期短则一两天，长则持续几个星期或更长时间。

危机抢救期要控制事态，减少损失。在此时期，旅游组织应设立信息中心，及时向内部员工通报造成危机事件的原因、给直接受害者造成的损失及受到波及的公众范围有多大、影响有多深、事态发展趋势、事态是否得到了有效控制等情况；同时把抢救工作的最新消息传送给新闻媒介。在发表消息时，一定要坚持"公开事实真相"的原则，以避免新闻媒介和社会公众的猜测、质询质疑。设法争取公正、权威性机构来帮助解决危机，确保社会公众对本旅游组织的信任，使受到危机影响的公众站到本社会组织的一边，帮助旅游组织解决有关问题等。可以说，公众信赖是渡过难关的重要因素。

4. 危机末期

危机末期是指对危机处理的调查工作开始，抢救工作告一段落。这一时期要处理善后，总结教训。在危机末期，危机处理小组有三项重点工作。一是妥善处理危机后期工作，安顿人心，对受害公众给予补偿和关怀，与广大客户和消费者加强沟通，以情动人。二是对危机处理情况作全面调查、评估、总结，并将结果写出详细的书面报告，以便向内外部公众汇报和公布。有些重大事故也可采取刊登广告的形式检讨自己。另外，还要吸取教训，总结经验，找出不足，奖励在处理危机事件中表现突出的有功人员，处罚危机事件的责任者，进一步修正危机预防计划、危机处理计划和防止危机重演的管理计划。三是提出重返市场，恢复组织形象和声誉，建立新的良好形象的计划与具体措施，齐心合力共同渡过难关。

实际上，并非所遇到的所有的旅游公共关系危机的4个阶段都可划分得这样清楚。有时，阶段与阶段之间无明显的划分标志，各阶段延续时间的长短也不一样。

6.3 旅游公共关系危机的防范

6.3.1 建立危机预警系统

一般而言，除了一些自然灾害、交通意外等突发的危机事件外，大多数旅游公共关系危机事件都有一些先兆表现出来。建立预警系统可以对组织公共关系系统中可能或已经出现的危机迹象进行监测和预测，收集各种反应危机迹象的信息，作出危机警示，防止和消除危机隐患，保证组织的日常活动处于良好的运行状态。也就是说，建立危机预警系统的根本目的是对危机进行有效的预防和控制，这就需要做好以下两个方面的工作。

1. 对旅游组织的行为进行监测

主要是对旅游组织的活动进行全过程的监测，分析和研究组织的生产、经营、管理活动等环节，经常检查与相关公众发生业务联系部门的工作情况和关系状态，及时向旅游组织决策者通报所发现的种种危机隐患。

2. 对社会舆论进行监测

对各种与旅游组织经营管理活动有关的新闻、专题报道及对旅游组织的评论等内容进行分析和研究，分析这些评估是正面的还是负面的，是由谁造成的，会造成多大的影响等，从中发现舆论的发展动向及趋势。旅游组织的公关人员要善于从信息中寻找那些容易引起危机事件的先期征兆，并及时向组织的领导人做出汇报，提出消除这些征兆的办法和措施。

6.3.2 建立危机处理机构

虽然危机是旅游组织较少遇上的特殊状态，但是如果发生，有极大的危害性，必须迅速果断地将其扑灭，因此组织有必要设立危机处理机构（简称危机小组）。

危机小组成员应由职位相对较高的管理者、专业人员及公共关系人员组成，由于他们在组织中有一定的地位、身份，对组织和环境又熟悉了解，可在危机处理中发挥最大的功效。

危机小组的作用：全面、清晰地对各种危机情况进行预测，尽可能确保危机不发生；为处理危机制定有关的策略和步骤；监督有关方针和步骤的正确实施；在危机实际发生时，对全面工作做指导和咨询。危机管理小组强调组织内每个关键环节都有人参与，就是要在危机爆发初期找出问题所在，以便及时采取措施对症下药，从而减少其对旅游组织形象的损害程度。

危机小组的工作内容主要包括以下几个方面。

1. 做出预测

根据本旅游组织建立以来发生的危机或其他组织发生过的危机，对自己组织可能发生的各种类型的危机做出预测和分析，对哪些危机可能发生及其性质、规模和影响范围等做出恰当的估计。只有做好组织上的准备，有备而无患，才能更好地应对公共关系危机的爆发。小组的主要作用在于全面清晰地对组织可能面对的各种危机进行预测。

2. 培养危机意识

比尔·盖茨说过:"我们离破产永远只有十八个月。"没有危机意识的个人,将随时面临困难;没有危机意识的组织,将随时面临经营的困境。

旅游组织的领导要具有危机意识,员工也要具备这样的意识。这样才能避免因任何一名员工的失误或失职而将整个组织拖入危机。比如:因工作失误在顾客的餐盘里出现一根头发,因抱着侥幸心理而给顾客使用不新鲜的海鲜,都会影响酒店的信誉;旅行社销售人员夸大目的地旅游产品,造成了顾客的不信任,甚至是投诉等。要想杜绝这类事件的发生,必须培养员工的忧患意识,让他们知道他们的一言一行,都代表着公司的形象,都会影响公众对公司的看法和印象。

3. 制定危机防范策略

针对可能发生危机的情况,制订出相应的应急预案,并指定专人负责。为处理危机制定有关的策略和步骤。

4. 设立"发言人"制度

在危机管理小组中要指定危机公共关系的发言人,在危机来临时刻,组织内部很容易陷入混乱的信息交杂状态,不利于形成有效的危机公共关系传播。为了形成一个统一的对外传播声音,要由发言人代表组织以恰当的方式介绍事实真相及组织在处理危机中所作的努力。组织要通过发言人"一个声音",及时、准确、口径一致地公布事实,让公众尤其是新闻媒体了解情况,掌握危机管理的主动权。以杜绝谣言,维护组织的形象。

5. 负责危机处理

在遇到危机时,能够全面、快速地处理危机,并能够监督危机的发展及有关公司政策的执行。

6. 重塑组织形象

在危机结束时,能够及时调整公司的各种行为,运用各种手段恢复公众对公司的信任,重新塑造旅游组织美好形象。

阅读资料6-4

旅游组织的危机管理小组应包括哪些成员

旅游组织领导拥有公司资源的最大使用权,有着最终的决策权。高层的直接参与,有助于减少危机发生时的混乱,保证危机尽快地解决。

包括旅游组织公共关系部工作人员、合作公共关系公司人员。他们是危机公共关系的具体执行者,负责危机公共关系程序的优化和实施。

专业智囊团具有丰富的危机处理经验,能给处于危机中的组织提供专业的指导和意见。

危机处理一般需要消息的公布及召开发布会进行解释或者道歉工作,都需要费用的支持。

危机期间旅游组织人员的调动,新闻发言人的确立,都需要人力资源部的支持。

> 　　　　　法律工作者熟悉旅游组织日常运作过程中可能出现的各种法律问题，知道组织在面对问题时应该采取的步骤和程序，便于保证组织行为的正确性。随着社会的发展，公众的法律意识逐渐提高，组织随时面临各种诉讼，金额索赔，法律工作者能够尽早帮助组织解决。
> 　　　　　无论是电话投诉，还是公众上门投诉，接待人员的态度都是非常关键的。相关公众通过电话或上门了解情况，接待人员也要热情接待，注意说话技巧。这时处理得好，危机有可能被消除在萌芽状态。

6.3.3　制定危机防范策略

对旅游组织而言，危机每时每刻都有发生的可能，而且旅游组织在危机中采取的行动，会受到公众的审视。组织不能存有侥幸心理，认为危机不会降临到组织自身的头上。而应该制定切实的危机管理制度，由被动变为主动防范危机。为此，在建立危机处理机构的前提下，建立一套规范、全面的危机防范策略是必要的。

1. 建立高度灵敏、准确的信息检测系统及自我诊断制度

及时收集相关信息并加以分析、研究和处理，全面清晰地预测各种危机情况，捕捉危机征兆，为处理各项潜在危机制订对策方案，尽可能确保危机不发生。从不同层面、不同角度进行检查、剖析和评价，找出薄弱环节，及时采取必要措施予以纠正，从根本上减少乃至消除发生危机的诱因。

2. 强化危机意识

在组织内部，给员工灌输危机防范的意识，让每个员工都自发地在工作岗位上减少或者杜绝导致危机发生的原因。如北京密云的瑞海姆田园度假村，在员工上岗培训时，安排新员工观看"火灾纪录片"，提高员工的火灾危机防范意识。又如美国波音公司在20世纪80年代曾设置了一段模拟组织倒闭的电视新闻：一个天气阴沉的日子，员工们一个个低着头，脚步沉重地离开自己岗位，离开工厂，高高的厂房上悬挂着"厂房出售"牌，一个画外音在回荡："今天是波音公司时代的终结，波音公司关闭了最后一个车间。"这使得员工危机感进一步增强，对工作更加珍惜，对产品质量也更加重视。

3. 制订危机管理计划方案，并在组织内部广泛宣传

旅游组织的危机小组应该设想一下可能会发生什么样的危机，并预先做好预防的准备。有了这个计划，组织才能面对突如其来的危机，从而有条不紊地拿出自己的应对之策。在组织中要进行全体员工培训，通过多种方式向组织员工介绍应付危机的方法，让他们对危机的可能性和应付办法有足够的重视与了解，并告知"危机小组"成员名单。这样即使发生意外事件，组织员工也能从容应付。例如有的酒店把对应急方案的宣传运用图表、卡通漫画等形式，贴在员工通道上，简便、易懂，实用性更强。

4. 促进与媒体的沟通交流

旅游组织应在平时与媒体建立友好的合作关系，监控好舆论导向，并及时公布信息，有效引导舆论方向。当危机降临时，不仅使危机的负面影响降至最低，还可将危转机，扩大组织的美誉度。

6.3.4 危机防范方案演习

危机不会经常出现,所以对旅游组织的多数人来说,对危机处理是没有经验的。而长期稳定的环境,可能使组织成员产生麻痹和松懈,一旦出现危机则手忙脚乱,不能很好地化解危机。因此,旅游组织应当未雨绸缪,每隔一段时间举行一次危机演习,演习后再找出不足之处,予以纠正。

通过演习可以使组织全体成员熟悉危机防范方案,积累危机处理的工作经验。具体来说,演习可以使每个成员熟悉他们在危机中的任务和位置;并通过各环节人员之间的相互作用,使任务的互助性和操作性更务实;另外,通过演习,可以调动、组合、部署相关人员,当危机真的来临时,管理人员能轻车熟路,提高时间效率。如一些饭店培训员工"发生火灾后怎么办",并对员工进行处理火灾的模拟培训,以锻炼员工在这种紧急情况下冷静、熟练处理问题的能力。

培训与演习可使用不同的方法,常用的方法包括以下几种。

1. 录像观摩与案例学习

用同类危机的记录和场景模拟的录像,形象地展示危机的内容与处置措施。

2. 案例分析

通过典型案例的分析评议,使员工进一步明确岗位与责任。

3. 实战性小组演习

整体性演习时间、费用与精力耗费较大,不可能经常进行,可以采用以责任区为单位进行小组演习的方法,如新闻小组、专家技术小组等。

阅读资料 6-5

诺维斯特银行的特大火灾

美国的诺维斯特银行在感恩节发生了特大火灾。幸运的是该银行平时很重视危机管理,设有危机处理计划方案,尤其是火灾危机预警方案,并且早在 6 个月之前对火灾危机方案进行了改进。修改后的计划包括提供放置银行业务记录副本的安全地和高级管理人员紧急联络的电话号码,还有对危机发生时各部门可使用的临时办公地的安排。

当大火还在吞噬着银行 16 层大楼时,危机管理计划就启动了。银行总裁通过广播和电视告诉广大储户,他们所存款项和其他物件都很安全,银行整个大楼早已投保,银行的所有账目都有副本,各分行正在照常营业。

同时,一个由 12 名银行公共关系人员和其他有关人员组成的危机处理小组成立起来,立刻在银行对面的建筑物里设立了"暂时"办公室,以集中处理顾客、员工以及新闻媒介的来电和来信。由于良好的组织工作,整个危机中媒介记者可以与银行总裁直接沟通。在临时营业厅内,银行职员有条不紊地照常工作。在大街上,一些银行职员身穿事先准备好的有明显银行标志而且容易辨认的红白颜色组合的衬衫来回奔忙,以引导顾客去银行营业部。在这次火灾危机中，人员没有伤亡，生意上也没受太大影响，媒介给予了温和的报道，顾客没受到任何损失。

启示：

从这个案例可以总结出，事先制订危机防范方案有 4 点作用。分别是：预防危机发生；减少危机损失；使抢救工作忙而有序；维护声誉，抓住处理危机的时机。

6.4 旅游公共关系的危机处理程序和策略

6.4.1 旅游公共关系危机事件处理的原则

公共关系危机处理起来有一定的难度。旅游组织要有效地处理危机，最大限度地消除负面影响，改变组织不良形象，协调改善组织内外部环境，这就要求组织及其公共关系人员在处理危机时灵活掌握以下原则。

1. 公众利益至上的原则

危机事件发生后，会使旅游组织遭受到很大损失。然而公共关系人员既要考虑组织自身利益，又要考虑公众的利益，并且将公众的利益放在首位。

危机事件发生后，公众对旅游组织不满的最重要原因是他们感到自己在利益上受到了一定程度的损害，他们要运用新闻、法律的武器，保护自己的合法利益。因此，旅游组织应将公众利益放在首位，主动承担损失和责任，及时向公众道歉，并切实采取措施补偿损失，待真相澄清后更会得到公众的理解和支持。同时旅游组织要关心公众的心理情感，站在公众的立场上表示同情和安慰。

2. 公开性原则

旅游公共关系危机一旦爆发，立即会引起政府部门、相关媒体和社会大众的关注，此时组织作为危机事件的当事人，不论危机产生的原因是主观的还是客观的，都应向公众公开事件的真相，公布事件的原因、结果、组织的态度和所做的努力。在现代高度信息化的社会空间中，一个组织很难隐瞒信息，如果藏头缩尾、含糊其辞、封锁消息，甚至置公众意愿于不顾，自行其是，反而容易产生对组织不利的流言飞语、小道消息，从而造成负面影响。

阅读资料 6-6

2002 年 11 月事故发生后卢森堡航空公司的网页

2002 年 11 月 6 日，卢森堡航空公司的福科（LuxairFokker）50 飞机正从柏林飞往卢森堡，在准备降落的前几分钟坠毁，当时的天气是浓雾弥漫。这起事故导致 20 名乘客死亡，只有 2 人（机长与一名乘客）幸存。这是该公司在欧洲经营 40 多年来的第一起事故。

这种机型的安全性也因此第一次受到影响。

事故发生后60分钟左右，该公司对其网页内容进行了改动。它将主页中传统的标题和促销的信息替换成专门提供事故详细信息的网页。该网页简洁清晰，主要是文本信息。文本信息在几分钟内经首席执行官批准，迅速通过因特网在世界范围内传递。它面向的对象包括一般顾客、与事故相关联的当事人的亲属及媒体。一旦有新的和更加详细的信息，网页随时更新。

启示：

危机发生时信息的传递应该选择最快速、最有效的方式。因特网可以在最短的时间内，以最经济和最灵活的方式提供全面综合的信息，可以方便公司与公众之间的沟通。

3. 真实性原则

在危机事件中，尤其是事件的初发阶段，公众会产生种种猜测和怀疑，越是对组织不利的信息，越是容易传播。为此，旅游组织要想取得公众和新闻媒介的信任，必须采取主动、真诚、坦率的态度，向公众提供真实的信息，通过大众传播媒体进行广泛宣传，从而消除误解。说明事故时，要选择恰当的表达方式，发言人要用肯定有力的音调讲话。为了避免报道有误，重要材料应以书面形式发给记者。

如果抱着"家丑不可外扬"的观念，往往会使组织不但继续受到危机的影响，而且还会出现诚信危机。例如一些组织在危急时刻，铁将军把门，封堵记者镜头，或者让一两个无关紧要的人物出场说一些"无可奉告"之类的言辞，反而会引起人们更强烈的好奇心。

如果有的事项确实无法向记者公布，应说明理由。例如在酒店发生火灾之后，记者往往会问起火原因，发言人可以回答："很抱歉，这个问题还在调查之中，酒店暂时无法做出准确的说明。"问及火灾造成的经济损失时，可以回答："酒店已将火灾通知财产保险公司，将由他们派人来确定损失金额。"也可以同时说明组织为防止危机所做的努力和已取得的成绩，尽量引导公众对危机和组织获得全面的正确印象。

4. 及时性原则

危机处理的目的在于尽力控制事态的恶化和蔓延，减少因危机事件造成的损失，在最短的时间内重塑或挽回组织良好形象。如果在危机初期积极反应，扼制危机，往往成本较低，效果也比较理想。耽误了时机，处理和平息危机的成本将呈几何数级增长，而且效果不好。因此危机发生后，公共关系危机小组应带领组织的所有成员立即投入紧张的处理工作。赢得时间就等于赢得了形象。

例如在一个下暴雨的晚上，某家酒店发生了这样的情况：一会儿停电，一会儿来电。就在这时候，各个房间陆续接到了前台打来的电话，服务生很有礼貌地叫出客人的姓名，然后告诉客人，由于停电带来了不便，明天早上客人可以凭房卡直接到餐厅就餐（正常情况下需买早餐卡），这种酒店的快速反应与良好的服务质量得到了顾客的认同。

5. 主动性原则

旅游组织如发生消费者投诉、新闻界曝光等危机后，不能回避和被动应付，而应迅速召集领导层和公共关系人员共同商议妥善的处理办法，主动面对危机，有效控制事态。如对消费者或社会公众造成人身伤害，应主动与新闻界沟通，并且开辟高效的信息传播渠道，以防止负面影响的扩大；对直接上门投诉的消费者，应热情接待，及时答复和妥善解决投诉纠纷。

> **阅读资料 6-7**
>
> **及时主动的传播**
>
> 1988年4月27日,美国一架波音737客机从檀香山起飞后不久发生局部爆炸,一名空中小姐被猛烈的气浪抛出窗外,殉职蓝天。驾驶员临危不惧,沉着操纵,飞机终于脱险,安全着陆。除一人外,其余旅客和机组人员平安返还。这次空难无疑对公司的信誉构成威胁。但波音公司对此并未缄默不言,设法回避遮掩,而是迅速作出反应,主动宣传,并解释这次事故的原因是飞机太陈旧,金属疲劳所致。这架飞机已飞行了20年之久,起落达9万次,大大超过了保险系数,却仍能在严重事故之后安全着陆,这足以证明波音飞机的可靠性能。而且,新型波音飞机已经解决了金属疲劳的技术难题,因而购买波音公司的新产品就更安全了。
>
> **启示:**
>
> 面对危机,波音公司及时地通过新闻媒介进行了真实的宣传,变被动为主动,不仅没有损害公司的形象,反而进一步赢得了用户的信任。

6. 连续性原则

当旅游组织发生较大危机后,由危机小组拿出危机的解决方案,一方面处理有关事务;另一方面应通过新闻媒介,向社会公众公布调查取证、事故原因、组织采取的善后措施、改进办法等方面的消息,从而使公众对事件有一个全面、客观的了解,对组织所持的积极态度和工作效果产生良好的印象。

7. 补偿性原则

旅游组织的危机在很多时候会造成人身和财产安全的危害和损失,组织应本着人道主义原则,对造成财产的损失给予相应的赔偿,对造成身体伤害的人员及时治疗并给予补偿。

6.4.2 旅游公共关系危机事件处理的工作程序

有效地处理旅游公共关系危机,需要有正确的工作程序和要求,这是妥善处理公共关系危机的前提。

1. 全面调查,收集信息

得知危机发生后,领导人及公共关系人员要立即深入现场,掌握第一手情况。在危机爆发和延续的过程中,公共关系人员要对危机事件发生的时间、地点、涉及人员、影响范围、发展情况、危害程度、公众情绪和舆论反应等进行全面观察,收集有关信息。危机事件得到控制后,还要迅速进行调查,做好详细记录。

2. 分析信息,制定对策

将收集到的关于危机的综合信息进行分析研究,并形成调查报告,为处理危机提供依据。然后分析信息,深入研究和确定应采取的对策和措施。制定对策时不仅要考虑危机本身的处理,而且要考虑处理危机时涉及的各方面的关系。如旅游组织和员工、受害者、受害者家属、新闻媒介、消费者、客户、政府主管部门等关系。

3. 分工协作，落实措施

公众和舆论不仅要看组织的宣言，更要看组织的行动。因此在旅游组织制定出危机处理的对策后，就要积极组织力量，分工协作，落实措施。在这个过程中，应以友善的态度、高效率的作风赢得公众的好感和信任。既要认真执行方案，又要根据情况及时对方案进行灵活调整。

4. 检测效果，改进工作

这是危机处理结束阶段必不可少的工作。组织在平息危机事件后，一方面危机小组应将危机处理情况全面检查、评估，总结出客观且详细的公共关系危机处理报告，并将结果向董事会和股东公布；另一方面要认真分析危机事件发生的深刻原因，改进工作，避免危机再次发生。

6.4.3 旅游公共关系危机事件处理艺术与策略

1. 旅游公共关系危机事件的处理艺术

1）忌拖求快

处理危机事件，争取时间极为重要。如果拖延，或者等到被媒介揭露，闹得沸沸扬扬时才匆忙进行补救，危机的规模就可能扩大，处理解决的难度也会增大。因此，当危机发生后，要迅速受理、及时查处，保证公众的利益不受进一步的伤害，防止事态的扩大；及时准确地传递组织的信息，赢得公众的理解和同情，杜绝不利信息的传播。

2）忌瞒求坦

不要在危机发生后试图通过掩盖事实，不让公众了解真相而达到解决危机的目的。因为如果公众知道了组织在百般掩盖其危机，就会丧失了公众对组织的信赖。危机一旦发生，组织就应掌握信息传播的主动权，选择最恰当、最有效、最便捷的信息传播渠道，主动坦诚地告诉公众到底发生了什么事，组织面对危机采取了哪些积极有效的措施，同时对新闻媒介的采访报道积极配合，力求体现组织坦率真诚的态度，进一步赢得人心和信任。

3）忌乱求齐

危机发生时，如果缺乏准备，组织内部往往会手忙脚乱、不知所措，致使人心涣散、管理失控；在对外公布消息时，组织内部人员可能出现说法不一、自相矛盾的情况，这就会给公众一个管理混乱、不可靠的印象。因此，在危机面前，组织上下要保持一致的状态和口径，有专门机构负责危机公共关系的整体策划和协调，给公众留下组织在危机发生后仍然有条不紊正常运行的好印象。

4）把握主动

一是决断的主动权。处理危机事件，需要重调查，重证据，严格办事，正确决断。二是工作的主动权。先抓主要矛盾，查主要对象，找主要原因。及时公布事件真相，以便争取多数的支持者，快速缓解矛盾，平息事端。积极与公众进行信息沟通，保证信息及时、准确、完整地传递和表达，使整个媒体的舆论导向朝着对旅游组织有利的方向发展。

5）勇于负责

塑造勇于承担责任的形象，诚恳向公众道歉，提出合理的解决方案，争取媒介和公众的好感，给旅游组织增添美誉度。

> **阅读资料 6-8**
>
> 海 啸 过 后
>
> 泰国在 2004 年岁末遭遇海啸后，政府及旅游部门反应很快。首先向遇难的游客及其家属表示深切的哀悼与同情。其次，主动承担了"预警失利"的责任，及时进行了赔偿并致以真诚的道歉。第三，为了尽快恢复旅游业，泰国政府在做"世界广告"，迅速在世界各地开展公共关系活动。先后有超过 1 500 多名世界各地的媒体记者被邀请到普吉等受灾地区进行采访，了解当地的灾后重建情况，泰国政府希望借此树立民众重返泰国旅游的信心。泰国政府灾后积极建立海啸预警指挥中心，可以使游客们在海啸发生前的 30 分钟到 1 个小时之内获得信息，以便及时躲避灾难。另外，泰国政府还在海滩上增设中文通告，告诉游客们在海啸来袭时应如何自救。泰国旅游局还在每位游客的旅游保险中增加了海啸灾难的担保额。为了打消考察团成员的顾虑，泰国卫生局的官员还当场品尝海鲜，告诉人们：普吉的海鲜食品很安全！泰国政府根据环境变化及时调整目标，使旅游业很快恢复，重振了形象。
>
> **启示：**
>
> 危机对于旅游组织来说有时是不可避免的，但当危机到来时，不应坐以待毙，而应积极利用传播媒介，采取有效措施，以诚恳的态度对待公众，从而开展各种公关活动。变被动为主动，往往能取得意想不到的效果。

2. 旅游公共关系危机事件的处理策略

危机公关的处理是衡量旅游组织公共关系综合实力的标准。公共关系危机的处理策略是指具体进行危机处理所需采取的对策与方式及其相应的原则。采取正确的危机公共关系处理策略，对于尽快平息组织公共关系危机、有效重塑组织形象、迅速恢复改善公共关系状态，具有十分重要的意义。

1) 全面沟通

突发事件发生后，要及时与各方面公众沟通。

(1) 与新闻界的沟通

旅游组织公共关系人员应把和媒体的沟通定为一种经常性工作。这样不但能深受媒体朋友的好评，更重要的是会给组织结交更多善缘。建立在这种良好关系的基础上，各种不利或者有利的公共关系素材就有可能尽早知道，从容面对。危机发生时，更要主动面对新闻界，公开表明组织对事件及处理的立场和态度，表示出与新闻界合作的态度，争取新闻媒介的支持。

(2) 与上级主管部门沟通

要向上级主管部门进行实事求是的汇报，求得主管部门的指导。事故处理后还应详细报告处理情况。对业务往来单位，也要尽快如实地传递有关事件的信息，通报正在采取的对策。

(3) 让员工知情

员工在危机管理中起到很重要的作用。受影响的旅游组织员工不仅在正常情况下是组织的形象大使，当危机产生时，他们也将对组织的成功做出巨大贡献。一方面，他们直接面对自己的客户；另一方面，员工是连接外部的重要接触点。因此，向员工提供信息，制定和传达统一的指导原则是十分重要的。

（4）保持与消费者的沟通

对消费者，可通过书面材料或报纸公布事情经过、处理方法和今后的预防措施等。

（5）告知社会公众事情进展

旅游组织发生危机后，社会各界，包括股东、经销商等都在等待来自组织的最新消息，应持续透露一些对他们有价值的信息。

阅读资料 6-9

化负面事件为积极的因素
——美国黄石国家公园与冰川国家公园的野火

1988年，美国的黄石国家公园遭遇了其历史上最严重的野火。总计有50起野火发生在国家公园内，还有198起发生在广大的黄石地区，2.5万多名消防员都无能为力，数以百万计的动物死亡，公园的设备与基础设施如公路、宿营地和小木屋被毁于一旦。由于野火发生季节与国家公园的游客高峰期都集中在6、7、8月，游人经常会受到严格的限制，这些限制和媒体大量的关于火灾的报道导致旅游季节的缩短。

野火给人们留下的印象往往是被烧焦的景象，意味着死亡与毁灭。实际上，野火都在比较固定的时间内发生；野火过后，会产生许多分外美丽的自然景观，实现了植被和野生动物的多样性。野火在具有功能性的、平衡的生态系统内是十分重要的，它对植被与森林的进化和自然刺激产生了重要的积极的影响。

针对这种情况，与黄石国家公园相距500英果的美国冰川国家公园为旅游者建立了一个示范性的教育项目。它包括在公园游客中心详细地展示野火在生态系统中所扮演的角色，在已经被烧毁的地区进行路边展示、晚间在宿营地圆形剧场里放映有文字注释或无文字注释的幻灯片。护林员在巡林过程中将记录野火的影响，并在已被烧的地方开辟出专门的小径，使旅游者能够看到并直接感受到野火发生后的一切。在发生野火时，会进行专项活动并传播相关信息。这些不同的教育手段不仅使人们产生了新的认识，还使他们变得易于接受公园因野火而对游客做出的进一步限制。当2000年大火灾爆发时，旅游者很容易就能理解管理者做出的规定。据冰川国家公园的统计，旅游者人数并未真的出现下降，冰川国家公园的宣传口号是："快来吧！在野火过后的地方，有无数的发现在等待着你。明年或再过5年或10年，在不同的季节再次来到这里时，你将目睹这里所发生的神奇变化，感受一个纷繁多样的世界。"

启示：

危机的发生很多时候是因为信息没有及时、准确地传播，导致公众的误解。案例中冰川国家公园让公众了解野火过后不是死亡、毁灭，而是会产生许多分外美丽的自然景观，实现植被和野生动物的多样性这样的现象，使人们对野火之后的公园更加感兴趣。

2）实施危机隔离

危机发生后，要立即进行危机隔离，以免造成更大的影响和损失。一是人员隔离，即部分人处理危机，部分人维持正常工作；二是事故隔离，警报信号应明确危机的范围，以便使其他部门的正常工作秩序不受影响，为处理危机创造有利的条件。

3）法律调控

旅游组织要善于运用法律手段，依照法律条款和法律程序来处理危机，维护自身形象，从而有效地保护组织和公众的合法利益。如旅游组织受到其他组织的不正当竞争而形象受损时，要借助法律澄清是非，恢复形象，打击不正当竞争行为。

4）利用"外脑"

危机发生后，如果旅游组织信誉扫地，此时组织要借助外部的信誉，如可信赖的权威机构（如政府机构、专业机构、消费者协会等）、有地位的权威人士（如公共关系专家、行业专家等）来代表组织发挥作用。良好的声誉相当于给危机上了保险。它能减轻事件的后果，并有助于赢得人们对该组织观点的关注和支持。

危机处理完毕后，一个重要的工作就是重新塑造组织优良形象。危机事件的爆发往往使组织立刻成为社会、公众关注的焦点。因此，旅游组织除了主动将危机事件的处理过程及结果告知公众外，还要大力开展宣传活动，将处理危机的正确态度、有力措施、整改方案借助大众传媒和公共关系专题活动传播出去，将处理危机变为提高组织知名度和美誉度的机会。

阅读资料 6-10

墨西哥旅游业是这样走出地震危机的

1986年发生的一场大地震使著名旅游国家墨西哥的旅游业骤然遭受到巨大打击。人们当时谈墨色变，那里再是好玩，谁还敢去呢？墨西哥的旅游人数由几千万人一下子降为了"零"。当时已订好了机票、饭店的游客，纷纷取消了出游的计划。

在这万分危急之中，墨西哥政府出资请了美国的著名公共关系专家来到墨西哥策划，意在挽救国家经济重要支柱的旅游业。此专家通过一番深入的调查和努力，了解了真实的墨西哥地震后的现象后，通过电视、新闻等诸多媒体向外如实地报道损失及其现状使游客对墨西哥地震后的现状有一个正确、直观、现实的了解，摆脱游客们对墨西哥震后惨状的猜测、疑虑和可怕的想像。

然后则是出巨资到美国、日本等发达国家邀请文艺、体育和政界名流到墨西哥旅游。在他们下榻的饭店客房里、在著名的景区和街头巷尾，到处留下这些名人的身影，之后由墨西哥新闻界将这些录像在世界各地播放，用名人影响解除人们来墨西哥旅游的顾虑，在短时间内取得了极大的效果。一个多月的沉寂之后，墨西哥的旅游业又兴旺起来，游客人数竟超过了地震前，墨西哥的旅游业不但没有因此而崩溃，反而通过努力使诸多相关的行业也兴旺起来，获得了盈利。

启示：

危机发生时，组织应迅速做出反应，采取及时有效的措施，并且通过媒体传播信息，让公众及时了解情况。危机解决后，一个重要的工作就是重新塑造组织优良形象。而借助外部的信誉，如可信赖的权威机构和有地位的权威人士来代表组织发挥作用，有助于赢得人们对该组织观点的关注和支持。这也是将处理危机变为提高组织知名度和美誉度的机会。

5) 协商对话

指旅游业组织与当事者公众之间，通过运用协商对话的形式，开展平等交流和双向疏导，双方在互相倾听和思考对方意见的基础上化解积怨，消除隔阂，平衡关系。

6) 补偿损失

在旅游业组织出现严重异常情况，给公众造成较大损失时，旅游业组织必须承担责任，给予公众一定的物质补偿和精神补偿。

7) 其他策略

如产品策略、价格策略等。产品策略的目标是重新恢复对旅游者最初提供的条件和利益。如在海滨严重污染的情况下，清洁海滨。价格策略可以在一定程度上刺激消费者的购买。在危机管理中，负面事件是特惠价格的原始动因，但经常使用特惠价格会产生负面结果，因为顾客会习惯于此。故价格策略的有限性表现在它可能会对产品定位产生负面效应。

8) 注重后效

危机管理要注重后效，事件处理完后，还有许多善后工作，包括：通过媒介发布危机事件的善后进展情况；控制危机影响面，避免产生连带效应；善待危机受害者；加强多方沟通，重建信任感；危机管理改正。

阅读资料 6-11

旅游组织公共关系危机处理中的"两要"与"四不要"

两　要

（1）要选用训练有素的人员来担任，接受媒体与社会公众的询问，防止因词语表达不当产生歧义，而引起媒体或社会公众的误解。

（2）要有统一的宣传口径，尽量通过媒体或召开新闻发布会，告诉社会公众发生了什么，我们正在做什么。

四　不　要

（1）组织除选定的发言人外，任何人都不要对外作非正式的声明，也不要擅自对外发布任何消息。

（2）在危机处理过程中，不要企图去评定罪责，而应该立即提出问题并给予解决。

（3）任何人都不要背离危机发生后组织商定一致的政策或应急措施，擅自做出其他决定。

（4）对危机的发生和对外传播，不要大惊小怪，也不要言过其实。

本 章 小 结

处于复杂环境的旅游组织经常受到各方面的影响，有时造成公共关系危机，严重损害旅游业组织的日常活动及公共关系形象。妥善处理是预防旅游公共关系危机的重要内容。旅游公共关系危机具有突发性、危害性、关注性、警示性的特征。旅游公共关系危机的发生可能有组织外部的原因，也可能有组织内部的原因。危机发生可分为初期、稳定期、抢救期、末期4个阶段。针对可能发生的危机，组织要树立危机意识，建立危机预警系统和危机处理机构，制定危机防范策略并进行危机防范方案演习。旅游公共关系危机发生后，旅游组织可遵循一定的原则和工作程序进行妥善处理。在处理危机事件的过程中还要注意处理的艺术和策略的应用。

案 例 分 析

肯德基"苏丹红"事件的处理给我们的启示

2005年3月15日，肯德基旗下的新奥尔良烤翅和新奥尔良烤鸡腿堡被检测出含有"苏丹红1号"。

3月16日上午，肯德基要求所有门店停止销售新奥尔良烤翅和新奥尔良烤鸡腿堡。17:00，肯德基连锁店的管理公司百胜餐饮集团向消费者公开道歉，集团总裁苏敬轼明确表示，将会追查相关供应商的责任。

3月17日，《南方都市报》、《广州日报》等媒体在头版头条，大篇幅刊登了关于肯德基致歉的相关报道。其他许多媒体也对肯德基勇于认错的态度表示赞赏。

3月19日，肯德基连续向媒体发布了4篇声明，介绍"涉红"产品的检查及处理情况并发布了调查苏丹红的路径图。根据线索重新追查使用过含"苏丹红"调料的其他连锁店的产品。北京朝阳区肯德基万惠店抽查发现香辣鸡翅、香辣鸡腿汉堡、劲爆鸡米花三种产品含苏丹红，北京的这三种产品停售。

3月23日，肯德基在全国恢复了被停产品的销售。集团总裁苏敬轼说："中国百胜餐饮集团现在负责任地向全国消费者保证，肯德基所有产品都不含苏丹红成分，完全可以安心使用。"28日百胜餐饮集团召开新闻发布会，苏敬轼现场品尝肯德基食品。百胜餐饮集团表示决定采取中国餐饮行业史无前例的措施确保食品安全。

4月2日，肯德基开始对四款"涉红"产品进行促销活动，最高降价幅度达到3折，肯德基销售逐渐恢复元气。

4月6日，肯德基主动配合中央电视台《新闻调查》和《每周质量报告》等栏目的采访，记者的关注焦点已由肯德基"涉红"转变为对原料和生产链的全方位追踪。至此，肯德基顺利度过"苏丹红"危机。

分析：

从案例中我们可以看出，本来看似不利的一件事，现在通过积极的媒体对话途径向社会传达，消除了许多消费者的疑虑，化危机为商机。完善的危机处理机制的好处是全面、主动掌握情况，以现在情况预计未来事件的发展，以最快速度应变。其最高境界是危机之下没有危机；其次是变危机为转机、商机。

思考：

1. 分析肯德基是如何度过这次危机的。

2. 从案例中分析总结危机处理机制的作用。

课堂练习与思考

1. 旅游组织作为服务行业，被顾客投诉的情况时有发生。假如你在工作中遇到投诉问题，会如何处理？
2. 旅游公共关系危机事件的处理原则是什么？
3. 旅游公共关系危机事件的工作程序有哪些？

情景模拟训练题

1. 假定你所在的旅行社近日接待了一个赴九寨的旅游团，但因没有订上机票而无法如期开展旅游活动。请你针对此情况拟订一个应急方案，以减少或消除不利影响，维护旅行社的声誉。
2. 就酒店可能发生的各类危机事件做出预测分析，并对其中某一事件制订应对计划。

第 7 章 旅游公共关系礼仪

学习目标：
1. 了解旅游公共关系礼仪的一般性原则；
2. 掌握旅游公共关系活动的各项交际礼节；
3. 熟悉旅游公共关系活动的场所礼节；
4. 学会在旅游公共关系活动中文书礼节的运用。

旅游公共关系礼仪是旅游组织成员为了塑造组织的良好形象，在公共关系活动中应遵循的一系列尊重沟通对象——公众的职业行为规范和准则。旅游公共关系礼仪的核心思想是要求旅游组织成员在与各类公众交往时应始终保持一种尊重对方的态度。尊重他人，从社会角度来说，它是重要的道德规范之一，体现的是真诚友爱、团结互助、处处为对方着想的精神，这些与公共关系的本质是一致的。因此，借助于旅游公共关系礼仪，旅游组织将尊重之意、友好之情准确地传递给相关公众，可以大大提高交往双方的情感"附加值"，增进彼此的好感与认同，为塑造良好的旅游组织形象奠定坚实的基础。旅游公共关系礼仪在旅游组织"内求团结、外求发展"过程中发挥着重要的作用。

旅游公共关系活动的目的是为旅游组织树立良好的形象，并建立和维持旅游组织与各类公众之间的良好关系，使社会组织与各类公众的思想、态度和行为发生有利于旅游组织的变化。在旅游组织与各类公众的交往沟通过程中，讲究公共关系礼仪是旅游组织成功地开展各项公共关系业务活动的基础，也是旅游组织处理各种社会交往事务时必须遵循的基本行为准则。

7.1 旅游公共关系礼仪的一般性原则

旅游业作为一个典型的服务性行业，其公关人员更应该熟知现代公共关系礼仪的一般性原则，并将其适时、适度地运用到公共关系实践中，才能最大限度地优化旅游公共关系活动，产生理想的公共关系效应。

7.1.1 真诚

真诚是一个人外在行为与内在道德的有机统一。在交往中必须做到诚心待人、心口如一，而不能虚情假意。待人真诚者会很快得到别人的信任，而与人交往时表里不一、口是心非、缺乏真诚的人，即使在礼仪方面做得无可指摘，最终还是不会取得别人的信任。在社交场合，并非每个人都能有优美的姿态、潇洒的风度、得体的谈吐，即使懂得该怎样做也不见得人人都做得十分完美。但是，只要以真诚为原则，并处处体现出来，使与你交往的每个人，都能感到你所做的一切都是发自内心的、真诚的，就能赢得友情、广交朋友。

真诚是人与人相处的基础，是打开社会交往的金钥匙。真诚是对人对事的一种实事求是的态度，是待人真心真意的友善表现，真诚和尊重首先表现为对人不说谎、不虚伪、不骗人、不侮辱人，所谓："骗人一次，终身无友。"其实表现为对他人的正确认识，相信他人，尊重他人，所谓心底无私天地宽，真诚的奉献，才有丰硕的收获，只有真诚尊重方能使双方心心相印，友谊地久天长。

1. 诚恳而友善

诚恳而友善是相互交往的第一张"认知名片"，会促使旅游公共关系活动的进一步深入与活跃。所谓诚恳，即以诚相待，在旅游公共关系活动中，待人诚恳会得到他人的信任，很快被对方所接纳，会消除人与人之间乃至组织之间的陌生感、隔膜感。所谓友善，即与人为善，从善如流，同他人保持友好相处的人际关系状态。在旅游公共关系活动中，公共关系人员若能以善良的愿望同对方相处，以友好的姿态主动去化解矛盾，消除对立情绪，理解和尊重他人，就能够得到他人或组织的尊重。

2. 热情而亲切

热情好客，待人亲切是旅游公共关系活动的最基本的并且贯彻始终的行为规范。它既是旅游公共关系人员满腔热忱地搞好公共关系工作的职业道德体现，也是旅游公众对旅游公共关系工作人员的职业道德要求。公共关系工作是需要公共关系人员付出大量智力和体力劳动的非常艰辛的工作，公共关系人员没有极大的热情，没有全身心的投入，是不可能搞好公共关系工作的。在旅游公共关系工作中，更多的是与人打交道的工作，只有笑口常开、语言亲切，才能产生现代礼仪的公共关系效能。待人亲切是热情好客表现在情态上的具体要求，它是向公众发出的热情友好信息，也是尊重公众人格的体现。待人亲切必然会得到公众和睦友好的回报。

3. 主动而周到

旅游公共关系人员诚恳而友善之心，热情而亲切之意，必然同主动而周到的服务联系在一起。主动是指处处自觉地为公众服务；周到则是指工作面面俱到、完善妥帖、细致入微。主动、周到之美，正是旅游组织的真诚形象在礼仪上的具体表现。

阅读资料 7-1

真 诚 无 价

美国心理学家诺尔曼·安德森曾做过一项调查，他列出 500 个以上的描写人的形容词，让大学生选择出最喜欢和最不喜欢的。统计结果如下（仅依次列出前 8 位）。

最喜欢的：真诚、诚实、理解、忠诚、真实、信得过、理智、可靠。

> 最不喜欢的：虚伪、不友好、多嘴多舌、自私、目光短浅、粗鲁、自高自大、贪婪。
>
> **启示：**
>
> 从统计结果可见，在最喜欢的 8 个词中，有 6 个是形容真诚的，在最不喜欢的 8 个词中列首位也是不真诚的，这说明了真诚在人际交往中的重要地位。

7.1.2 一致

所谓一致，是指现代礼仪遵循相互平等一致、礼宾一致、言行一致、表里一致的原则，这也是人类社会伴随着民主化进程所萌发的普遍要求。礼仪的一致性原则应始终贯穿于旅游公共关系活动的始终，为旅游组织赢得赞誉，树立形象。

1. 平等一致

平等是礼仪的核心，即尊重交往对象，以礼相待，对任何交往对象都必须一视同仁，给予同等程度的礼遇。礼仪是在平等的基础上形成的，是一种平等的、彼此之间的相互对待关系的体现，其核心问题是尊重及满足相互之间获得尊重的需求。在交际活动中既要遵守平等的原则，同时也要善于理解具体条件下对方的一些行为，不应过多地挑剔对方的行为。在组织与组织、人与人之间的交往中，旅游公共关系人员应把双方平等和自尊意识视为文明健康的公共关系礼仪存在的基础。

平等在交往中，表现为不要骄狂，不要我行我素，不要自以为是，不要厚此薄彼，也不要傲视一切，目空无人，更不能以貌取人，或以职业、地位、权势压人。而是应该处处时时平等谦虚待人，唯有此，才能结交更多的朋友。

2. 礼宾一致

礼宾一致指接待礼仪的一致性和服务水准的始终如一。不论接待对象是组织还是个人，是外宾还是内宾，都要热情亲切地平等对待，而且要始终保持服务质量的高标准和前后的一致，不可出现前紧后松、前优后劣的做法。这要求旅游公共关系人员要具有对宾客一视同仁的公共关系思想，决不能有任何看客施礼的意识，至于仅凭衣冠外貌取人的错误态度则更是与现代公共关系思想无缘了。

3. 言行一致

说话和做事要统一，作出的承诺和达成的契约，一定要设法兑现。这明显地体现于旅游公共关系的准时与守信。准时就是遵守规定或约定的时间，不违时，不失约。在讲求效率的时代，时间是十分宝贵的，故而准时是极其重要的礼貌。不浪费他人的时间是对他人的尊重。在发达国家，尤其讲究准时，违时失约，则被视为非礼行为。在旅游公关活动中，违时失约会造成难以挽回的不良影响。所以，应尽力克服困难，按约定的时间准时到达或稍微提前到达。如确实不能到达，应及时或提前通知对方并且致以歉意，而且约定的时间，一般不要轻易变动，非变动不可时也得提前告知并且做出解释，尽量避免给宾客造成不便或使对方产生误解。守信，就是讲信用。"言必行，信必果"是我国古代就确认的道德传统，是对自身人格的尊重与珍惜；言而无信，说了不做，则是十分可耻的，说明其不可信任，同时也降低了其自身价值。这就要求，许诺之前一定要慎重，力所不能及的事不要轻易答应，不要开空头支票，不要因为怕丢面子或者不好拒绝而勉强允诺，要知道答应的事如果不能做到，则是更丢面子和更为失礼的事。旅游公共关系活动，会面对各种公众提出的各种要求并且达成各种约定，因此应特别注意：一是自己实现承诺的能力；二是承诺之后必须兑现。否则，不仅有损自己的形象，而且会降低组织的声誉。

4. 表里一致

表里一致是指旅游公共关系人员的外在仪表与内在品质的统一。讲究仪表美，对于旅游公共关系人员来说，并不是可有可无的。它对于树立公共关系人员的自身形象及旅游组织形象，对于和谐与成功地同公众进行交往与沟通，往往能起到举足轻重的作用。但是，仪表美应当是人蓬勃向上的生命力的展示，会心的微笑应当是热情、真诚的心灵闪光，表情与体态的动人变化所表现的应当是主体的丰富多彩的内心世界，即所谓"秀外慧中""诚于中而形于外"，这样的公共关系礼仪才能自然、和谐地被公众所接受。反之，如果是硬作出的表情或是硬挤出的笑容，则无论如何也不会感染人。至于"金玉其外，败絮其中"的强烈反差，则只会让人厌恶，其所谓"礼仪"也不可能产生任何魅力。

7.1.3 合宜

合宜即指在旅游公共关系活动中，礼仪行为要适度并且要贯彻因地、因时、因人而变化的原则。因为礼仪规范是社会习俗的一种约定俗成，是社会道德伦理的一种概括性物化，在旅游公共关系活动中，不仅会有不同文化的交融，也可能会有异域文化的冲突，如果不讲求合宜原则，礼仪就难以成为沟通的桥梁，反而会造成交流的障碍，从而丧失礼仪的本质。

1. 热情有度

热情有度的含义是要求人们在参与人际交往中，不仅待人要热情而友好，更为重要的是，要把握好待人热情友好的具体分寸。否则就会事与愿违，过犹不及。在交往礼仪中要遵守好热情有度这一基本原则，关键是要掌握好"度"。如在与人交往时，既要彬彬有礼，又不能低三下四；既要热情大方，又不能轻浮谄媚；要自尊不要自负；要坦诚但不能粗鲁；要信人但不要轻信；要活泼但不能轻浮。

在旅游公共关系活动中，没有热情，就不会殷勤好客，主动服务，礼仪行为也不会自然而感人。然而热情一定要适度，要以让宾客舒适、愉快为限。

阅读资料 7-2

把握热情有度须掌握四个方面的"度"

其一，做到"关心有度"。不要对外国人随意运用我们中国人早已习惯的关心、规劝，以免被认为是侵犯个人自由。

其二，做到"批评有度"。只要对方没有触犯我国的法律，侮辱我方的国格人格，对其言行没有必要指出错误，横加干预。

其三，做到"距离有度"。尊重外国人的私人空间，不使其产生被"侵犯"之感，但又不至于太冷淡。

其四，做到"举止有度"。避免动作过于亲密随意，引起误会。

2. 不卑不亢

不卑不亢要求每一个人在参与社会交往时，都必须意识到自己在外国人的眼里，是代表着自己的国家，代表着自己的民族，代表着自己的所在单位的。因此，其言行应当从容得体，堂堂正正。在外国人面前既不应该表现得畏惧自卑，低三下四，也不应该表现得自大狂傲，放肆嚣张。周恩来同志曾经要求我国的涉外人员"具备高度的社会主义觉悟，坚定的政治立场和严格的组织纪律，在任何复杂艰险的情况下，对祖国赤胆忠心，为维护国家利益和民族尊严，甚至不惜牺牲个人一切"。江泽民同志则指出：涉外人员必须"能在变化多端的形势中判明方向，在错综复杂的斗争中站稳立场，再大的风浪中也能顶住，在各种环境中都严守纪律，在任何情况下都忠于祖国，维护国家利益和尊严，体现中国人民的气概"。他们的这些具体要求，应当成为我国一切涉外人员的行为准则。

3. 切合情谊

旅游公共关系是一种情感交流活动。"感人心者，莫先乎情"，它能给公众以心悦情怡的美感享受。很显然，旅游公共关系人员的表情、举止、语言等礼仪行为必须切合特定时空的情景，才会唤起公众的审美心理共鸣。尤其是跨文化的信息传递，要克服交往中的种种障碍或扭曲的因素。旅游公共关系人员应当了解各种礼仪行为的美学意义，把礼仪符号所传递的审美信息在不同文化脉系中的"共识之处"，即跨文化人群的审美感知的共同性表达出来，才能面对不同的国际公众，并且通过切合情谊的礼仪行为，来满足各种公众的审美需求。如请欧美客人用中餐，礼貌的做法是摆放碗筷，以保持中餐特色；同时又要放好刀叉，以备用不惯筷子的客人选用。西方人互相拥抱亲吻，以示欢迎或惜别，接待时，我们以自己的礼宾规程为准则而施握手礼，如果宾客主动拥抱，一般也予以接受，这是尊重对方。总之，礼仪行为必须合乎情谊，才是合宜的，才能为旅游公共关系活动添色增光。

7.2 旅游公共关系活动的基本礼节

作为旅游公共关系人员，要搞好公共关系活动，做好公共关系工作，就必须掌握现代社会各种活动的基本礼节。依据旅游公共关系活动的特点，公共关系工作中最常用的基本礼节有交际礼节、场所礼节和文书礼节三方面。

7.2.1 交际礼节

旅游公共关系活动的表征是人际间的交往，交际行为的成败，直接影响着旅游公共关系活动的成败。因此，在一定程度上，公共关系人员恰当运用交际礼节的能力体现着旅游组织的交际水平，个人的交际形象反映着组织的整体形象。

1. 握手礼节

握手是现代人常用的礼节，贯穿于人们交往的各个环节，而且握手时所表达的含义很多，如会见、道别、祝贺、感谢、慰问、鼓励等。

1) 握手的种类

单手握是最普通的握手方式。握手时，上身要微微前倾，目视对方，右手相握，并可适当上下抖动以示亲热。握手要发自内心的诚意，才能收到好的交际效果。

双手握是为了表示对对方加倍的亲切和尊敬，应该同时伸出双手，握住对方右手。但是，这种握手方式不宜每次都用，它的适用范围只在年轻者对年长者，身份低者对身份高者，或同性朋友之间握手时使用。在男子对女子的社交礼仪中，一般不用这种礼节。在握手之时，若掌心向下则显得傲慢，会表现出一种支配和驾驭感，这叫"倨傲式"。握手时若掌心向上则显得谦恭，伸出双手捧接对方的右手则更是谦恭备至了，这叫"乞讨式"握手。

2) 握手礼的三个基本规范

（1）握手对象与先后顺序

通常，客人来访时主人先伸手，以表示热烈欢迎和等候多时之意。告辞时待客人先伸手后，主人再伸手与之相握，才合乎礼仪，否则有逐客的嫌疑。但男士如果伸出手来，女士一般不要拒绝，以免造成尴尬的局面。

（2）握手时机和时间

握手之前要审时度势，听其言观其行，留意握手信号，选择恰当时机。尽量避免出手过早，造成对方慌乱，也避免几次伸手相握均不成功的尴尬局面。握手时间长短的控制可根据双方的亲密程度灵活掌握。初次见面者，握一两下即可，一般应控制在两三秒之内，切忌握住异性的手久久不松开，握住同性的手也不宜过长，避免"马拉松式"的握手。

（3）握手的力度

握手力度一般不超过两公斤，以不握疼对方的手为限度。切记不可用力过猛，甚至握得对方感到疼痛，即"野蛮式握手"。

完全不用力或柔软无力地同人握手，则会给人造成缺乏热忱或虚与敷衍之感。这种握手叫"死鱼式"的握手，在公共关系中是不宜提倡的。另外，男士握女士的手时应该轻一些，不要握满全手，只握其手指部位即可。

3) 握手应注意的几个问题

① 握手时切忌左顾右盼，心不在焉，用眼睛寻找他人，而冷落对方。

② 与客人见面或告辞时，不能跨门握手，要么进屋，要么走出门。

③ 除非是年老体弱或者有残疾的人，一般总是要站着而不能坐着握手。

④ 伸出右手与人握手时，左手应自然下垂，不能插在口袋里。

⑤ 男士不能戴着帽子和手套与他人握手，军人则不必脱帽，先行军礼，然后再握手。在社交场合中，女士戴薄纱手套或网眼手套可以不摘而握手。但在商务活动中讲究男女平等，女士应该摘手套握手。当然，这时男士仍旧不要先主动同女士握手。

⑥ 忌用左手同他人握手，除非右手有疾或太脏了，在这种特殊情况下应向对方说明原因并道歉。在印度和中东的一些国家里，左手只能用于洗澡或上洗手间，因而被认为是不洁的。所以与这些国家的人握手时尤其不能用左手。

另外，握手时不要抢握，切忌不可交叉相握。有的西方国家视交叉握手为凶犯的象征，交叉成"十"字意为十字架，被认为必定会招来不幸。这些对于作国际商务公共关系的人员来说是必要的知识。

阅读资料 7-3

握手礼的起源

据说,握手礼最早可追溯到"刀耕火种"的原始时代。那时,人们时常手执木棒石头狩猎打仗,在遇到不属于自己部落的陌生人时,如果双方均无恶意,就会放下手中的武器,伸开手掌,让对方抚摸手心,使对方尽可放心,并互相表示友好。渐渐地,这种富有正面信息的动作被逐步演化成了当今国际普遍使用和认可的礼节形式之一。握手礼虽已通行,但也要善于应用。如果不懂其中的细节,很有可能失礼。

---

2. 称呼礼节

每个人在社会交往中,都希望在社会地位、人格、才能等方面受到他人的尊重。这种渴求尊重的心理,又常集中表现在对称呼的重视上。对于公共关系人员来说,面对不同身份地位的人应当学会用不同的尊称,而对自己应当尽可能地谦虚谨慎,以显示对对方的尊重。因此,在日常社交活动中,我们要善于得体地使用谦称。自谦而敬人,礼在其中。

1)谦称

谦称是抑己,能间接表示对他人的尊重。

谦称自己。最常使用的是"我"、"我们"。目前还流行一些古人的谦词,如"鄙人"、"在下"、"晚生"等。

谦称自己的家属。在称呼比自己辈分高的人或岁数大的人时,常冠以"家"字,如"家父"、"家母";同辈冠以"愚"字,如"愚兄"、"愚弟";称呼比自己年龄小、辈分低的家人亲属时,宜冠以"舍"字,如"舍侄";在称呼自己的子女及其配偶时,则可以"小"称,如"小女"、"小婿"等。

从儿辈称谓。以子女或孙辈角度出发称呼听话人,如称听话人"叔叔"、"阿姨"、"老师"。这样一方面是表示说话人的谦恭,另一方面在很难使用别的什么称谓时,用这样的称谓是十分恰当的。

2)敬称

通常所用的词如"您"、"您老"、"您老人家"、"君"等,都表明说话人的谦恭和客气。多对于年岁较大的人,用于正式的礼仪场合等。

3)通称

通称是一种不区分听话人的职务、职业、年龄等而广泛使用的一种称呼。过去比较常用的是"同志"一词,现在比较常用的是"先生"、"太太"、"小姐"、"女士"等。当我们熟悉对方的姓名之后,"先生"、"太太"、"小姐"这三种称呼就可以与其姓氏或姓名搭配使用。如"马太太"、"赵太太"、"李小姐"等。

通常情况下"先生"一词是用来称呼男性的,而且不大论年龄的大小。"太太"一词一般是用在已知对方已婚情况下对女性的尊称。"小姐"一词则主要是对未婚女性的称呼,有时在不了解女方婚姻状况时也可使用,但千万不可仅凭印象便贸然称未婚女性为"太太"或"夫人",这很容易被视为无礼,引起对方的恼怒。

4)职业称谓

在比较正式的场合,往往习惯于采用职业称谓,这带有尊重对方职业和劳动的意思,同时也暗示了谈话与职业有关。如"师傅"、"大夫"、"医生"、"老师"、"律师"、"法官"等。同时在前面可以加上姓氏,有时还可以用"博士先生"、"教授先生"等称呼。

5)职务称谓

如书记、厂长、工程师、校长、主任、经理、老板等,并在前面冠以姓氏,显示了说话人对对方地位的熟知和肯定。这种情况多用于工作单位之中谈论公事之用,而在日常生活或其他场所可以用别的称谓。

6)亲属性称谓

对非亲属的交际时用亲属称谓来称呼,不仅可以表示尊敬,还能传达某种亲情。这种称谓常用于非正式交际场合,主要有以下几种使用情况。

(1)以辈分为标准选择合适的称呼

实际就是代用某个亲属称谓,说话者把自己的年龄与听话者的年龄作大体比较,如果年龄相差不大,便可称之为"大哥"、"大姐"或"弟"、"妹"等,有时即使对方年龄小,说话者仍可称之为"兄"、"姐",这仅是一种尊敬而已。如果听话者比说话者年龄大得多,可以采用父辈或祖辈的称呼,如父辈的"大伯"、"大叔"、"大姨"等,祖辈的"爷爷"、"奶奶"等。

(2)根据社交场合和实效对象具体考虑亲属称谓的使用

比如,在正式社交场合,即使对方与自己有一些间接的亲属关系,或可以用亲属称谓的,一般也不用,而只用职业或职务称谓。称呼对象的辈分和年龄越大,使用亲属称谓的频率越高,对同辈人则使用率最低。另外,同样是亲属称呼,由于被称呼对象的社会阶层不一样,人们往往把知识分子等脑力劳动者称为"伯"、"叔"、"姨",而把体力劳动者称之为"大爷"、"大娘"、"大妈"等。

3. 问候礼节

问候礼节主要是指在接待来宾时使用规范化的问候用语。问候是友好的表示,是不同民族、不同地域人们共同遵循的礼仪。问候的总体要求是亲切与得体,应当根据特定的时间、场合与对象,运用相应的方式,只有这样,才能给人以自然亲切、合情合理的审美感受。

1)问候要注意时间

见到初次来宾应说:"您好!见到您很高兴!"如果以前认识,相别甚久,见面则说:"您好吗?很久未见了。"

平时遇到来宾,应道好问安,一般说:"您好。"对于较熟悉的客人可以说:"您好吗?"分别时则说:"再会!明日再见!""不久再见!"或说:"祝您一路顺风,请转达我们对您的家人的问候"等。

来访者来到时,除第一句话按不同时间问候外,接着应问:"您有什么事需要我帮忙吗?您是初次来这里吗?路上辛苦了。"

2)问候要注意地点、场合

问候方式必须适合特定的地点、场合。对方正消闲娱乐,问候长些也无妨,还显得关心与亲切;而对方正紧张工作时,则只能简短问候或点头示意。在无法按常规问候或对方难以应答的场合,如卫生间相遇,适于点头即止。遇有令对方沮丧、难堪的场合,应机敏地绕开令人尴尬的话题，使问候语营造出乐观开朗的气氛，给对方以心理上的抚慰与鼓励，使其感悟到生活中的亮色。

如知客人身体不好，应关心地说："请多保重。"当气候变化的时候应告诫客人"请多加一些衣服，当心感冒。"如遇客人的生日或节日期间，应向其祝贺。如"祝您生日快乐！"等。

客人即将离去时，应主动对客人说："请对我们的工作提出宝贵意见。"

3）问候要注意口语化

问候的口吻多种多样，但问候语应力求口语化，方显得亲切又自然。如果用语艰涩难懂，故作高深，则会冲淡情感交流的气氛；而粗俗不雅的问候，也会让人觉得品位不高而不愿接受。

4. 介绍礼节

公关活动是与人交往的艺术，与人打交道要作介绍是常有的事，但越是平常之事越能够显出一个人在日常细节处的涵养。所以无论自我介绍还是相互介绍，在公关活动中都需注意，因为这是与对方直接接触的第一步，将成为自己在对方印象中的第一印象。这与公共关系所达成的目的紧密相关。

1）自我介绍

自我介绍时，可以介绍一下自己的姓名、身份、单位。如果对方表现出结识的热情和兴趣，可根据具体情况，适当介绍一下对方关心的问题，比如自己的原籍，毕业学校及学习情况、工作经历、兴趣特长等，但切忌信口开河，过分表现自己，应该在介绍完时表示"请多多指教"。另外，重要的是使对方记住自己的名字，因此要对自己姓名中的字，尤其是生僻字，加以必要的解说。

举止应该庄重、大方、充满自信，这样容易使人产生信赖和好感。介绍时可将右手放在自己的左胸上，不要随随便便用手指指画画、毛手毛脚。

表情应亲切、自然，眼睛应该看着对方或大家，用眼神、微笑和自然亲切的面部表情来表达友好之情。既不应拘谨忸怩，也不要满不在乎。

2）为他人作介绍

为他人作介绍时，要准确了解双方各自的身份、地位等基本情况。

介绍时，要遵照"尊者优先"的原则，即尊者先知权。介绍时，先恭敬地称呼身份高者、年长者、主人、女士或先到场者；然后，把对方介绍给有身份者、年长者等；再把有身份者、年长者等介绍给另一方。

为他人作介绍时，手势动作应文雅，无论介绍哪一方，都应手心朝上，手背朝下，四指并拢，拇指张开，指向被介绍的一方，并向另一方点头微笑，顺序介绍。必要时，可以说明被介绍的一方与自己的关系，以便新结识的朋友之间相互了解和信任。

当被介绍时，被介绍的一方应当表现出愿意结识对方的热情，双方都要面对着对方。另外，在介绍时除女士和长者之外，其余的人都应当站立起来。但是若在会谈进行中或是在宴会等场合，则不必起身，只欠身致意即可。

常见的介绍规则是以下几种。

（1）将男士介绍给女士

通常先把男士介绍给女士，并引导男士到女士面前作介绍。介绍中，女士的名字应该先被提到，如"王女士，给你介绍一下，这位是李教授"。

(2) 将年轻者介绍给年长者

将地位低者介绍给地位高者。

(3) 将未婚者介绍给已婚者

在两个女性之间,通常先将未婚的介绍给已婚的。如果未婚的女性明显年长,则先将已婚的介绍给未婚的。

(4) 将客人介绍给主人

(5) 将后到者介绍给先到者

此外,如果被介绍的一方是个人,而另一方是集体时,则应当根据具体情况而采取不同的方法。

5. 出行礼节

旅游公共关系人员经常要陪同重要公众出行游览,这当中应注意必要的礼节。

1) 走路的礼节

走路除遵守交通规则等公共秩序外,一般不要超越同行的长辈、上级,不得已要超越时也应回首点头示意;在狭窄走廊与长辈、女士相遇,应站住让路;男女同行,男士应迁就女士的脚步;上楼梯时男士应走在女士的后面,下楼梯时男士应走在女士的前面。

2) 坐车的礼节

上车时应打开车门请客人或长辈先行上车;男女一起坐车,应先让女士上车。小轿车的座次亦有讲究,后排右侧靠窗的位置为上座,左手位置次之,如有中间位置更次之,司机旁的位置为低;如果乘主人自行驾驶的轿车,则以前座为重,可安排主客陪坐于前排,如主客中途下车,后排客人应移前座,补其空缺,方为不失礼。

3) 乘飞机和其他车辆的礼节

乘飞机、火车或大型轿车,靠窗户位置为上席。如四人对坐时,靠窗并处于前进方向的为首位,对面为次位,首位旁为再次位,对面为最次位。旅游公共关系人员应当妥善地安排主客就座。

6. 交谈礼节

准确优美的语言,诚恳、彬彬有礼的态度,潇洒的风度是人际交往活动成功的保证。因此,与人聚谈时,必须讲究语言艺术,力求表达得体,善于运用礼貌语言并注意表情。目光、手势等体态语言的适当配合。经常与游客交往的导游人员更应该懂得社交聚谈时的礼节礼貌,善于辞令。

1) 交谈时的态度要真诚、庄重

在社交场合与人聚谈时,态度要真诚、庄重,不能傲慢,傲慢会伤害对方的自尊心;不能冷漠,冷漠会让对方感到不亲切;不能太随便,太随便会给对方一种消极的感觉;不要慌乱,慌乱会给对方留下不诚实、不成熟的感觉,从而使对方产生不信任感;不能唯唯诺诺、卑躬屈膝,否则会让对方瞧不起。

2) 交谈时的表情要自信、大方、自然

与人接触,一起交谈时,神情要自信、大方、自然,不能忸怩腼腆,不要惊慌失措,不要心不在焉,不要时时看表,避免打哈欠、伸懒腰及其他不雅观的小动作。

3) 交谈时的目光要坦率、诚实

与人聚谈,要坦诚地注视对方的眼睛,忌讳左顾右盼、躲躲闪闪,不要怕或不安,更忌居高临下。

4) 交谈时的体态要适当配合

与人交谈，注意体态的适当配合，要避免手舞足蹈，不要用手指指人，双手不能交叉胸前或背在背后，不要手插裤袋，更不要攥紧拳头，不要疯笑，切忌对人动手动脚。

5) 交谈时的语言要文雅、得体

与他人聊天、讨论问题，或在社交场合与人聚谈时，讲话要有内容，要有中心，要简洁明了；语言表达要得体，要掌握分寸；谦虚要适当，赞语不宜过分。总之，要努力使用高雅、文明的语言。

7. 告别礼节

精彩的开始还应有圆满的结束，善始并且善终，才会留给双方一个美好的记忆。告别时留下的回味同初见时给人的好印象同等重要，因此，告别的礼节在人际交往中是不应忽视的。

1) 告辞的礼节

告辞的方式既体现对主人的尊重，也反映自身的修养。一是选择适当的时间。最恰当的告辞时间，是在自己说完一段话之后，因为当别人说完一段话之后就立即提出告辞，会使人误认为你对别人说话已不耐烦了，因而这样的告辞是失礼的。二是告辞的姿态要稳重而优雅，不要站起身打哈欠，伸懒腰。如果属于来客中较早告退者，可悄然向主人道别，以免破坏热闹气氛；但如果告辞被其他客人发觉了，也不妨有礼貌地打个招呼，然后从容退出。三是向主人致谢。临别时应先向女主人道谢，然后转向男主人致意，并向他们祝晚安及其他的祝福。

2) 送客的礼节

当对方起身告辞时，主人应立即起身送客，并应主动替客人开门，待客人出门后再随后走出，或者边谈边先后走出来。分手时，应主动同客人握手话别。客人走后，不可马上回府，要目送客人离去。一旦客人回首，应再向其招手道别，这样可给人留下热情好客的深刻印象。

7.2.2 场所礼节

旅游公共关系活动在各种场合中进行。交际场所的礼节，在国际上多已形成惯例，但各国往往由于本国的文化传统与风俗习惯和他国不同而具有自己的特点。跨文化的场所礼节，有时则需要根据主客双方的情况在综合国际惯例和各国特点后，加以灵活运用、变通，以便让宾客乘兴而至、满意而归，提高公共关系活动的效能。

1. 宴会礼节

古今中外，通过设宴表示对客人的尊重和欢迎的这种礼节已成为惯例。一则通过美味佳肴表达对朋友的深情厚谊；二则通过宴席上种种礼仪行为表示对客人的尊重礼貌，以求此后友好地发展相互的关系。

1) 宴会的形式

为了融洽关系，增强双向的沟通和了解，公共关系部门常常需要为组织安排一些聚会与庆典活动。常见聚会与庆典活动的形式有以下几种。

(1) 晚会

即以某个具体的事件为主题，利用业余时间开展的一项有意义的活动。常见的晚会形式有生日晚会、节日晚会、庆祝晚会、迎送晚会、晚餐和舞会。

(2) 聚会

为了工作上的需要，常常以聚会的形式联络感情，融洽气氛，增进友谊。常见的聚会形式有正式宴会、便餐、冷餐会、酒会、茶会和工作进餐。

2) 宴会的要求

宴会的一个中心点就是保持气氛的欢快与轻松。要达到这样一个效果，应该注意以下两点。

① 寻求聚会者共同的经验范围。

② 保持聚会者谈话的良好气氛。

3) 组织宴会

(1) 宴会组织者要拟定客人名单，然后逐一发出邀请

邀请信要写的简洁明白，包括宴会时间、宴会地点、内容安排。若要穿着特殊的服饰，也要在邀请信上写明。当然也可以向客人发出口头邀请。发出邀请后，主人还要叮嘱客人给予回复，并再次表达自己的诚意。

(2) 在宴请中，桌次与座位是一个不可忽视的问题

宴会组织者要制定菜谱、拟定座次。座次要体现客人的长幼、尊卑。按习惯，桌次的高低与离主桌位置远近而定，右高左低。桌数较多时，要摆桌次牌。宴会可用圆桌、方桌或长桌，一桌以上的宴会，桌子之间的距离要适中，各个座位之间的距离要相等。团体宴请中，宴桌排列一般以最前面的或居中的桌子为主桌。餐桌的具体摆放还应以宴会厅的地形条件而定。各类宴会餐桌摆放与座次安排都要整齐统一，椅背达到纵横成行，台布折纹要向着一个方向，给人以整体美感。

礼宾次序是安排座位的主要依据。中国习惯按客人本身的职务排列，以便谈话，如客人携夫人出席，通常把女士排在一起，即主宾坐在男主人右上方，其夫人坐在女主人右上方，两桌以上的宴会，其他各桌第一主人的位置一般与主人主桌上的位置相同，也可以面对主桌的位置为主位。

4) 参加宴会

(1) 赴宴

应邀参加宴会，要适当地打扮自己，表示对主人及参加宴会者的尊重。要遵守时间，最好提前到达一会儿，可以和主人及其他客人应酬。如果有其他事情耽搁，不能参加宴会，应事先向主人说明。如果参加宴会时不小心迟到了，应向主人致歉。

(2) 开宴

按照主人安排的座次入席，不能乱坐座位。入座时，要对其他客人礼让，并从椅子左边入座。开宴之前，可与邻座交谈，不要摆弄碗筷、左顾右盼。等主人、同席年长者招呼以后，才能动筷。

(3) 祝酒

参加宴请，应了解对方的祝酒习惯，如何祝酒，何时祝酒等，以便做必要的准备。碰杯时，主人和主宾先碰，人多可同时举杯示意，不一定碰杯。祝酒时注意不要交叉碰杯。在主人和主宾致辞、祝酒时，应暂停进餐，也不要窃窃交谈，注意倾听，更不要借此机会抽烟。

一般说来，年轻者、地位低者在敬酒时或被敬酒时，酒杯的杯沿要略低于对方以示尊敬。

(4) 饮酒

主人向客人敬酒时，客人应起立回敬。当主人给客人斟酒时，有酒量的也要谦谢一下，不

要饮酒过量，导致酒后失态；不善饮酒的可向主人说明，或喝一小口，表示对主人的敬意。无论主人还是客人，都不应强劝别人喝酒。饮酒以及喝其他饮料时，要把嘴擦干净，以免食物残渣留在杯沿，十分不雅。饮酒时，倒八分满，要慢斟细酌，不要"咕嘟咕嘟"直往下灌。

（5）进餐

吃相要文雅。把食物小口小口地送入口中，不要狼吞虎咽。应闭嘴咀嚼，不要发出"吧嗒吧嗒"的咀嚼声。汤、菜太热时，不要用嘴去吹，等稍凉后再吃；喝汤时，不要发出"呼噜呼噜"的声音。

5）参加宴会应注意的事项

① 在宴会及社交场合，无论天气如何炎热，不能当众解开纽扣脱下衣服。小型便宴如主人请客人宽衣，男宾可脱下外衣搭在椅背上。

② 喝茶、咖啡时，通常牛奶、白糖均用单独器皿盛放，如愿加牛奶、白糖可自取加入杯中，用小茶匙搅拌后茶匙仍放回小碟内。喝时右手拿杯把，左手端小碟。

③ 水果、梨、苹果不要整个拿着吃，应先用水果刀切成四到六瓣，再用刀去皮、核，然后用手拿着吃，削皮时刀口朝内，从外向里削。香蕉先剥去皮，用小刀切成小块吃，整根拿着吃不雅。橙子用刀切成块吃，橘子、荔枝、龙眼等则可剥去皮吃，西瓜、菠萝等通常都去皮切成块公用，然后用叉取食。

④ 在宴会上如果上鸡、龙虾、水果时，有时要送上一个小水盂（铜盆、瓷碗或水晶玻璃缸），水上漂有玫瑰花瓣或柠檬片，供洗手用，切不要误解为是饮水以至闹出笑话。洗手时两手轮流沾湿指头，轻轻刷洗，然后用餐巾或小毛巾擦干。在宴会上除面包外，还有几种食物都可以用手拿着吃，如烤鸡、炸脆薯片、炸咸肉片、芹菜等。西餐中的芦笋也可以用手拿食。

⑤ 有的主人为每位出席者备有小小纪念品或一朵鲜花。宴会结束时，主人招呼客人带上纪念物，遇此情况可说一两句赞扬小礼品的话，但不必郑重致谢。有时外国访问者往往把宴会菜单作为纪念品带走，有时还请同席者在菜单上签名留念。除主人特别示意作为纪念品的东西外，各种招待品，包括糖果、水果、香烟等都不能拿走。

⑥ 在出席私人宴请活动之后，往往致以便函或名片表示感谢。首先应致谢女主人，但不要说过谦的话，如"太丰盛了"，"太美了"。

阅读资料 7-4

碰杯礼的由来

人们喜欢在喝酒之前先碰一下杯，这个习惯现在遍及全世界。它是怎么来的呢？

一个说法是古希腊人创造的。传说古希腊人注意到这样一个事实，当人在喝酒时，人的很多器官都可以分享到喝酒的乐趣：鼻子可以嗅到酒的香气，眼睛可以看到酒的颜色，舌头更可以辨别酒的味道，只有耳朵被排除在这一享受之外。怎么办呢？聪明的希腊人终于想出一个办法：在喝酒之前，互相碰一下杯子，杯子发出的清脆响声立即传到耳朵中，这样，耳朵也和其他器官一样高兴了。

> 另一个说法是碰杯起源于古罗马。古罗马崇尚武功，常常开展"角力"竞技。竞技前选手们习惯饮酒，以示相互勉励之意。由于酒是事先准备好的，为了防止有心术不正的人给对方喝的酒中暗放毒药，人们便想出一个防范的办法。在角力前，双方各将自己的酒向对方的杯中倾注一下。这以后就逐渐发展成一种碰杯的礼仪了。

2. 舞会礼节

舞会礼节涉及多方面的内容，大体可分两方面：一是舞会的策划和主办者应注意的礼节问题，涉及举办舞会的目的，主办单位与主持人的确定，舞会的规模、时间、场地、音乐等。二是舞会的参加者应当注意遵守的礼仪规范问题。这里，我们主要和大家探讨的是后一个问题，因为这些与公关活动有着更为密切的关系。

1）邀请舞伴礼节

（1）男士要主动邀请女士

根据惯例，在舞会上邀请舞伴时，男士应当主动邀请女士。舞曲响起后，男士可行至女士面前，先跟与她一起在座的男士或其他人点头示意，然后向女士点一下头，或者欠身施礼，目视对方轻声说："请您赏光"或"可以请您跳舞吗"。女士也可以主动邀请男士跳舞。具体做法与男士邀请女士相类似。但不同的是，一般情况下女士可以拒绝男士的邀请，而男士一般不宜谢绝女士。在正式的舞会上，一个人不宜单独跳舞，更不宜同性共舞，尤其是有外宾参加的舞会；这成了最基本的规矩，在西方人来看，同性共舞有同性恋的嫌疑，尤其是男性共舞。

（2）拒绝邀请应该得体

在舞会上一般不宜对邀请表示拒绝。如果出于某种原因，不想接受他人的邀请，只要做得得体，也不算失礼。最佳的拒绝方法是"我想暂时休息一下"，或者"这首舞曲我不大会跳"，以便给邀请者一个台阶下。而女士也不要马上接受其他人的邀请。

（3）要服从社交任务，顾全大局

邀请舞伴时不能单凭个人好恶，还须兼顾现实公共关系任务的工作需要，遵守以下规范。

① 有意识地多交换舞伴，扩大社交面。

② 主人要重点照顾好自己的主要客人。自第二支舞曲开始，主人应按尊卑顺序依次邀请主要客人各跳一只曲子。演奏第二只舞曲时，男主人应邀请女主宾跳，男主宾应当回邀女主人；女主人也可以邀请男主宾。演奏第三只舞曲时，男主人应邀请次女主宾跳，次男主宾则应当回邀女主人；女主人也可以请次男主宾等。

③ 作为来宾，在邀请舞伴时有较大的选择。但应当主动抽时间邀请一下主人，而不一定等待对方来邀请自己。对于同来之人，以及被介绍给自己的人，如果有可能也应相邀一次。

2）跳舞过程的礼节

（1）注意上场、下场的规矩，给舞伴应有的尊重

上场时，男士应主动跟在女士身后，让对方来选择跳舞地点。下场时，不宜在舞曲未完之际先行离去。男士可在原处向女士告别，或是把对方送回原来的地方再离开。

（2）舞姿应当文明优美

跳舞时，身体要端正。通常为男士领舞，领舞与伴舞者之间不宜相距过近，双方胸部应

有 30 厘米左右间隔，以维护自知的人格尊严。跳舞时，男女双方都不要目不转睛地凝望对方，也不要表情不自然。男士不可把女士的手捏得太紧，不可把整个手掌全贴在女士的腰上。不要在旋转时把女士拖来扯去，或是腿部过分伸入女方两腿之间。女士不要把双手套在男士的脖子上，也不要把头部主动俯靠在对方的肩上。

3）塑造良好形象

① 着装干净、整洁、端庄。男士宜穿西服套装或长袖衬衫配长裤，女士则可穿中长袖的连衣裙。

② 清除身体的异味。出席舞会之前，一定要洗澡、理发、漱口。不要吃葱、蒜、韭菜、海鲜、腐乳之类气味经久不散的食物，不要饮酒。在舞场上下，都不要吸烟，不要为消除异味而大嚼特嚼口香糖。

③ 抵达要早，告退要晚。

④ 舞兴要有所控制。

⑤ 要尊重主人为舞会所做的一切安排。不管当面还是背后，都不对舞会安排进行批评。不要随便要求改动舞会的既定程序，不要凭个人兴趣和愿望要求临时改换舞曲或要求延长舞会时间。

⑥ 同性之间要互谅互让。男士不要与别人争舞伴。对于其他男士邀请自己的女伴，要表现得宽容大度。

⑦ 异性交往要有分寸。在舞场上，不要对异性过分献殷勤。不要跟刚刚相识的异性长时间地厮守在一起。不要过多与对方讲心里话或过多了解对方详情。

3. 会议礼节

会议礼节，是召开会议前、会议中、会议后及参会人应注意的事项，懂得会议礼节对会议精神的执行有较大的促进作用。

会议礼仪包括以下几方面。

1）会议座次排定

（1）环绕式

就是不设立主席台，把座椅、沙发、茶几摆放在会场的四周，不明确座次的具体尊卑，而听任与会者在入场后自由就座。这一安排座次的方式，与茶话会的主题最相符，也最流行。

（2）散座式

散座式排位，常见于在室外举行的茶话会。它的座椅、沙发、茶几四处自由地组合，甚至可由与会者根据个人要求而随意安置。这样就容易创造出一种宽松、惬意的社交环境。

（3）圆桌式

圆桌式排位，指的是在会场上摆放圆桌，请与会者在周围自由就座。圆桌式排位又分两种形式：一是适合人数较少的，仅在会场中央安放一张大型的椭圆形会议桌，而请全体与会者在周围就座。二是在会场上安放数张圆桌，请与会者自由组合。

（4）主席式

这种排位是指在会场上，主人、主宾、主持人被有意识地安排在一起就座。

2）会议发言人的礼节

会议发言有正式发言和自由发言两种，前者一般是领导报告，后者一般是讨论发言。正式发言者，应衣冠整齐，走上主席台应步态自然，刚劲有力，体现一种成竹在胸、自信自强的风度与气质。发言时应口齿清晰,讲究逻辑,简明扼要。如果是书面发言,要时常抬头扫视一下会场,不能低头读稿,旁若无人。发言完毕,应对听众的倾听表示谢意。

自由发言则较随意,应要注意,发言应讲究顺序和秩序,不能争抢发言;发言应简短,观点应明确;与他人有分歧,应以理服人,态度平和,听从主持人的指挥,不能只顾自己。

如果有会议参加者对发言人提问,应礼貌作答,对不能回答的问题,应机智而礼貌地说明理由,对提问人的批评和意见应认真听取,即使提问者的批评是错误的,也不应失态。

3) 会议参加者礼节

会议参加者应衣着整洁,仪表大方,准时入场,进出有序,依会议安排落座,开会时应认真听讲,不要私下小声说话或交头接耳,发言人发言结束时,应鼓掌致意,中途退场应轻手轻脚,不影响他人。

4) 主持人的礼节

各种会议的主持人,一般由具有一定职位的人来担任,其礼仪表现对会议能否圆满成功有着重要的影响。

① 主持人应衣着整洁,大方庄重,精神饱满,切忌不修边幅,邋里邋遢。

② 走上主席台应步伐稳健有力,行走的速度因会议的性质而定。

③ 入席后,如果是站立主持,应双腿并拢,腰背挺直。持稿时,右手持稿的底中部,左手五指并拢自然下垂。双手持稿时,应与胸齐高。坐姿主持时,应身体挺直,双臂前伸。两手轻按于桌沿,主持过程中,切忌出现搔头、揉眼、跷腿等不雅动作。

④ 主持人言谈应口齿清楚,思维敏捷,简明扼要。

⑤ 主持人应根据会议性质调节会议气氛,或庄重,或幽默,或沉稳,或活泼。

⑥ 主持人对会场上的熟人不能打招呼,更不能寒暄闲谈,会议开始前,可点头、微笑致意。

7.2.3 文书礼节

公共关系人员在公关活动中所使用的各种文字材料都可称为公共关系文书。它不仅反映一个组织公共关系人员的素养及写作水平,而且体现一个组织的风貌,影响一个组织的整体形象。文书是公共关系工作中的常用工具,是组织与公众进行日常沟通的媒介。

旅游公共关系文书礼节具有格式固定,对象明确,内容集中,结构严谨,语言简洁,热情洋溢,实用价值大等特点。常见的具有代表性的文书主要有:请柬、祝词、贺词、贺信以及欢迎词、欢送词和慰问信等。

1. 请柬

请柬,亦称请帖,是一种非常正式的邀请方式。一般旅游组织在举行重大的宴请活动或其他公共关系活动时,为了表示对被邀请者的重视和尊重,要向被邀请者发出请柬。

一张制作精美的请柬,不仅可以起到传情达意的作用,而且可以体现出一个旅游组织的能力和精神风貌,有时会起到意想不到的效果。

请柬从形式上又分为横式写法和竖式写法两种。竖式写法从右边向左边写。但从内容上看请柬,作为书信的一种,又有其特殊的格式要求。请柬一般有标题、称呼、正文、结尾、落款 5 部分构成。

1) 标题

在封面上写的"请柬"（请帖）二字就是标题，一般要做一些艺术加工，可用美术体的文字，文字的色彩可以烫金，可以有图案装饰等。需说明的是，通常请柬已按照书信格式印制好，发文者只需填写正文而已。封面也已直接印上了名称"请柬"或"请帖"字样。

2) 称呼

要顶格写出被邀请者（单位或个人）的姓名名称。如"某某先生"、"某某单位"等。称呼后加上冒号。

3) 正文

要写清活动内容，如开座谈会、联欢晚会、生日派对、国庆宴会、婚礼、寿诞等。写明时间、地点、方式。如果是请人看戏或其他表演还应将入场券附上。若有其他要求也需注明，如"请准备发言"、"请准备节目"等。

4) 结尾

要写上礼节性问候语或恭候语，如"致以——敬礼"、"顺致——崇高的敬意"、"敬请光临"等，在古代这叫作"具礼"。

5) 落款

署上邀请者（单位或个人）的名称和发柬日期。

请柬的写作文字有一定要求。我国文化历史悠久，历来对语言文字的推敲十分重视，何况请柬是较庄重正式的一种文体，而且文字容量有限，所以要摒弃那些繁冗造作或干瘪乏味的语言。具体而言有如下几点。

① 求其"达"，即要通顺明白，又不要堆砌辞藻或套用公式化的语言。

② 求其"雅"，即要讲究文字美。请柬是礼仪交往的媒介，乏味的或浮华的语言会使人很不舒服。

③ 请柬文字尽量用口语，不可为求"雅"而去追求古文言。要尽量用新的、活的语言。雅致的文言词语可偶一用之，但需恰到好处。

④ 整体而讲，要根据具体的场合、内容、对象、时间具体认真地措辞，语言要文雅、大方、热情。

2. 祝词、贺词、贺信

祝词，指在各种喜庆场合中对人对事表示祝贺的言辞或文章。祝词是行政机关、企事业单位、社会团体或个人在喜庆场合对某人或某项即将开始的工作、事业表示祝福的言辞或文章。祝词一般是在事情未果时而表示的一种祝愿和希望。

贺词是行政机关、企事业单位、社会团体或个人在喜庆场合对某人或某项已经取得成功的工作、事业表示祝贺的言辞或文章。贺词一般是在事情既果时而表示的庆贺和道喜。

祝词和贺词在某种场合可以互用，但它们所包含的含义并不相同。祝词一般的对象是事情未果，表示祝愿、希望的意思；而贺词一般对象是事情已果，表示庆贺、送喜的意思。由以上可知，祝词和贺词的区别是显而易见的。祝词在事前祝，贺词在事后贺，但祝词、贺词在某些场合却可以互用。今天人们在实际使用时又常常将祝词、贺词混在一起，祝贺之间也难以分清，所以这里我们将其归在一起进行介绍。

祝词、贺词通常由标题、称呼、正文和落款 4 部分组成。

1）标题

祝词、贺词的标题一般由两种方式构成。一种是由致辞者、致辞场合和文种共同构成。如《周恩来总理在迎尼克松总统宴会上的讲话》。另一种是由致辞对象和致辞内容共同构成。如《贺紫荆山国庆集体婚礼》、《在谢××先生和王××小姐婚礼上的祝词》。

2）称呼

称呼写在开头顶格处，写明祝词或贺词对象的姓名。一般要在姓名后面加上称呼甚至有关的职务头衔，以求敬重。如"尊敬的斯密斯博士"。

3）正文

正文一般有三项内容构成。

① 向受辞方致意要说明自己代表何人或何种组织向受辞方及其何项事业祝福贺喜。

② 概括评价受辞方已取得的成就。

③ 展望未来美好前景，再次向受辞方表示衷心的祝贺。

4）落款

落款处应当署上致辞单位名称或致辞人姓名，最后还要署上成文日期。

祝词、贺词写作应注意的事项有以下几方面。

① 祝词、贺词要求热情洋溢，充满喜庆，满怀诚意地表达自己的良好祝愿。

② 多用褒扬、赞美、激励之词，但又千万不可滥用美辞，以免给人阿谀奉承之嫌。

③ 祝词、贺词文体上可以多种多样，只要能够写出特色，表达诚挚的祝愿即可。

④ 贺信是表示庆祝的书信的总称。它是从古代祝词中演变而来的。

⑤ 贺信是指行政机关、企事业单位、社会团体或个人向其他集体单位或个人表示祝贺的一种专用书信。今天贺信已成为表彰、赞扬、庆贺对方在某个方面所作贡献的一种常用形式，它还兼有表示慰问的功能。

贺信一般由标题、称谓、正文、结尾和落款5部分构成。

1）标题

在第一行正中书写"贺信"二字。

2）称谓

顶格写明被祝贺单位或个人的名称或姓名。写给个人的，要在姓名后加上相应的礼仪名称如"同志"。称呼之后要用冒号。

3）正文

贺信的正文要交代清楚以下几项内容。

① 结合当前的形势状况，说明对方取得成绩的大背景，或者某个重要会议召开的历史条件。

② 概括说明对方都在哪些方面取得了成绩，分析其成功的主观、客观原因。贺寿的贺信，要概括说明对方的贡献及其宝贵品质。总之这一部分是贺信的中心部分，一定要交代清祝贺的原因。

③ 表示热烈的祝贺。要写出自己祝贺的心情，由衷地表达自己真诚的慰问和祝福。要写些鼓励的话，提出希望和共同理想。

4）结尾

结尾要写上祝愿的话。如"此致——敬礼"、"祝争取更大的胜利"、"祝您健康长寿"等。

5）落款

写明发文的单位或个人的姓名、名称，并署上成文的时间。

贺信要体现的是自己真诚的祝福，是加强彼此联系、增强双方交流的重要手段。所以贺信要写的感情饱满充沛。冷冰冰的陈述、评价是表达不出贺者心愿的。贺信内容要真实，评价成绩要恰如其分。表示决心要切实可行。不可空发议论，空喊口号。语言要求精练、简洁明快，不堆砌华丽辞藻。篇幅要短小精悍。

3. 欢迎词、欢送词

迎来送往是旅游公共关系中的常见活动。为了向对方表示友谊之情，有时旅游组织的负责人应向来宾致欢迎词、欢送词。

1）欢迎词

（1）欢迎词的种类

欢迎词从表达方式上可分为两类。

① 现场讲演欢迎词。一般由欢迎人在被欢迎人到达时在欢迎现场口头发表的欢迎稿。

② 报刊发表欢迎词。这是发表在报刊或公开发行刊物之上的欢迎稿。它一般在客人到达前后发表。

欢迎词从社交的公共关系性质上分两类。

① 私人交往欢迎词。私人交往欢迎词一般是在个人举行较大型的宴会、聚会、茶会、舞会、讨论会等非官方的场合下使用的欢迎稿。通常要在正式活动开始前进行。私人交往欢迎词往往具有很大的即时性、现场性。

② 公事往来欢迎词。这样的欢迎词一般在较庄重的公共事务中使用。要有事先准备好的得体的书面稿，文字措辞上的要求较私人交往欢迎词要正式和严格。

（2）欢迎词的特点

① 欢愉性。中国有句古话是"有朋自远方来，不亦乐乎"，所以致欢迎词应当有一种愉快的心情，言辞用语务必富有激情和表现出致辞人的真诚。只有这样才可给客人一种"宾至如归"的感觉，为下一步各种活动的完满举行打下良好的基础。

② 口语性。欢迎词本意是现场当面向宾客口头表达的，所以口语化是欢迎词文字上的必然要求，在遣词用语上要运用生活化的语言，即简洁又富有生活的情趣。口语化会拉近主人同来宾的亲切关系。

（3）欢迎词的基本格式和写法

欢迎词一般由标题、称呼、正文和落款4部分组成。

① 标题。标题写法一般有两种。

一种是单独以文种命名。另一种是由活动内容和文种名共同构成。

② 称呼。称呼要求写在开头顶格处。要写明来宾的姓名称呼。如"尊敬的各位先生们女士们："、"亲爱的××大学各位同仁："。

③ 正文。欢迎词的正文一般可由开头、中段和结尾三部分构成。

开头通常应说明现场举行的是何种仪式，发言者代表什么人向哪些来宾表示欢迎。

欢迎词在中段这一部分一般要阐述和回顾宾主双方在共同的领域所持的共同的立场、观点、目标、原则等内容，较具体地介绍来宾在各方面的成就及在某些方面做出的突出贡献，同时要指出来宾本次到访或光临对增加宾主友谊及合作交流所具有的现实意义和历史意义。

通常在结尾处再次向来宾表示欢迎，并表达自己对今后合作的良好祝愿。

欢迎词的落款要署上致辞单位名称，致辞者的身份、姓名，并署上成文日期。

(4) 欢迎词写作的注意事项

欢迎词是出于礼仪的需要而使用的，因此要十分注意礼貌。具体而言，要注意以下几点。

① 称呼要用尊称，感情要真挚，要能较得体地表达自己的原则立场。

② 措辞要慎重，勿信口开河，同时要注意尊重对方的风俗习惯，应避开对方的忌讳，以免发生误会。

③ 语言要精确、热情、友好、温和、礼貌。

④ 篇幅短小，言简意赅。一般的欢迎词都是一种礼节性的外交或公共关系辞令，宜短小精悍，不必长篇大论。

⑤ 欢送词是行政机关、企事业单位、社会团体或个人在公共场合欢送友好团体回归或亲友出行时致辞的讲话稿。

2) 欢送词

(1) 欢送词的分类

欢送词同欢迎词在分类上大致一样，这里不详加说明，只作一简单的列举。

按表达方式来分可分为现场讲演欢送词和报刊发表欢送词两种。

按社交的公共关系性质来分可分为私人交往欢送词和公事往来欢送词两种。

(2) 欢送词的特点

① 惜别性。有句古诗说得好"相见时难别亦难"，中国人重情谊这一千古不变的民族传统精神在今天更显得金贵。欢送词要表达亲朋远行时的感受，所以依依惜别之情要溢于言表。当然格调也不可过于低沉。尤其是公共事务的交往更应把握好分别时所用言辞的分寸。

② 口语性。同欢迎词一样，口语性也是欢送词的一个显著特点之一。遣词造句也应注意使用生活化的语言，使送别既富有情趣又自然得体。

(3) 欢送词的基本格式和写法

同欢迎词一样，欢送词也由标题、称呼、正文和落款组成。

① 标题。标题的写法一般有两种：一种由单独以文种命名；另一种由活动内容和文种名共同构成。

② 称呼。称呼要求写在开头顶格处。要写出宾客的姓名称呼。如"尊敬的各位先生们、女士们："、"亲爱的×××大学各位同仁："。

③ 正文。欢送词的正文一般由开头、中段和结尾三部分构成。

开头通常应说明此时在举行何种欢送仪式，发言人是以什么身份代表哪些人向宾客表示欢迎的。

欢送词在中段这一部分要回顾和阐述双方在合作或访问期间在哪些问题和项目上达成了一致的立场、取得了哪些有突破性的进展，陈述本次合作交流给双方所带来的益处，阐述其深远的历史意义。对于私人欢送词还应注意表达双方在共事合作期间彼此友谊的加深增进及分别之后的想念之情。若为朋友送行，还要加上一些勉励的话。

通常在结尾处，再次向来宾表示真挚的欢送之情，并表达期待再次合作的心愿。亲朋远行尤其要表达希望早日团聚的惜别之情。

欢送词在落款处要署上致辞的单位名称，致辞者的身份、姓名，并署上成文日期。

(4) 欢送词的注意事项

称呼用尊称、注意宾客身份，致辞要恰到好处，感情要真挚、诚恳而且要健康。

措辞要慎重，勿信口开河，要尊重对方风俗习惯，以免发生不该发生的误会。语言要精确、热情、友好、温和、礼貌。

要言简意赅，篇幅不宜过长。欢送词也是一种礼节性的社交公共关系辞令要短小精悍，这样更宜于表达主人的尊重和礼貌。

本章小结

本章介绍了作为旅游公共关系人员必须遵循的真诚、一致、合宜的礼仪原则；做好公共关系工作，必须掌握交际礼仪规范，如：握手礼节、称呼礼节、问候礼节、介绍礼节、出行礼节、交谈礼节、告别礼节等，以及旅游公共关系中常用的场所礼节和文书礼节。公共关系礼仪在旅游公共关系活动中具有重要作用，是旅游组织走向成功的必要手段。在旅游公共关系活动过程中，讲究公共关系礼仪是旅游组织成功地开展各类公共关系活动的基础，掌握旅游公共关系礼仪才能有效地开展公共关系日常工作。旅游公共关系活动地开展实际上是旅游公共关系人员与公众沟通交流的过程。

案 例 分 析

案例 7-1

热 情 有 度

下岗女工兰妹通过中介公司找到一份在华外国专家家里做保姆的工作。兰妹热情活泼，精明能干，第一天就给对方留下了不错的印象。她的主要工作之一是打扫房间，包括布朗夫人的卧室。细心的布朗夫人特意给兰妹制定了一份时间表，上面规定每天上午8点清理卧室，让兰妹按照上面的计划严格执行。

开始几天，兰妹都干得相当好，很令布朗夫人满意。直到有一天，兰妹照例去清理布朗夫人的卧室，却发现布朗夫人并没有像往常一样不在家，仍在休息。兰妹心想，我还是得按照计划办事，而且我打扫并不会影响她休息。热情的兰妹认真地干起活儿来。这时，布朗夫人突然醒了发现兰妹在她的房间里，很惊讶，马上用不是很流利的汉语叫起来："你来干什么？请出去！"兰妹仍是一片好心，"您接着休息吧，我一会就打扫完了。"布朗夫人提高了嗓门，一字一顿地说："请——你——出——去！"并且用手指着门。兰妹不明白自己哪里惹了布朗夫人，怎么这种态度。她心想，不是你叫我按时打扫的吗？满肚子委屈地走了。

兰妹的行为对我们中国人来说是可以谅解的。但在外国人的观念中，兰妹的举动侵占了他们的私人空间，妨碍了自己的私生活，是不能容忍的。

分析：

中国人的热情友好是人们公认的，但在对外交往中应把握"热情有度"的原则。待人热情友好是应该的，但更应把握好"度"即分寸的问题。这个"度"就是一切都以不影响对方，不妨碍对方，不给对方增添麻烦，不令对方感到不快，不干涉对方私生活为限。

思考：

1. 本案例中兰妹的过错出在哪里？
2. 把握"热情有度"应做到哪几方面？
3. 通过本案例的描述你能得到什么启示？

案例 7 - 2

一时的失误

某大学毕业生小赵，分到某大酒店公共关系部，经过几年的艰苦奋斗，勤恳工作，被聘为科长。一次，酒店接到一位前来投资的大老板，经理把接待任务交给小赵，小赵认真准备，可是一不小心，客人主宾位弄错了，由于很忙，大家都未发现，等发现时已经迟了。结果这次投资项目告吹了，小赵也被调离了公共关系部。

分析：

主宾座次，这是礼仪问题，座位弄错，就是对客人的不尊敬。由此可见，也许这是一个很偶然的，很小的疏忽，但一不小心，就会因小失大。因此，在公共关系接待中事无大小，都必须严格按照礼仪的规则来处理，讲究接待艺术。

思考：

1. 在宴会礼节中应遵循的礼宾次序是怎样的？
2. 公共关系礼仪在旅游组织的公共关系活动中起到的作用是什么？
3. 通过此案例你能得到什么启示？

课堂练习与思考

一、名词解释

旅游公共关系礼仪　公共关系文书

二、简答题

1. 在旅游公共关系活动中怎样才能体现出真诚、一致和合宜的礼仪？
2. 在旅游公共关系活动中交际礼节、场所礼节和文书礼节应注意哪些事项？
3. 在旅游公共关系活动中如何做好各项迎送接待工作？

情景模拟训练题

1. 将学生分为两人一组，反复练习正确的握手方式。
2. 模拟一次节日宴会活动，准备一份文字的"宴会欢迎词"，让学生自己登台面对大家发表致辞。

第 8 章 CIS 在旅游业中的应用

学习目标：
1. 理解 CIS 的概念和内涵；
2. 熟悉 CIS 子系统；
3. 明确 CIS 导入旅游组织的意义；
4. 认识旅游组织如何导入 CIS。

随着社会信息化的到来，科技出现了社会化和一体化的发展趋势，由技术所导致的产品及服务质量方面的差异被大大缩小了，大众型消费向个别型消费过渡，市场已转变为买方市场，商业竞争已成为商品力、形象力、销售力的综合能力竞争，作为旅游组织只有借助于综合优势，并采用科学信息的传达手段，充分了解市场，才能把握主动。而 CIS 战略作为建立组织形象的有效途径，是一个完整的、科学的、可操作和可控制的系统化战略体系。实施 CIS 战略，进行组织形象策划，不但能促进旅游组织产品的销售和提高服务质量，而且还能提升组织整体形象和经营管理水平，使组织在各方面发生积极性的变化，促进组织经济效益和社会效益的全方位的提高。

8.1 CIS 简介

8.1.1 CIS 的含义、渊源和构成要素

1. CIS 的含义、渊源

CIS 简称 CI，全称 Corporate Identity System，译称组织识别系统，意译为组织形象识别或品牌形象识别。它是现代组织形象策略系统的开发与设计，即组织对自身的理念文化、行为方式及视觉识别等进行系统的革新，统一设计，统一传播，以塑造出富有个性的组织形象，从而获得内外公众认可的经营战略。

CIS 诞生于 20 世纪 50 年代，由美国国际商用机器公司总裁小托马斯·沃森提出。他认识到随着市场竞争的日益激烈，塑造优良的组织形象成为市场占领的关键。于是他请来世界著名设计师保罗·兰德设计了一个象征"前卫、科技、智慧"的 IBM 标志，围绕这一标志又设计了统一的标准字体、标准颜色、标准员工制服、标准车辆装饰及系统的广告宣传计划

等，加上"技术创新"、"产品和设计、生产和销售世界一流"、"IBM 就意味着服务"等经营理念的树立，使 IBM 公司的组织形象迅速得到了社会公众的认可，因此获得了非常好的社会效益和经济效益，成为了全球著名的电脑公司。

自美国 IBM 公司采用 CIS 这一差异化战略取胜市场开始，CIS 风靡全球，被世界各国的国际组织普遍采用，成为创立国际名牌的现代经营策略。

CIS 80 年代传入我国，如广东太阳神集团有限公司，是我国组织中率先导入 CIS 的成功案例。1993 年元旦广东太阳神全面推出 CIS 视觉形象：地平线上，一轮红日勃然升腾，照耀环宇。这个由 O、A 构成的图案，让观者精神振奋，过目难忘，因而取得了极大的成功。随后，海尔、长虹、康佳、格力、科龙、健力宝等组织相继导入 CIS，国内组织界在注重抓好产品质量和服务的同时开始关注产品和组织的形象。

"中国 CIS 推进组织"是由国家经贸委经济研究中心、广州亚太 CIS 战略研究所、中国组织 CIS 战略推广研讨会组织委员会依照市场竞争国际化的客观要求，顺应我国组织推进 CIS，强化品牌战略的要求，在 1996 年由国家统计局、经济日报社主办的第二届中国组织 CIS 战略推广研讨会期间，由国航、海尔、长虹、科龙、康佳、格力、邯钢、茅台、嘉陵、青啤、昆烟、金利来、健力宝、万家乐、深圳石化、泸州老窖、天兴仪表、红塔集团等 18 家全国著名组织联名发起成立"中国 CIS 推进组织"基础上，联络自愿加入组织、专业从事 CIS 现代组织经营战略学习与交流的组织机构。"中国 CIS 推进组织"的宗旨是："推进 CIS 事业，振兴民族经济"。"中国 CIS 推进组织"成立，为中国的 CIS 事业起到了一定的推动作用。

2. CIS 的构成要素

CIS 有三个主要的子系统，即 MI（Mind Identity）理念识别、VI（Visual Identity）视觉识别、BI（Behavior Identity）行为识别（行为规范系统）。

1）MI：理念识别

理念识别：组织的思想系统，是组织思想的整合化。即通过组织的经营想法及做法，进行标语的整合，宣传画的美化，思想观念的教育，向公众及员工传递独特的组织思想特点。

MI 的主要内容包括组织精神，组织价值观，组织文化，组织信条，经营理念，经营方针，市场定位，产业构成，组织体制，管理原则，人才观念、创新观念、工作观念、客户观念、人生观念、价值观念、品牌定位、品牌标准广告语、社会责任和发展规划等。

MI 的作用是：对内引导员工的思想、观念和行为，影响组织的决策、活动、制度和管理等；对外决定组织的差别，影响组织的公众形象、广告宣传和市场定位等。

2）VI：视觉识别

视觉识别：品牌视觉系统是指组织识别或品牌识别的视觉化。即以标志、标准字、标准色为核心展开的完整的、系统的视觉表达体系。它将上述的组织理念、组织文化、服务内容、组织规范等抽象概念转换为具体符号，塑造出独特的组织形象。

VI 包括基础要素和应用要素两大部分。基础要素是指组织名称、品牌名称、标志、标准字、标准色、辅助色、辅助图形、辅助色带、装饰图案、标志组合、标语组合等；应用要素是指办公用品、公共关系用品、环境展示、专卖展示、路牌招牌、制服饰物、交通工具、广告展示等。

在 CI 设计中，通过组织或品牌的统一化、标准化、美观化的展示，传递组织或品牌个性。因此视觉识别设计最具传播力和感染力，最容易被公众接受，具有重要意义。

3）BI：行为识别

行为识别：行为规范系统，是组织思想的行为化。BI 是组织实践经营理念与创造组织文化的准则，是对组织运作方式所作的统一规划而形成的动态识别系统，它直接反映组织理念的个性和特殊性。

BI 包括的内容可以从对内和对外两方面来分。对内包括：组织制度，管理规范，行为规范，干部教育，员工培训，工作环境，生产设备，福利制度等；对外包括：市场调查，公共关系，营销活动，流通对策，产品研发，公益活动，品牌推广，文娱活动；等等。

BI 的作用是通过组织思想指导员工的各种行为，以及组织的各种生产经营活动，传达组织的管理特色。

CIS 还有其他子系统，如组织的听觉识别系统 AI，包括店歌、广告曲等。例如，喜之郎 CC 果冻的广告曲；还有组织的环境识别系统 EI，如组织的整体氛围，是作用于视觉、听觉以外的系统。

8.1.2　CIS 的特点和功能

1. CIS 的特点

1）系统性

CIS 的整体性由三个互相联系的子系统构成：理念系统、行为系统和视觉系统。CIS 的系统性表明，组织在应用 CIS 战略时，必须要 MI、BI 和 VI 整体导入，通过"洗心革面"的系统设计达到脱胎换骨、升级换代、长盛不衰的目标，走向名牌。当前，我国大多数组织的 CIS 设计和导入仅仅重视视觉系统的设计，如统一商标、名称，采用标准字体和标准用色，统一信笺、名片、服装等，而忽视了对组织经营理念和行为方式规范化的设计，这种流于形式的片面的 CIS 设计很容易把 CIS 导向歧途的。

2）统一性

CIS 设计的基本内容就是形成统一的组织的识别系统，使组织形象由各个层面得到有效的统一。具体地表现在组织理念行为及视听传达的协调性；产品形象、员工形象与组织整体形象的一致性；组织的经营方针与其精神文化的和谐性。各要素之间的系统一致就像上下奔流不息的同一脉流水，互相导引、互相照应。统一性是突出组织个性、强化公司形象的最有力的武器，也是 CIS 最显著的特点。

3）差异性

差异性是 CIS 的最基本特征。相类似的组织和产品很多，要想突出自身，组织就要挖掘和强化自身与众不同的特色。组织 CIS 战略就是组织形象的差别化战略，要点就是创造组织个性。从本质上说，CIS 是一种组织求得生存发展的差异化战略。他特别强调信息传达的效率化、标准化和统一化的差别，并使组织产品的使用者及相关者明确组织的社会定位及存在意义，并加以认同；还使组织的视觉符号如组织标志、名称、商标、色彩等被公众认识、依赖及产生好感。例如，娃哈哈开发这个品牌是成功的。名字好，其两个产品开发极为成功，第一个叫"喝了娃哈哈，吃饭就是香"。做父母的知道给孩子喂食是很苦恼的事情，很受父母欢迎；第二个产品也很好，"香蕉苹果哈密瓜，芒果草莓水蜜桃，四季鲜果味，天天娃哈哈"。

4）操作性

CIS 并不是一种空洞抽象的哲学，也不是粉饰太平、装点门面的花瓶，而是一种实实在在的名牌战略和战术，它必须可以操作。CIS 的操作性，主要表现在三个方面：其一，必须有一套渗透宣传组织理念的具体方法；其二，必须有一套可具体执行的行为规范；其三，必须有一套能直观体现理念的视觉传达计划。

5）长期性

CIS 的设计和导入是一项复杂的系统工程。它牵涉到组织经营的方方面面，既是组织外在"形象"的更新，也是组织内部"灵魂"的革命。因此，CIS 并不是一次性的短期行为，而是一项长期的工作。国外组织 CIS 的导入及实施周期一般是 10 年。如果只是 CIS 的部分导入，一般也需要两三年左右。

6）动态性

组织 CIS 战略是组织的一个长期的战略，不是一蹴而就的行为。在这一期间，组织的内外环境，比如经营战略、经营方式、市场定位、产品定位及组织的组织机构设置等都可能发生一定的变化，必须设计出一种可控制能实际操作和检查改进的机制。

7）传播性

组织的 CIS 战略也是一种全方位的传达体系，是一种需组织全员经营的战略。组织在导入 CIS 的过程中，必须由自己的力量来完成组织理念的提供和开发工作，动员组织员工的力量。CIS 在组织信息传达的媒体方面，要扩大到在所有与组织有关的媒体上进行信息的传达。

8）稳定性

组织的 CIS 系统一旦形成，一般不会轻易改变，具有相对稳定性。CIS 是组织经营宗旨，文化精神的外显。除非组织的经营方向发生了大的调整，否则应当基本保持稳定，以便能够给公众一个统一、连续、持久的印象。

2. CIS 的功能

1）识别功能

识别功能是 CIS 最基本的功能。意思是将组织本身及其产品、品牌与竞争对手区别开来。CIS 识别的优势在于将整个组织作为研究对象，将组织的理念、文化、产品等形成统一的形象概念，借助视觉符号表现出来，全方位传播，可以让社会公众从多视角、多层面、多角度地对组织加以鉴别，决定取舍，而不管从哪个角度、哪个方面，都能感受到相同的、一致的信息，最终形成统一的形象评价结果。

CIS 的识别功能主要是通过语言、图像、色彩三个识别要素发挥作用。语言识别是指用象征组织特征的精神口号、产品与品牌广告语等达到识别目的。其中，最具勉力、最具鼓动意义的是组织价值观，称之为"关键语"，即用言简意赅的语句表达组织形象、经营理念，代表组织的思想行为。比如：IBM 的"IBM 就是服务"、海尔的"真诚到永远"、太阳神的"我们的爱天长地久"等。图像识别是指用象征本组织的图形，如标志、辅助图案、吉祥物等图案，形象地达到识别的目的，是建立组织知名度和塑造独特组织形象最有效的方法，这正是中外组织导入 CIS 普遍重视组织标志等的原因所在。色彩识别是指组织用象征自己特征的色彩（组织标准色）达成识别。它利用了人们对色彩普遍具有的审美心理，并能引起愉悦、联想、美好的印象效果，设计出符合组织理念个性特征的标准色，起到强烈的区别性识别效果。如雪碧蓝、可乐红标准色等。

2）管理功能

组织的 CIS 也是一部从思想、行为到传播，进行全方位标准化管理的组织内部法规。CIS 手册的主要功能之一，是规范组织内部的管理系统，使之统一化、标准化、规范化、系统化。因此，导入 CIS 是推动组织实现管理创新的有效途径。

CIS 的管理功能，还体现在给管理者确定了一个明确的组织形象塑造目标，提供了一个处理纷繁杂务的既定原则，使管理人员迅速准确地作出正确的决定。但是，CIS 的管理功能不是独立存在的，它是同组织原本的质量管理、成本管理、财务管理等结合，相辅相成，才能有效发挥作用。

3）传播功能

导入 CIS 塑造组织形象的过程，主要是通过传播予以实现。正是因为 CIS 设计系统具有准确、有效、经济、便捷传播的功用，才能达到树立优良形象之目标。

4）协调功能

组织导入 CIS 有助于信息传播的可信性、真实性和统一性，使组织的公共关系活动得到顺利发展，达成组织同社会各方面的协调与平衡。

组织的公共关系包括员工关系、顾客关系、金融界关系、合作关系、竞争关系、政府关系、新闻界关系、社区关系等，各种关系中 CIS 均能发挥独特作用。CIS 的贯彻能进一步改善与发展组织同政府的关系、社区的关系、新闻界的关系，创造组织同社会协调一致的外部经济环境。这便是 CIS 发挥的协调功能。

5）竞争功能

在竞争激烈的市场中提高组织的竞争能力，是 CIS 的核心功能。

以上五大功能在一定程度上说都是为提高组织的竞争功能服务。

8.2　旅游公共关系与 CIS

8.2.1　CIS 是旅游业发展与竞争的要素

1. 旅游业是中国的朝阳产业

随着社会的发展，旅游业已成为全球经济中发展势头最强劲和规模最大的产业之一。旅游业在城市经济发展中的产业地位、经济作用逐步增强，旅游业对城市经济的拉动性、社会就业的带动力，以及对文化与环境的促进作用日益显现。

旅游业是中国经济发展的支柱性产业之一。2004 年我国入境游、国内游、出境游三大市场全面振兴，旅游总收入达到 6 840 亿元；2005 年我国旅游总收入 7 680 亿元；2006 年，我国旅游行业总收入达到 8 935 亿元，比上年增长 16.3%。进入 2007 年，我国旅游行业仍然保持较快发展速度。根据国家旅游局的统计数据，我国2007年春节黄金周共接待游客9 220万人次，比上年同期增长17.7%。旅游消费正成为我国消费结构中最具活力的板块。

目前，我国已初步形成了基本完备的接待体系，2004年底全国共有15 339家旅行社，直接从业人员为24.62万人。到2006年，开发建立成各级景点2万多个，A级景区671家，优秀旅游城市247个，星级饭店12 751家，各类旅行社17 957家（国际旅行社1 654家，国内旅行社16 303家）。

2006年是我国旅游业第十一个五年规划的开局之年。"十一五"时期我国旅游业工作围绕"两个目标"。一是要把旅游业培育成为国民经济的重要产业；二是要抓好旅游业发展的基础性工作，为建设世界旅游强国夯实基础。"十一五"规划的主要任务是，全面提升旅游产业素质，逐步朝着世界旅游强国的目标迈进。国家旅游局将实施7个重大旅游行动计划，即旅游质量提升、旅游产业创新、旅游品牌推进、旅游国际合作交流、旅游扶贫促进、旅游就业推进、国家旅游精品开发等，以整体提升我国旅游产业规模和综合素质。"十一五"时期规划发展目标为：实现入境旅游人数和入境过夜旅游者人数年均增长8%，国际旅游收入年均增长12%；国内旅游人数年均增长8%，国内旅游收入年均增长10%；旅游总收入实现年均增长10%。"十一五"时期要抓好"三项基本任务"：即加快完善旅游产业体系，全面提升旅游产业素质，综合发挥旅游产业功能。国家旅游局明确编制了"十一五"期间区域旅游规划的重点，主要包括青藏铁路沿线旅游、香格里拉区域旅游、环太湖健身度假旅游圈、大长江三角洲旅游、首都都市度假旅游圈、东三省老工业基地旅游、粤港澳旅游、湄公河跨区域旅游、丝绸之路旅游发展规划。

据预测，到2020年，中国将成为世界第一大旅游目的地国和第四大客源输出国。到2010年，我国旅游总收入占GDP的比例将从2002年的5.44%达到8%。因此，作为六大新兴消费热点行业之一的旅游行业，在今后几年内将继续快速发展。

2. 旅游业的发展和竞争需要CIS

当今世界，经济的腾飞和产业的崛起必与激烈的竞争相联系，迅猛发展的我国旅游业自然也出现了群雄角逐的竞争局面。旅游组织不仅要面对本国同行的竞争，而且面临他国组织的挑战。

2006年，中国旅游业将全面向外资开放。旅游业按照中国入世承诺：进入后过渡期（保护期结束），在2006年底将允许设立外资独资子公司，取消地域限制；取消对合资旅行社旅游经营者设立分支机构的限制，对于外资旅行社旅游经营者的注册资本要求将与国内旅行社旅游经营者的要求相同。专家表示，WTO过渡期后，境外资本屡获中国提前实现世贸组织谈判承诺的照顾，2006年1月1日起，外资可以设立独资旅行社，合资旅行社可以设立分支机构，但其从事出境游的时间表待定。在此之前，由于旅游市场尚未开放，国际旅行社经营入境游和其他业务的比例基本为70%和30%。外资进入后，入境游业务必将萎缩。国内旅行社为应对外资进入给带来的压力，需要重新拟订调整计划。

外资旅游组织拥有雄厚资本、丰富的运营经验及行业资源。外资旅游组织将全面进入内地抢占资源、分流入境市场客源，给国内旅游市场造成巨大冲击。"狼"来了，如何与狼共舞，是所有旅行社迫在眉睫的重要课题。未来的竞争优势将是合作共赢机制。加强区域之间的合作，推动联合的共赢机制创新，是旅游业素质提高的有效手段。

旅游组织唯有靠强有力的非价格竞争，以及商誉、品牌、形象竞争，才能树立独立的经营理念和整体形象，从而带动组织的营销，使组织脱颖而出。而CIS的导入正可以说是矫治恶性竞争，使组织健康发展的一剂良方。

导入CIS战略，树立组织的良好形象，既是市场竞争的需要，也是组织发展的需要，更是创造名牌的需要。

首先，CIS的导入可以帮助组织确立自己的经营理念，建立自己的行为识别，树立自己的视觉识别形象，通过视觉信息的传达，使组织具体形象层次饱满地表现出来。目前我国旅游业虽然对此开始重视，但代表宾馆、旅行社的明显标识还不多，而在公众心目中有影响的视觉形象就更少，同一旅游集团或系统也让人感到是相互分离，各自为政，极不利于市场中的竞争。

第二，旅游业导入CIS还有一个极显著的效能，那就是创立品牌。品牌战略在旅游业中已形成规模广、层次高的组织经营新趋势。被誉为"万国建筑博览园"的上海外滩是上海旅游业的著名品牌；秀丽奇险、云雾缭绕的黄山，是安徽省的著名品牌；难识真面目的庐山，是九江市的著名品牌；雄奇壮阔的长江三峡，是重庆市的著名品牌等。著名品牌的奠定、确立，能对旅游消费产生巨大的号召力，是竞争取胜举足轻重的砝码。

品牌就是形象，创旅游业的品牌，是一个巨大的社会系统工程，除了要有一流的硬件设施和高质量、高水准的服务之外，还须注重商机、营销、宣传、公共关系等方面的问题，这些都离不开CIS战略的实施。以CIS强化旅游产品及组织的独特性，规范旅游产品及组织的统一性，体现旅游产品及组织的文化性，进而塑造其整体形象，这一切都可以说是在烘托甚而创造着品牌。

总之，导入CIS可以全面提升旅游业形象，从而在产品的销售方面，在和消费者的关系方面，在吸引金融机构给予自己优惠的贷款条件方面，在吸引人才和劳动力等方面都能给自己竞争对手造成压力，并在竞争中取胜。

阅读资料 8-1

广之旅的CIS策划

在旅游界，以"广之旅"为开端，佛山华侨大厦、深圳世界之窗等组织相继导入CIS，取得了不同程度的效果。其中"广之旅"从默默无闻的"广州市旅游公司"一跃成为全国旅行社十强之一，知名度和品牌认知度在广东名列第一。其徽标如图8-1所示。

图 8-1 广之旅的徽标

（1）徽标含义

中间为黄色，代表灿烂的阳光；周围是5个怒放的红棉；下面是无边的绿野。洒脱酣畅的几笔，勾勒出天地间一个无限风光的旅游世界。这代表了广之旅的过去、今天和未来不断拓展与创新的事业空间。

(2) 名称含义

① "广大旅行者之旅"，为所有外出的旅行者提供合适、细致的服务，创造更多的机会；

② 广阔的旅游空间、广泛的旅游资源；

③ 广州之旅，接待来广州的八方游客，为广州旅游事业做贡献。"之"在古汉语也作"去"解，"广之旅"也即"畅游天下"。

(3) 广告词含义

"风光"既指大自然景色，也含事业成功之意；"带"指导游的真诚服务。全句意为，参加广之旅是一种荣耀，广之旅让您在领略大自然风光的同时，增广见闻，有助事业成功，使您在人生的旅途上尽显风光。

(4) 广之旅的品牌推广

广之旅先是成功地导入CIS，为组织的迅速发展奠定了基础，接着又创建东峻旅游文化广场，开展"十万元买意见"大行动，组织自驾车旅游……这些活动都产生了巨大的轰动效应，影响深远。广之旅在全国旅游系统中率先实行质量保证金制度，开展"百日优质服务无投诉"的活动，更拒绝内部搞承包的短期行为，保障消费者权益。又推行服务承诺制，引进ISO 9001质量管理体系，向社会聘请质量技术监督员，提出了"热心的态度、贴心的服务、精心的安排、称心的导游、开心的旅程"的"五心"服务，把"一切为了顾客满意"作为"五心"服务的核心。

启示：

一个优秀的品牌对旅游组织来讲是非常重要的。品牌有生命力，创造一个优秀品牌应是从外观及内在两方面着手，并形成自己的独特个性。

从外观上讲，由于旅游是一项令人轻松舒畅的游乐活动，一个优秀的旅行社品牌，无论是徽标或是名称，都必须有一种亲和力，让人感到亲近、明朗、乐于接近；组织员工及组织所提供的产品均应有明显标识。优秀品牌应具备的内在因素，则包括创新、诚信、亲切、活力和品位等。

8.2.2 CIS是建设旅游文化的需要

旅游文化不是旅游和文化的简单相加，也不是各种文化的大杂烩，它是传统文化和旅游科学相结合而产生的一种全新的文化形态。文化的本质在于创新，对于旅游文化来说，其他各种文化都是"原材料"。在旅游活动中，旅游者头脑中原有的思想观念、心理特征、思维方式等文化因素与目的地的异质文化因素的相互碰撞与结合，逐渐形成一种新的文化形态。而旅游经营者经过潜心地研究本国本民族的传统文化，并进行适当的取舍，吸收一些外来文化，精心加工、组织和开发成为供旅游者观赏或享受的旅游文化产品，创造了旅游文化；旅游客体本身反映着人的智慧和力量，有相当的文化因素的成分，它是人们内心的价值观、审美观等精神因素的外在表现，其本身也是旅游文化的不可缺的组成部分。

因此，所谓旅游文化，实际上是以一般文化的内在价值为依据，以行、吃、住、游、购、娱六大要素为依托，以旅游主体、旅游客体、旅游介体和旅游研究之间的相互关系为基础的，在旅游活动过程中已形成的观念形态及其外在表现的总和。它既是物质的,也是精神的。

旅游文化的内涵十分丰富,外延也相当宽泛。既涉及历史、地理、民族宗教、工具器物、饮食服务、园林建筑、饮食民俗娱乐与自然景观等旅游客体文化领域,又涉及旅游者自身文化素质、兴趣爱好、行为方式、思想信仰等文化主体领域,更涉及旅游业的服务文化、商品文化、管理文化、导游文化、政策法规等旅游介体文化。此外,还涉及旅游学、旅游心理学、旅游市场营销学、旅游管理学、旅游社会学、旅游文化学、旅游美学等对旅游活动进行研究的综合领域。

随着现代社会的飞速发展,文化旅游正成为一种备受青睐、生机盎然的旅游形式。文化因素对现代旅游活动的影响,将会更加深刻和深远。要加快中国旅游业的发展,提高其国际竞争力,就必须高度重视旅游文化建设。这首先是旅游的文化本质特征的必然要求。

1. CIS 是突出旅游文化个性特征的有效手段

"突出就是优势"!发展旅游文化的关键之点在于其个性特色。特色的体现,是塑造形象、赢得公众、赢得市场的决定性要素。不论是对旅游资源的合理利用和建设,还是对旅游产品的开发,都应当保持并突出自身的物质、特性。CIS 战略强调以独特的个性,鲜明地区别于竞争者,以使公众从众多的组织和商品中迅速识别出此组织和商品,由"夺人眼目"而至"夺人魂魄",最终以个性占领市场。世界上万事万物都有自己的特质,旅游如此,旅游产品、旅游组织同样如此。CIS 战略的实施,可以使他们的特质得以发现、挖掘和发扬,从而使旅游者从视觉上感受一个景区、饭店、旅行社、旅游交通的与众不同,CIS 在旅游文化中的运用实际上是在创设一个具有民族特点的洋溢着浓郁文化艺术氛围的旅游环境,它能够给旅游者以美的愉悦和智慧的启迪,这不仅有利于吸引客源,而且有利于提高服务品质,树立旅游品牌。

阅读资料 8-2

陶瓷文化旅游线

中国素有"陶瓷之国"的美称,景德镇又是世界文明的瓷都。以"瓷"为中心,景德镇中国旅行社推出了具有鲜明特色的陶瓷文化旅游线。游客可考察古瓷遗址,参观陶瓷博览区和瓷厂,还可参加该社举办的白瓷彩绘游,传统制瓷游等多条特色旅游线。白瓷彩绘游,由陶瓷名家指导,游客自己用瓷笔和彩色颜料在白瓷上作画,24 小时内烧成成品,带回做永久纪念。传统制瓷游,由名师指点,游客在古窑厂,采用白如玉粉的瓷泥,坐在古代辘轳车旁,亲手制作各种瓷坯,瓷坯入窑烧炼,可在 6 日内拿到成品作纪念。这条线路将景德镇独特的文化形象与让人产生审美愉悦的艺术相结合,因此受到国内外游客的欢迎,旅行社的经济效益也相当显著。

启示:

旅游给予旅游者最美好的东西当推特色文化及身临其境的感受。面对异乡、异族、异国的游客,只有民族传统突出、地方特色鲜明、乡土气息浓郁的旅游文化产品,才可能吸引旅游者对文化独特的追求,才会长盛不衰。

---

2. CIS 是建设旅游组织文化的重要手段

以人为本的旅游服务,除了旅游文化的硬件(即景区、饭店设施、交通条件等)开发和建设外，也强调软件建设——旅游组织文化的建设。组织文化是旅游文化的重要组成部分，在市场经济形势下和高技术普遍应用的当今时代，旅游业已不能简单地靠区域和自身资源的优势赢得竞争，必须借助组织文化的建设，以此确立组织的精神坐标。而组织文化正是CIS系统工程的内涵和基础，也是整个CIS系统的表层体现，CIS的核心部分MI，其任务就是营造组织的文化风格、理想追求和哲学境界。它能赋予组织独具特色的经营思想、经营作风、组织结构、决策方式与行为识别，对内起协调凝聚作用，对外取得社会公众的认同，为组织的生存、竞争和发展，带来勃勃生机与活力。

8.2.3 CIS是发展旅游公共关系的需要

作为两种相对独立的塑造和传递组织形象的手段，CIS与旅游公共关系，既有区别又有联系。CIS是宏观策划，公共关系是微观实施，CIS从科学性、规范性和操作性上将旅游公共关系工作提升到了一个崭新的境界，推动旅游公共关系向更高层次发展和完善。

1. CIS与旅游公共关系有着共同的目标

CIS与旅游公共关系有着共同的发展条件和共同的追求目标。市场经济的进步所带来的组织竞争手段的加剧，市场竞争由产品竞争、营销策略竞争，发展到现今的形象竞争，是CIS和旅游公共关系应运而生的社会条件。旅游公共关系通过专题活动去扩大和提高旅游业组织的知名度、美誉度，树立良好的组织形象。如北京长城饭店举行的里根总统答谢会、广州花园酒店举办的"母亲节征文比赛"，杭州黄龙饭店推出的"黄龙盛情暖童心，年年寒冬年年春"的送温暖活动、上海金沙大酒店为中野良子举办的婚礼活动等，都获得了极大的成功。CIS则是推出一整套识别系统，吸引社会公众关注并获得认同、形成独特的组织形象。例如，麦当劳、希尔顿、全聚德、世界之窗等。树立形象和追求认同是CIS和旅游公共关系的共同目标，它们都以形象为核心，传播为关键，都是为了旅游组织在竞争中获得更好更快的发展。

当然，CIS与旅游公共关系在塑造形象的时间和规模上，两者又各具特点。旅游公共关系带有一定的随机性，比较灵活，一般根据组织营销任务和社会需求，随时开展活动。CIS是依据整体规划确定适宜的时机成系列地推出，实施的时间比较长，少则两三年，多则十几年。这就要求导入CIS要有高投入，财力有限的组织难以负担。而旅游公共关系不论机构的性质、类型，不论组织的大小、无论何时何地，开展公共关系均是适用和必要的。

2. CIS推动旅游公共关系向更高层次发展

旅游公共关系活动一般选择比较专题化的内容，范围较小，其宣传内容带有明显的局部性。旅游公关活动是种单一活动，往往着眼于形象的某一个方面，通过开展传播沟通活动，解决某一问题，实现某一目的。尽管是精心设计的，但整体部署往往缺乏计划。

CIS是一种战略，它以整个组织作为策划对象和宣传内容，有长期规划，也有短期要求，有公关活动目标，更有公共关系与广告、营销的有机组合。它强调行业整体化的形象建设，谋求整体效应和规模效应。因此，CIS的导入，可以使旅游公共关系从局部走向整体，还可以使旅游公共关系活动效果更理想。CIS以反复强化的手段，使公众逐渐熟悉、认同组织，在此基础上，旅游组织开展公共关系活动，就容易为公众所接受，传播效果更理想。同时，由于CIS无论从时间上，还是内容上、形式上，均强调一致性、规范性、整合性。因而公共关系的基本功能也能得到强化，公共关系活动的规范化机制亦随之加强，使公共关系从主题内容到外在形式都有统一而鲜明的标志。而且,导入CIS,可以提高公共关系的文化品位。

总之,对于旅游组织而言,CIS是总体性的规范和要求,公共关系是BI中的一个方面,必须服从CIS的设计要求。在很多时候,旅游公共关系都是CIS精神的体现与灵活创造,也是实现CIS重要途径,而CIS则推动旅游公共关系向更高层次发展和完善。

8.3 旅游组织导入CIS的时机和程序

8.3.1 旅游组织导入CIS的最佳时机

任何旅游组织实施CIS都必须从长远角度出发,准确把握导入的最佳时机,只有这样才能取得事半功倍的效果。CIS的导入是配合旅游组织长期经营策略的一项整体传达系统的计划性作业。一般而论,CIS导入的最佳时机主要有以下几种选择。

1. 旅游组织发生重大变化之际

1) 旅游组织的诞生之际

这是导入CIS的最佳时机。新的饭店、旅行社、旅游交通公司成立、开业或被确定为总代理、总经销地位之时,要想在一开始就能积极主动、卓有成效地进入市场,就必须通过市场定位,制定出具有个性的、与众不同的识别系统。新的旅游组织充满朝气和活力,没有旧组织的因袭重负和定型的观念,好比在一张白纸上画图,要比修改一张旧画容易得多,因此能够最迅速、最彻底地导入CIS战略,从一开始就塑造出规范的、现代化的、国际性的组织形象,从而使中外游客对组织产生深刻、突出、良好的印象。

2) 旅游集团组织组建之时

我国多数旅游组织普遍具有资产规模小、盈利能力弱和市场占有率低的特点,又面临国际资本不断来华的巨大压力。所以将其重组为有规模、上档次的大集团,是旅游业面临的紧迫任务。而当旅游组织合并为集团组织之后,当务之急就是将不同的组织、不同的经营理念、不同的行为规范、不同的视觉识别系统统一起来,发挥综合优势。在这里,正是CIS的用武之地;在此时,也正是导入CIS的良好时机。此时导入CIS,能促使集团成员在思想、行为等方面"万象归一",能迅速有效地统一并显示组织集团形象,充分发挥组织集团化经营的优势。

阅读资料 8-3

黄山"中海国旅"整合成功

2002年初,黄山市中国旅行社、黄山中国国际旅行社、黄山海外旅行社,在黄山旅游发展股份有限公司的统一领导下,整合为旅行社管理分公司,主打"中海"国际品牌,统一经营,统一管理。一年下来,公司累计完成营业收入1.17亿元,组接国内外游客12万人次,分别较上年增长8%和22.1%,取得了可喜的经营业绩,成功地走出了整合发展之路。整合成功的重要原因之一是，黄山旅游发展股份有限公司旅行社管理分公司首先开始统一规范。在组织形象上实施 CIS 战略，创建了组织识别系统，提升了组织文化内涵，加强了组织的品牌力量。

启示：

目前我国旅行社小散弱差的局面尚存，难以抗衡外资旅行社的冲击。旅行社业的重新组合是种趋势。客源、产品、采购、服务等资源的共享和优势互补，可以大大降低组织的经营成本，扩大经营业务。再加上创建组织品牌，统一形象，提升品牌内涵更能加强旅行社的竞争力。集团化之后，仍有大量组织建设和制度建设的工作必须完成，如充分利用集团化后的规模优势、网络优势，开发多样化的新产品，提高服务质量，努力打造组织品牌和产品品牌就是一项非常重要的工作。

3）旅游组织扩大经营范围之时

在竞争激烈的当今旅游市场中，组织要想保持旺盛的生命力，仅靠单一的产品或服务占领市场已很难促进组织的发展。组织必须根据自己的实际，不断扩大经营范围，发展多元化经营，才能赢得更广泛的消费者，确保组织的发展壮大。然而，由于组织经营的改变，往往使原有的组织标志、名称、理念等信息发生与组织规模、经营内容等不相符合的现象。此时导入 CIS，既是组织发展之必需，也是不可多得的时机。此时导入 CIS 可以重新开发建立新的识别系统，树立起令公众耳目一新的组织形象，鲜明地向公众传递出组织已扩大原有经营范围的信息。

4）旅游组织经营理念需要重整之时

在组织发展过程中，原有的经营方针、管理方式落后，营销观念、市场观念跟不上社会的发展，甚至束缚组织的发展。这样的旅游组织势必丢失原有的市场份额。此时必须将组织的经营理念重新加以调整，顺应时势不断更新，而更新之际正是需要 CIS 的协助，且正是 CIS 导入的良机。经过整新的组织理念，再通过有效的行为识别和视觉识别系统的信息传递，既能使社会公众明显感觉到组织的日新月异、长足的进步，又能赋予组织求新求好求美的实际意义。

5）旅游组织股票上市之时

实行股份制，实现股票上市，无疑是实行现代组织制度的一个重要途径，也是组织更新发展，成功飞跃的标志和象征。我国目前的旅游业上市公司有黄山旅游、中青旅、世博股份、首旅股份、国旅联合、大连圣亚、西藏圣地、锦江股份、金陵饭店、新都酒店、华侨城、华天酒店、东方宾馆、西安旅游、北京旅游、桂林旅游、丽江旅游等。在组织股票上市之际导入 CIS，对于组织来说是锦上添花。它将创造出良好的形象，获得社会公众的信任，增强投资者的投资信心和热情，拓宽旅游业发展的资金渠道，使实业经营转向资本经营、市场经营，为我国旅游业的腾飞注入新的活力。

2. 组织发展重大事件之际

1）开发旅游新产品、新市场之时

开通新旅游线路，开辟新旅游景点，推出特色服务是组织成长的动力，是组织活力的重要体现。在新旅游项目和新产品的开发成功之时，刚刚上市之际导入和推行 CIS，极有利于并易于塑造崭新的组织形象，同时也可以为促销新产品打开局面。

此外，市场占有的深度和广度水平，是组织经营状况的实质反映，只有不断进行市场拓展，组织才能获得较好的生存条件。组织在开发新的市场时，借助 CIS 的传播力，常有事半功倍的效果。国际市场更是如此。随着我国的进一步改革开放，国外的旅游组织、旅游产品大量涌入国内，而我国旅游业也在向境外大力拓展。面对竞争越来越激烈的国内外市场，我国旅游组织要与国外名牌饭店等旅游组织一决高低，其重要的策略便是导入CIS。走向国际市场的中国旅游组织必须导入CIS，才能拥有市场争夺战的攻守利器，才能与国际市场"接轨"。例如，中国民航为了适应国际竞争，曾邀请世界著名的美国奥美广告公司为之设计CIS形象，取得了成功。

2）旅游组织举行纪念活动之时

为了促进组织发展及促销产品，旅游组织可以适时举办各类纪念活动，其中，举办组织的"诞辰"纪念活动尤为重要。举办旅游组织"诞辰"纪念活动是对组织成长的一种肯定，导入CIS可以赋予组织以新的气氛和更成熟的形象。其明显的功效是：一方面可以表明事业的兴旺蓬勃，增强员工的向心力和凝聚力；另一方面也可显示出立足现实、面向未来的"挑战者"新姿态，确立长远的发展战略。

3）旅游组织处理公共关系危机之时

在激烈的市场竞争中，任何组织都不可能一帆风顺、所向披靡，都可能由于经营方针或具体工作的失误等原因，导致消费者与社会公众对组织产生不良印象。为了消除消费者和公众心中的阴影，可以在困境中导入CIS，实现危机反弹，重振组织雄风，建立起令人耳目一新的新形象。

8.3.2 旅游组织导入CIS的基本步骤

CIS战略是一项周密、复杂、系统的长期发展规划。其设计规划和实施导入是一种循序渐进的计划性过程。因此，组织必须制定出理想的CIS导入程序，以便整体把握CIS战略。

1. 旅游组织机构设置

这是旅游业导入CIS的第一步。当组织决定导入CIS这项系统工程时，必须成立相应的导入机构，以便从组织上保证CIS导入的顺利进行。CIS导入的组织机构设置包括CIS委员会和CIS执行委员会。CIS委员会侧重于CIS战略大政方针的确定；CIS执行委员会侧重于负责具体设计和实施。具体人员和工作任务如下。

① CIS委员会是CIS导入的决策机构，一般由组织主要决策人、各职能部门的负责人和CIS专家组成。CIS委员会的主要任务是：确立CIS导入的时间与日程；确立CIS导入的方针政策；确立CIS导入的价值取向；全面检查组织的现行状况；审定CIS设计的各种方案；调动全体员工参与CIS导入活动等。

② CIS执行委员会是隶属于CIS委员会的一个具体从事CIS设计与推广的机构，主要由CIS专家、市场调研人员、美术设计人员、文案人员等组成。CIS执行委员会的任务是：预测CIS导入的具体时段；预算CIS导入的费用；提出CIS设计的论证报告；对组织内部状况和外部环境进行诊断、调查；对组织的理念、行为、视觉识别系统进行设计；负责CIS设计的内外推广传播；负责对CIS设计效果进行检验、评估。

2. 旅游组织现状调查分析

调查分析是实施以下各个步骤的基础。导入CIS的根本目的是对本组织现状予以调整，使组织建立更好的形象，这就需要了解组织运行的全面情况，并对组织内外状况进行全面诊断，找出组织当前的优势和劣势，判断组织在同行业中的地位，了解组织在社会上的形象状态。这样，CIS的设计才能有依据。现状调查分析包括两个方面，即组织内部环境和组织外部环境的现状的调查分析。

组织内部状况的调查内容有：组织经营理念、行为准则、劳动机制、生产管理水平、技术及人才储备、产品结构、员工状况、产品开发策略、财务、信息传达方式等方面。调查方式可采用以下几种方法。

1）与高层决策者沟通

掌握高层决策者对组织现状的评价、对未来发展的计划和展望等信息，使CIS策划参照他们的思路，符合他们的期望，这是至关重要的。

2）与内部员工座谈

员工是旅游组织的CIS的主体，了解他们对工作流程、福利待遇、管理体制、作业环境，以及对高层管理人员评价等问题的反映和看法，是组织现状分析的重要参考资料。

3）文案调查

主要对组织内部的年度报告、季度报告、规章制度、会议记录等各种资料和档案，进行综合分析，为CIS设计提供依据。

4）情报及视觉形象审查

主要指对组织名称、标志、标准字、标准色、组织造型、产品品牌、宣传媒介、组织建筑、组织环境等方面的调查。

组织的正确决策来源于对自身和现实处境的透彻了解。组织现状调查分析，犹如整个CIS设计的生命线，应贯穿于策划的全过程。

3. 旅游组织CIS设计

1）旅游组织理念和经营范围的确定

当获得了组织内外环境的全部资料，并对该组织现状进行分析后，即可开始对组织的理念定位做适应性的调整。重新认识组织既有的经营范围是否符合组织的现状和今后的发展。以组织的经营意志和社会、市场背景为基础，预测今后10年、20年的情况，从而确定相应的组织事业领域，以此明确新的组织理念作为今后组织一切活动的核心。

组织理念是CIS的灵魂，也是实现"差异化"组织形象的关键所在，所以应当非常慎重。组织理念设计完毕，须经CIS委员会审定认可，方可进入下一步设计。

2）旅游组织行为设计

一旦理念确定了，必然要求相应的组织行为与之配合。行为设计是CIS设计的主要内容，它一方面要求能充分反映理念，将理念具体化；另一方面又要使行为设计科学化、规范化和可操作化，便于推广和会计实践，使组织员工的行为表现出一个全新的面目。所以行为设计非有管理专家参与不可。

如实行"星级服务员"评定制度，入住的宾客作为首席评议员，在统一制作的表格上打分，每月统计一次。按得分授予服务员不同的星级，实行挂牌服务。各部门经理、乃至总经理应亲自参与或督导该类活动，以推动争创星级服务的活动，逐渐把真诚服务宾客的精神融入每一服务员的工作习惯之中。宾客在参与活动的过程中，亦感受到饭店服务至上的氛围以及被视为"上帝"的自豪与满足，从而留下美好的印象。

3）旅游组织的视觉设计

理念确定之后，就须用图形、文字色彩等表述出来，形成组织的视觉形象。简言之，就是对组织所有可视的传播媒体进行标准化、系统化的设计,通过统一的视觉系统,把组织的理念,有效地传递给外界。视觉设计包括设计独特的产品形象和品牌形象,形成组织标志、标准字体和标准色彩。它既要准确地体现组织的精神实质,又要使公众易于接受并留下深刻的印象。

阅读资料 8-4

图 8-2 是合家欢假日连锁宾馆部分 VI 作品。

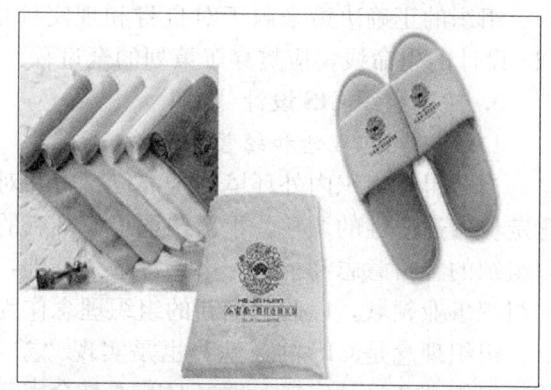

图 8-2 合家欢假日连锁宾馆(广州 VI 作品)

启示：

旅游组织设计好 VI 中的标准字和象征图案后，应该对其进行推广，可以将其运用在信封、信纸、便笺、名片、徽章、请柬、光盘、资料袋、制服、文化衫、领带、工作帽、毛巾、玻璃容器、瓷餐具、纸盒包装、纸袋包装、塑料袋包装等实物上。顾客在服务中反复受到同样标志图案的视觉冲击后，就会将旅游组织的服务和这个形象标志牢牢地结合在一起，产生深刻的印象。

4) 编制 CIS 手册

CIS 手册就是反映 CIS 全部设计内容和操作要求的应用文书。CIS 手册是 CIS 具体实施的操作规程，也是组织未来整体形象的指南。CIS 手册应让组织员工人手一册，既便于全体员工规范自己的言行，又可以作为以后全部工作统一化、标准化的依据。

阅读资料 8-5

天津经济技术开发区——泰达区的 CIS

泰达于 1993 年正式导入第一个 VI 形象设计标志，它是由天津经济技术开发区 (Tianjin Economic Technological Development Area) 的英文简称 "TEDA" 设计构成的，字体采用标准黑体做适当变形，形成稳健、严谨、实力雄厚的视觉形象，传达了泰达"值得信赖，给人信心"的视觉信息，局部设计运用上，将字母"A"巧妙变形，形成了一种开放、向上、腾飞的态势，表现和传达了一种朝气蓬勃、充满希望和活力的泰达气息。整个设计简洁明快，具有很强的国际通用性，同时还将国际流行的"色彩信息传递法"运用在设计中，将灰色、蓝色定位为泰达 VI 标志的标准色，通过色彩的力量产生视觉刺激，让人们从感性上认知泰达的经济理念和特质，其中灰色系统让人联想到严谨、稳定、可信赖、有实力；蓝色系统让人联想到年轻的、有活动的、充满希望的、海洋的、高科技的、信息的，此外"TEDA"标志中文译名取为"泰达"在中国传统文化中"泰"显示出稳重、祥和的气息，"达"表现着发达、通达的含义，是一个很容易被全球华人接受的吉祥名字。之后，卓有远见地开创了"泰达制造"概念，将优良的产品形象、组织形象、区域形象协调统一，产生了巨大的合力，大大增强了泰达及旗下各品牌的竞争力。在专家的反复论证下，泰达又确定了战略形象定位，即 TEDA，未来工业的起点。同时对泰达事业领域组织目标、组织观念、行为准则、行动口号、位置观念等都做了统一规范，提出了"环境是泰达生命，我就是泰达环境"的座右铭。图 8-3 为天津经济技术开发区标志。

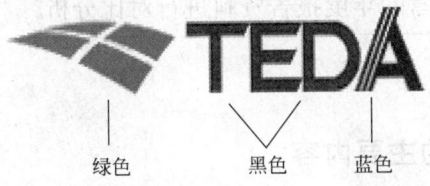

绿色　　黑色　　蓝色

图 8-3　天津经济技术开发区的标志

启示：

天津经济技术开发区 CIS 的导入，是基于对改革开放事业中产生积累的丰富的理念、思路的科学提炼整理，以及对未来发展的高瞻远瞩的预见和对自身命运的清醒认识。CIS

> 导入之后，极大地促进了天津经济技术开发区区域管理决策和公众形象塑造，使其在海内外投资者心目中产生了独特的魅力，对天津经济技术开发区的发展产生了深远的影响。

4. 组织 CIS 实施

CIS 导入之初，应及时落实项目负责人，落实 CIS 设计，进行日常管理。具体来讲，在该阶段要开展 CIS 计划对内对外的传播发布工作，完成从物到人的推行管理。

1) CIS 的内部传播

主要内容包括：完成 CIS 委员会的改组与更换；制订内部传播计划；实施员工 CIS 教育（组织可以通过自上而下的宣传、自下而上的反馈和横向沟通等方式来对员工进行教育，应当向广大员工详细介绍组织导入 CIS 的意义，以及导入 CIS 的目标、CIS 计划的内容，使他们领会组织理念，认识并理解视觉识别含义，严格执行行为规范，从而完成精神提升与形象重塑的任务）；定期发布 CIS 通信；举办普及 CIS 讲座；动员大家参加组织内部的公关活动。

导入 CIS，是组织意识的改革，是体制的改善，而不是单纯变更公司标志、招牌等视觉表达形式。全体员工对导入 CIS 的共识与同感，是保证 CIS 战略成功的关键。正因为如此，CIS 的对内传播才显得至关重要，不可忽视。

2) CIS 的对外发布

主要内容包括：制订对外发布计划，选择媒体，安排时间与频率，确定发布内容，合理预算，完成发布计划。由于涉及面广，诉求对象又来自各种不同的社会环境，操作起来要比对内传播繁杂得多。因此，组织要做周密的策划。在确定对外发布 CIS 的日期、内容、对象后，组织应当采用广告、新闻报道或召开记者招待会、新产品展示会等公关活动方式，宣传组织导入 CIS 的新设计系统和理念体系，让社会广泛知晓组织 CIS 的实施与组织形象的新面貌。

5. 组织 CIS 效果评估

主要内容包括：制定督导与定期评估测试制度，定期完成对内外组织形象效果测试，进行效益统计；制订、实施改进方案。

CIS 实施后组织知名度、美誉度提高的程度，组织经济效益增加的程度，一般说来可以采用主观分析法和广告效果评估法对其效果进行评估。如定期对组织内部外部测试，了解组织理念是否被认同，视觉传达是否被领会，认知度与识别功能、视觉冲击力与设计品位如何等。又如利用统计方法考察组织销售额和利益的增长率来测定效果。还可以用数据统计分析作定量化的评估。导入 CIS 的实效最终是要通过组织产品的市场占有率、销售金额、利税指标来显示的，所以可用导入 CIS 前后几年的组织经营的年度报告资料进行对比分析。

阅读资料 8-6

一套旅游组织 VI 设计的主要内容

1. 基本要素系统
① 饭店、旅行社的标志、象征图案。
② 饭店、旅行社标准字。
③ 饭店、旅行社标准色。
④ 饭店、旅行社标志和标准字的组合。

⑤饭店、旅行社宣传口号。2. 应用系统
①饭店、旅行社的办公用品：信封、信纸、便笺、名片、徽章、工作证、请柬、文件夹、介绍信、账票、备忘录、资料袋、公文表格等。
②旅游组织外部建筑环境：建筑造型、旗帜、门面、组织招牌、公共标志牌、路标指示牌、广告塔、霓虹灯广告、庭院美化等。
③旅游组织内部建筑环境：饭店大厅风格、旅游组织内部各部门标识牌、常用标志牌、楼层标志牌、组织形象牌、旗帜、广告牌等。
④旅游组织交通工具：轿车、面包车、大巴士、货车、轮船、飞机等。
⑤旅游组织服装服饰：经理制服、管理人员制服、员工制服、礼仪制服、文化衫、领带、工作帽、纽扣、肩章、胸卡等。
⑥广告媒体：电视广告、杂志广告、报纸广告、网络广告、路牌广告等。
⑦旅游产品及其包装：玻璃容器、瓷餐具、纸盒包装、纸袋包装、木箱包装、塑料袋包装、金属包装、陶瓷包装、包装纸、毛巾等。
⑧礼品：T恤衫、领带、领带夹、打火机、钥匙牌、雨伞、纪念章、礼品袋等。
⑨陈列展示：橱窗展示、展览展示、货架商品展示、陈列商品展示等。
⑩印刷品：旅游组织简介、旅游线路产品介绍、年历、宣传手册、意见卡、旅游组织内部期刊等。

8.3.3 导入 CIS 注意事项

由于种种原因，当前一些组织和 CIS 策划者在实施 CIS 战略时，常常步入误区，犯下一些甚至是致命性的错误。针对常见的失误现象，特提出以下注意事项。

1. CIS 导入的整体性

要掌握 CIS 的整体性与实质性，消除对 CIS 片面的表面的认识。例如，有人认为 CIS 只是对组织产品包装与其他宣传设计，这是十分狭隘的。当然，CIS 进入中国以来，愈来愈多的组织经营者已经对 CIS 的整体性有深层认识。CIS 的作用得以发挥是以它的整体性为基础，MI、BI、VI 相互联系共同产生作用。完整的 CIS 是组织文化、组织机制、发展战略、人的理念行为等组织深层"灵魂"与组织外形的整合，是"外表美"与"内在美"的统一。

2. CIS 导入的长期性

CIS 产生的效益不是立竿见影的，需要一个过程来强化组织精神，培育自我独特的文化，得到公众的认同和支持。CIS 的作用是创造旅游业长期发展的有利环境，如果过于急功近利反而会产生导入的失败。

3. CIS 导入的投资性

导入 CIS 需要资金投入，旅游组织管理者应正确认识这笔费用支出的意义，可以把它看成是组织的一项有回报的固定资产投资，由此投资产生的一套科学的组织理念、管理结构及组织形象是组织今后生存和发展的有利而无形的资产。毫不夸张地说，CIS 是投资，而不是开支。CIS 的费用实为一种广义的长期储蓄。

4. CIS 导入的主导性

旅游组织最高决策者必须排在主导地位，充分重视 CIS 的正确导入，以推行 CIS 为己任，让 CIS 战略真正发挥最大作用。因为他们的态度直接决定着 CIS 导入的成败。一把手的重视、支持和直接参与尤为重要。领导者对创新文化切不可急功近利，只考虑眼前利益和效果，一定要从建设良好的科研环境，营造浓厚的创新文化氛围，激励和培养创新思维，造就创新人才这一长远的目标出发，真正做到认识到位、组织到位、措施到位。真正把创新文化作为知识创新工程一个具体目标来抓，带领职工为建设创新文化而共同努力。

5. CIS 导入的参与性

CIS 的实施，必须依靠组织全体成员的共同努力，没有全员的参与，它就无法在组织内部生根发芽。因此，导入 CIS 一定要注意激发全体员工的参与热情与自觉性。

阅读资料 8-7

某酒店导入 CIS 时注重员工的参与性

CIS 导入需要较长时期，酒店为了不造成"领导热，职工冷"、"今天热，明天冷"的局面，始终引导职工保持对创新文化建设的关注，团队确立了"边规划、边导入、边培训"的作业模式，利用一切机会，借助一切可能的手段，增加职工参与性。

CIS 规划初期，酒店着重做好对职工思想意识观念转化工作，利用内部报刊、橱窗连续刊发有关 CIS 规划相关知识、理论及意义的文章，并结合酒店实际，聘请专家教授就机制转换、创新文化的概念与意义进行多次讲座，使职工一开始就对创新文化有了概念性认识；随着 CIS 规划设计的不断深入，定期利用报刊、橱窗、阅报栏向职工介绍进展情况，全面刊发相关结果，并与之配合，先后就酒店理念文化体系、视觉形象体系及行为礼仪等方面，举办多次相关知识讲座培训，使职工同步了解 CIS 进展情况，及时参与意见。为了加深职工对创新文化与 CIS 认识，酒店还举办了"创新文化知识竞赛"，举办了以创新文化形象标志为主题的职工趣味运动会，举办了多期"创新文化沙龙"活动，通过文化沙龙这种形式，邀请专家学者与职工共话创新文化建设，从而使职工对创新文化建设有了更为深刻的认识，对酒店实施 CIS 规划予以大力支持。

启示：

创新文化建设是一项长期的工作，CIS 规划方案的实施导入也将是一个长期任务。酒店之所以使创新文化建设取得预期效果，是其抓好了 CIS 规划方案的导入。

---

6. CIS 导入的外援性

CIS 是组织与专家之间的强强合作。这一点特别需要强调，CIS 设计是一项高级而繁杂的创造性工程，须凭借高层次的多个学科的专业人员的设计和导入。一般说来，组织如果在这方面不具备足够的实力，应该借助外界专门设计机构的协助完成 CIS 战略，也就是借助"外脑"来出谋划策。所以，组织不宜为了"节约"而自组"草台班子"，应引入"外脑"，并与之积极配合，共同完成导入任务。目前全国 CIS 专家团有不少，而且即便是广告公司，也开始聘请外援。

本章小结

CIS 组织形象识别系统是实施组织战略形象的重要手段，塑造组织形象是旅游组织公共关系的核心，CIS 和旅游公共关系有着密切的联系。CIS 主要包括 MI、VI、BI 三个子系统。MI 是旅游组织的理念识别系统，BI 是旅游组织的行为识别系统，VI 是旅游组织的视觉识别系统，CIS 的导入要选择适当的时机，按照基本流程进行。

案例分析

四川德阳市的 CIS 形象识别系统设计

1. 视觉识别系统（VI）

在德阳项目的标志图形设计中，简洁的字母 DY 造型中极具金属刚性和张力感，代表了德阳阳刚休闲之都的主题定位，Y 字上三星堆面具的图案同时凸显了德阳最具代表性的旅游资源，汉字中德阳两个字的变化也是突出阳刚、阳光理念，颜色上橘红色和绿色体现了生态、自然、活力、健康的品牌主题内涵。如图 8-3 所示。展板的设计如图 8-4 所示。主题构思则是在展现德阳最具旅游吸引力旅游资源的同时向潜在游客传递德阳旅游前卫、时尚、动感、神秘的品牌感性信息。

图 8-3　德阳项目标志图形设计方案

图 8-4　德阳项目宣传展板设计

2. 理念识别系统（MI）和行为识别系统（BI）

作为完整的 CIS 系统中 MI 和 BI 同样是不可缺少的重要组成部分。MI 侧重在品牌传播过程中组织精神和理念的传播，对于旅游目的地同样需要有自己的品牌理念，例如，德阳旅游的品牌就在传播生态、自然、活力、健康的理念，其核心品牌内涵就是倡导积极健康的休闲理念和生活方式。BI 在旅游业的应用主要是从业人员的接待行为标准化和市民为实现品牌内涵的行为自觉化，以此来诠释品牌的人文内涵。

3. 宣传口号

在品牌的传播过程中好的宣传口号对旅游品牌的传播具有非常重要的意义。一句"乐山、乐水、乐逍遥"把四川乐山市的旅游形象宣传得淋漓尽致。宣传口号的提炼通常是围绕品牌主题进行，同时宣传口号的押韵和上口与否相当重要。德阳："惊探古蜀文化，体验阳刚休闲"，口号中的惊探和体验形成了具有动感的前后对应。

4. 听觉识别

品牌听觉包装的常用手法就是"让旅游插上歌声的翅膀"。旅游业成功例子包括：由日本著名歌星演唱的《无锡旅情》，让成群结队的日本人按歌索景来到无锡；像风靡一时的《太湖美》、《太阳岛上》、《请到天涯海角来》、《我想去桂林》等都是无意识创作出来的旅游歌曲的佳作。随着旅游业的发展，旅游歌曲的这种作用逐渐显露出其市场价值，于是一些旅游景区、旅游组织纷纷出资请专业词、曲作家为自己"量身订做"听觉标志，使旅游歌曲的创作开始进入了有意识创作的新时期。值得注意的是旅游歌曲必须情景交融。要把一定的理想、追求，或者是一种思想、情绪，结合在景观之中，这才是最能感动人的地方。

四川德阳全面导入 CIS 形象识别系统，包括视觉识别、理念识别、行为识别和听觉识别。其中视觉识别代表了德阳阳刚休闲之都的主题定位，体现了生态、自然、活力、健康的品牌主题内涵；理念识别侧重在品牌传播过程中组织精神和理念的传播；而行为识别主要体现在从业人员接待行为的标准化；听觉识别注重旅游与歌曲的情景交融，打动人心。德阳把 CIS 的子系统相互结合运用，全方位的塑造旅游形象，值得学习。

分析：

一个地区应当有自己的与旅游形象紧密相关的旅游节事，在游客心中留下深刻印象。如山东潍坊的风筝节、河北吴桥的杂技节、青岛的啤酒节等。几年前烟台、海口、大连、天津以及近期的珠海、广州、北京等，都在树立自身形象方面迈开了步伐，显露出区域形象策划的雏形。其中成都的"东方伊甸园"、杭州的"休闲之都"、大连的"浪漫之都"、广州的"南国商都"、武汉的"东方芝加哥"等已有一定影响。CIS 已经由小 CIS 发展到大 CIS，即把原来代表组织的 C（Corporate）延伸为代表城镇的 C（County 或 City）。一些中等城市也进行了区域形象策划，CIS 形象已不仅是单个的组织或景区形象，而是演化为整合的区域形象。

思考：

1. 从本案例中分析 VI、BI、MI 的含义？
2. 旅游组织在导入 CIS 形象识别系统时，怎样将其各个子系统相互结合起来？

课堂练习与思考

简答题

1. CIS 是在什么历史条件下产生的？
2. CIS 的特点和功能有哪些？
3. CIS 的三个主要构成要素是什么？其相互关系如何？
4. 旅游组织导入 CIS 的理由是什么？

5. 旅游组织如何选择导入 CIS 的时机？
6. 导入 CIS 基本程序有哪些？请简要说明。

情景模拟训练题

1. 搜集组织尤其是旅游组织 CIS 设计的标志图形，分析标志的象征含义。
2. 用比较的方法调查分析本地星级酒店的理念识别系统。结合分析该组织的组织文化和精神。

第 9 章 综合案例分析

学习目标：
1. 了解长城饭店、蓝岛大厦开展公关活动的过程；
2. 学会运用公共关系原理制定公关活动的目标，确定公众、选择最佳传播方式，以开展公关活动。

本章"综合案例分析"是《旅游公共关系原理与实务》一书的重要实证。在我们懂得了旅游公共关系原理后，本章选取"长城饭店"、"蓝岛大厦"如何把公共关系融入组织经营之中，并取得重大效益的实例，使我们进一步对本书有一个全面的、系统的认识。在旅游活动中"住"和"购"是不可缺少的重要环节，这两家组织在经营过程中的公关活动均可代表我国旅游公共关系的一般情况。

9.1 长城饭店

9.1.1 简介

长城饭店——旅游公共关系的一面旗帜。

北京喜来登长城饭店是 1979 年 6 月由国务院批准的全国第三家中外合资合营组织，是中国第一家国际五星级酒店。1983 年 12 月试营业以来，一直保持最高的服务水准。组织主体建筑是 20 世纪 80 年代北京十大建筑之一。随着改革开放的深入发展，北京新建的大批高档饭店投入运营，饭店业竞争日益加剧。长城饭店之所以能在激烈的市场竞争中立于不败之地，成为京城饭店业的佼佼者之一，除了出色的推销工作和优质服务外，饭店管理者认为公共关系工作在塑造饭店形象上发挥了重要的作用。

长城饭店从试营业那天起就成立了公共关系部，一直到现在都在坚持不懈地用公共关系艺术塑造自身形象，使组织闻名海内外。饭店副总经理张志军曾说："在当今中国各大饭店云集、竞争激烈的局面下，要想立于不败之地，除了有完善的设施和优质服务外，公共关系活动是至关重要的，凡有眼光的组织家都应该重视它。"从公共关系部成立到现在，他们招收培训了一批高素质的公共关系人员，制订了一套公共关系活动计划和准则，把公共关系贯穿于饭店的各个环节，大至国家元首来访，小至一举一动，都以树立良好的形象为目标。

9.1.2 长城饭店案例分析

1. 认识自我，准确定位

长城饭店深深懂得，要想立于不败之地，首先做到知己知彼，而知己是重中之重。因此，在自我宣传时总避免不了这样一句话：长城饭店地理位置优越，设施上乘，拥有一流的管理人才。

1) 拥有得天独厚的地理位置

长城饭店位于北京朝阳区东三环北路 10 号。地处交通便利的东三环，毗邻于使馆区，到首都国际机场或故宫只需 20 分钟。地理位置优越，交通便利。

2) 完备的服务设施

酒店共有 1 007 间客房，包括 323 间标准房、新装修的 526 间豪华房、55 间小套房、15 间商务套房、75 间行政楼层豪华房、5 间行政楼层小套房、3 间行政楼层豪华套房、3 间贵宾套房和 2 间总统套房。1 600 平方米的会议设施包括 1 个大宴会厅和 10 个多功能厅，最多可容纳 1 200 人。

3) 一流的管理人才

饭店原有职工 1 873 人，外籍员工最多时达到 78 个。各部门经理除保卫部外均由外籍人员担任，甚至有些部门的管理员、领班也是外籍人员。外籍人员严格的管理、娴熟的服务技巧、严肃认真的职业态度教育了长城饭店的员工，同时也为长城饭店日后的发展打下坚实的基础。随着时间推移，本地员工茁壮成长，目前饭店大部分的总监、经理职位均由本地员工担任，外方人员也逐年减少。现在饭店共有员工 1 117 人，外籍员工减少到 22 人。在这些员工中，开业时的许多老员工们仍在饭店的不同岗位上工作着，成为不可缺少和替代的骨干力量。

他们把自己定位于"国家一流饭店"。正是这"一流"的定位，使他们拥有一流的服务和一流的管理。

2. 树立科学的经营理念

长城饭店在各方面独具竞争优势的前提下提出了"打造世界一流饭店"的目标，为此确立了科学的经营理念。

1) 人才导向意识

组织成败在于人才，人才的得来靠的不是等待，而是寻找、培养和科学地使用。人才是知识、能力和责任心的综合体，是宝贵的不可替代的资源，长城饭店的用人原则是：

① 用能力者，不用庸人；
② 用人之长，不用圣人；
③ 用品德高尚者，不用小人；
④ 用一心为公者，不用自私自利者；
⑤ 用努力工作者，不用阿谀逢迎者；
⑥ 用有实际能力者，不唯学历、资历。

2) 科学的领导管理体制

科学的领导管理体制是组织能正常运作的保障，工作中实行严格的垂直领导，岗位有明确而严格的职责。员工各负其责。确立严格、正常的工作程序，强调管理者必须严谨、严肃地执行规章,强调对事不对人。

3) 严格规章,严明纪律,严肃执行

设立饭店所有部门 360 个岗位的 810 项具体工作程序标准,严格实行科学的标准化制度,强调在制度面前人人平等。

4) 服务的高标准

高标准的设施、设备与优质的服务,不断更新的基础设施条件,为不断满足客人的需求和维护饭店声誉提供了基本的保障,使客人感到"物有所值",保证了饭店服务的高标准。

5) 永争第一

建立自我竞争观念,始终使员工自己的思维,伴随市场的"脉搏"共进,使组织树立了"敢为人先、不知满足、不断进取"的长城人的精神。

6) "员工第一,宾客至上"

饭店生存靠的是客人,客人对饭店情有独钟靠的是满意的服务,而只有让员工满意,才能够提优质的、令客人满意的服务。因此,"饭店的生存靠客人"是表面现象,而员工才是决定饭店兴衰的本质。

3. 着力打造"员工第一"的理念

1) 着力提升员工的自身素质

长城饭店把"员工第一"作为根本大事来抓,在内部建立了良好的金字塔式培训体系,饭店领导非常重视,从总经理到各部门经理,各级管理人员都是良好的培训师,层层落实。新员工一进店就建立培训档案,根据本人的发展,不断进行跟踪培训,缺什么就补充什么,工作中需要什么技能就开展什么样的技能培训,使员工不断学习知识和技能,满足员工日益高涨的知识管理的需求。员工们说,之所以不愿意离开长城饭店,正是由于在这里能不断学到新的知识,能不断丰富自己,提高自己,留在这里值得。

2) 运用良好的激励手段

长城饭店良好的评估系统是调动和激励员工的一种手段。通过评估,优点得到充分的肯定和表彰,缺点得到改正,促使其不断提高。同时员工通过评估得到了安慰,认识到只要"好好干"就能实现自己的价值。员工的晋升、转正、定级都是通过评估之后得到公平、公正、合理的体现。

3) 充分发挥员工的主人翁意识

饭店每季度召开一次总经理同员工直接面对面的对话会,给员工发表意见的机会,让员工公开对经营管理、饭店发展各项方针及自己的需求提出意见,通过直接对话沟通、发表看法、提质疑,促使管理层领导改进工作。通过员工举办的广播、墙报,发表意见,把饭店当成自己的家,积极热情地参与管理,营造一种和谐的大家庭气氛。饭店更是加倍调动员工的积极性,把一些信息告诉员工,如:"年营业额是多少"、"每天出租率是多少"、"哪些重要客人要到饭店"、"饭店具体的规章制度"等,使饭店和员工息息相关,心心相印,增加了组织的凝聚力,减少了人员流动率。

4. 进行周密系统的调查研究

长城饭店日常的调查研究通常由以下几个方面组成。

1) 日常调查

(1) 问卷调查

每天将表放在客房内,表中的项目包括客人对饭店的总体评价,对十几个类别的服务质量评价,对服务员服务态度评价,以及是否加入喜来登俱乐部和客人的游历情况等。

(2) 接待投诉

几位客务部经理 24 小时轮班在大厅内接待客人反映情况,随时随地帮助客人处理困难、受理投诉、解答各种问题。

2) 月调查

(1) 顾客态度调查

每天向客人发送喜来登集团在全球统一使用的调查问卷,每日收回,月底集中寄到喜来登集团总部,进行全球性综合分析,并在全球范围内进行季度评比。根据量化分析,对全球最好的喜来登饭店和进步最快的饭店给予奖励。

(2) 市场调查

前台经理与在京各大饭店的前台经理每月交流一次游客情况,互通情报,共同分析本地区的形势。

3) 半年调查

喜来登集团总部每半年召开一次世界范围内的全球旅游情况会,其所属的各饭店的销售经理从世界各地带来大量的信息,相互交流、研究,使每个饭店都能了解世界旅游形势,站在全球的角度商议经营方针。

5. 一系列格调高雅的公关活动

长城饭店经营模式的成功,除了得益于一流的设施和一流的服务、周密的调查外,还同他成功的公关活动是分不开的。

1) 公关活动在慕田峪长城

1984 年,北京市为了缓解八达岭长城过于拥挤之苦,整修了慕田峪长城。当慕田峪长城刚刚修复、准备开放之际,北京长城饭店不失时机地向慕田峪长城管理处提出由他们来举办一次招待外国记者的活动,一切费用都由长城饭店负担。双方很快便达成了协议。在招待外国记者的活动中,有一项内容是请他们游览整修一新的慕田峪长城,目的当然是想借他们之口向国外宣传新开辟的慕田峪长城。这一天,长城饭店特意在慕田峪长城脚下准备了一批小毛驴。毛驴是中国古代传统的代步工具,既能骑,也能驮东西。如果长城、毛驴被这些外国记者传到国外,更能增加中国这一东方文明古国的神秘感。这次长城饭店准备的毛驴,除了提供给记者外,还用来驮饮料和食品。当外国记者们陆续来到山顶之际,主人们从毛驴背上取下法国香槟酒,在长城上打开,供记者们饮用。长城、毛驴、香槟、外国人,记者们觉得这个镜头对比太鲜明了,连连叫好,纷纷举起了照相机。照片发回各国之后,受到好评。于是,第二天世界各地的报纸几乎都刊登了慕田峪长城的照片。北京这家以长城命名的饭店名声也随之大振。

通过这次活动,北京长城饭店的公共关系经理,一位当过记者的美国小姐,尝到了通过编辑、记者的笔头、镜头,把长城饭店介绍给世界各国,效果远远超过广告。

2) 公关活动在答谢会前

获悉 1984 年 4 月 26 日到 5 月 1 日,美国总统里根访问中国。北京长城饭店立即着手了解里根访华的日程安排和随行人员。当得知随行来访的有一个 500 多人的新闻代表团,其中包括美国的三大电视广播公司和各通信社及著名的报刊之后,北京长城饭店的这位公共关系经理真是喜出望外，她决定把早已酝酿的计划有步骤地付诸实施。

首先，争取把500多人的新闻代表团请进饭店。他们三番五次免费邀请美国驻华使馆的工作人员来长城饭店参观品尝，在宴会上由饭店的总经理征求使馆工作人员对服务质量的意见，并多次上门求教。在这之后，他们以美国投资的一流饭店应该接待美国的一流新闻代表团为理由，提出接待随同里根访华的新闻代表团的要求，经双方磋商，长城饭店如愿以偿地获得接待美国新闻代表团的任务。

其次，在优惠的服务中实现潜在动机，长城饭店对代表团的所有正当要求都给予满足。为了使代表团各新闻机构能够及时把稿件发回各自国家，长城饭店主动在楼顶上架起了扇形天线，并把客房的高级套房布置成便利发稿的工作间。对美国的三大电视广播公司，更是给予特殊的照顾。将富有中国园林特色的"艺亭苑"茶园的六角亭介绍给CBS公司、将中西合璧的顶楼酒吧"凌霄阁"介绍给NBC公司、将古朴典雅的露天花园介绍给ABC公司，分别当成他们播放电视新闻的背景。这样一来，长城饭店的精华部分，尽收西方各国公众的眼底。为了使收看、收听电视、广播的公众能记住长城饭店这一名字，饭店的总经理提出，如果各电视广播公司只要在播映时说上一句"我是在北京长城饭店向观众讲话"，一切费用都可以优惠。美国各电视广播公司愿意接受这个条件，暂当代言人、做免费的广告，把长城饭店的名字传向世界。

3) 公关活动在答谢会上

有了这两步成功的经验，长城饭店又把目标对准了里根总统的答谢宴会，要争取到此答谢宴会是有相当大难度的，因为以往像这样的宴会，都要在人民大会堂或美国大使馆举行，移到其他地方尚无先例。他们决定用事实来说话。于是，长城饭店在向中美两国礼宾司的首脑及有关执行部门的工作人员详细介绍情况、赠送资料的同时，把重点放在了邀请各方首脑及各级负责人到饭店参观考察上，让他们亲眼看一看长城饭店的设施、店容店貌、酒菜质量和服务水平，不仅在中国，即使在世界上也是一流的。到场的美国官员被事实说服了，当即拍板，还争取到了里根总统的同意。

获得承办权之后，饭店经理立即与中外各大新闻机构联系，邀请他们到饭店租用场地，实况转播美国总统的答谢宴会，收费可以优惠，但条件当然是：在转播时要提到长城饭店。

答谢宴会举行的那一天，中美首脑、外国驻华使节、中外记者云集长城饭店。电视上在出现长城饭店宴会厅豪华的场面时，各国电视台记者和美国三大电视广播公司的节目主持人异口同声地说："现在我们是在中国北京的长城饭店转播里根总统访华的最后一项活动——答谢宴会……"在频频的举杯中，长城饭店的名字一次又一次地通过电波飞向了世界各地，长城饭店的风姿一次又一次地跃入各国公众的眼帘。里根总统的夫人后来给长城饭店写信说："感谢你们周到的服务，使我和我的丈夫在这里度过了一个愉快的夜晚。"

通过这一成功的公关活动，北京长城饭店的名声大振。各国访问者、旅游者、经商者慕名而来；美国的珠宝号游艇来签合同了；美国的林德布来德旅游公司来签订合同了；几家外国航空公司也来签合同了。后来，有38个国家的首脑率代表团访问中国时，都在长城饭店举行了答谢宴会，以显示自己像里根总统一样对这次访华的重视和访问成功的象征。从此，北京长城饭店的名字传了出去。

4) 公关活动在集体婚礼上

作为一家经常接待外国元首的豪华饭店，长城饭店的客人98%是外宾，这在众多中国人心目中形成了"'长城'是外国人出入的地方,中国人进不去"的误解。为了消除这种误解,公共关系部想出了一个好主意:举办一个集体婚礼,每个普通的北京市民都可以报名参加,还可以带上15名亲友。这条消息在《北京日报》以广告形式登出后,没几天,名额爆满,来电话者、登门询问者应接不暇,公共关系人员忙得不亦乐乎。

当95对新人和他们的亲友步入长城饭店大厅时,通过中央电视台和北京电视台,亿万中国人收看到了这一盛况,此举受到人们的热烈赞扬。

此后,许多组织、政府机构、社会团体也在这里举办各种活动。长城饭店在中国人的心目中变得更亲近了。

5) 公关活动在天使"孩子们"身上

1985年圣诞节前夕,长城饭店公共关系部邀请了一大批驻京大使馆的孩子进行装饰圣诞树的比赛。除了供应孩子们吃喝外,还给每个孩子赠送带有长城饭店标志的小礼物。

除此之外,长城饭店还举办了颐和园的中秋赏月和十三陵的野外烧烤、赈灾义卖等大型公关活动。

长城饭店的公关活动经验可以概括为以下几点。

(1) 不落俗套,贵在创新

创新是组织活动的活力所在。只有创新,才能使组织在竞争中立于不败之地。

不断创新,是公共关系工作的基本特征之一。敢于创新,才能做到人无我有;善于创新,才能达到人有我新。

(2) 借风扬帆,扩大声誉

如同轮船扬帆出海需要借"风"一样,组织也要善于借势。长城饭店正是通过借里根总统访华等一系列热点新闻之"势",达到了别的饭店花多少钱做广告都无法获得的效果,让自己声名鹊起。"借势",可以考虑从以下几个方面着手。

① 借用名人效应。在传播学里有一个理论,就是要注重名人效应,因为大众的注意力是有限的,而名人往往是大众注意力的焦点。如果能充分利用个焦点,就可以更好地影响大众。

② 借社会关注的热点新闻。

③ 借道。也就是借别人成熟的渠道,利用合作等机会,使自己尽快成长和壮大起来。

(3) 从小事做起,树立形象

公共关系不是抽象的,而是具体的;不是神秘的,而是实在的。要让公众感受到具体和实在的东西,这就要求公共关系人员从细微处做起。

9.2 蓝岛饭店

9.2.1 简介

超凡的蓝岛文化,独具魅力的组织形象。

北京蓝岛大厦，1993年1月18日正式营业，总建筑面积32 000平方米，营业面积18 000平方米，营业现场设有滚梯、电梯、中央空调和自动防火喷淋及电视监控系统，是集购物、餐饮、文化娱乐为一体的现代化商业组织。自开业以来，蓝岛大厦通过着力培育独具特色的组织文化，走出一条与众不同的"以文兴商之路"，在社会公众中树立起了良好的组织形象，取得了较好的经济效益和社会效益。

这些成绩的取得得益于以下几方面。

1. 科学客观的环境调研分析

1993年是我国社会主义市场经济迅速发展的一年，也是邓小平"南巡讲话"之后各组织大胆开拓进取的一年。

从客观经济形势看，社会主义市场经济迅速发展，商业从传统的计划经济体制逐步走上了市场经济的轨道，并由卖方市场转变为买方市场，谁能将消费者吸引过来，谁就会兴旺。

从北京市商业的发展情况来看，百货大楼、西单商场等老字号市场，依然雄风不减。北京的商业发展迅速，随着西单购物中心、长安商场、赛特等一批新型商场的开业，给北京市的消费者和外来游客带来了耳目一新的感觉，使北京商业在观念上有了进一步的更新。就是说，现代化的商业要在经营布局、指导思想及购物环境、服务方面都要有一个变化，要向国际水平靠拢。

从自身条件看，蓝岛大厦属于区属组织，在强手如林的情况下，存在许多不利的因素。从地理位置看，朝外大街没有形成商业群体网络，还属于二类商业区，与王府井大街、西单地区等老商业区相比还有差距，在竞争上处于相当大的劣势。从自身人员来看，蓝岛大厦有2/3的职工没有商业经验，另外1/3的职工过去多在小商店工作，缺乏干大商场的经验，与一些新型商场比，人员状态不容乐观。另外，蓝岛大厦北有燕莎，南有贵友、赛特、友谊，西有隆福、东有鑫帝大厦，使蓝岛的未来发展面临着严峻的考验。

但是，朝阳区的领导和人民十分关心蓝岛，寄希望于蓝岛。蓝岛的建成开业，凝聚着朝阳区人民的厚望。

面对着挑战和期盼，蓝岛大厦的决策者在开业之前就已经考虑，如何在市场竞争中站住脚，如何能够取胜。经过多次研究，蓝岛人形成一种共识，那就是组织的发展取决于能否独树一帜，能否搞出自身特色，不能走别人走过的路。

2. 科学的发展战略和经营理念

通过对蓝岛自身及其竞争对手及经营环境等诸多因素进一步的调查、比较、分析和评判，他们确定了组织未来发展的总体构想。

走"以文兴商"的组织发展之路。蓝岛大厦开业之初，让商业与文化联姻，把组织经营与现代消费者的精神需求有机结合，走"以文兴商"的组织发展之路的构想便初步形成。

确立了科学的经营理念。具体内容分别如下。

① 组织宗旨：情系义利，顾客至上。

② 经营目标：立足朝阳，面向首都，辐射全国，走向世界，逐步实现实业化、集团化、国际化。

③ 经营方针：在品类齐全的基础上以中高档商品为主，突出名、特、优、新、精商品。

④ 经营战略：商品以质取胜，经营以特取胜，服务以情取胜，购物以便取胜，环境以雅取胜，功能以全取胜。

3. "以人为本"的组织文化建设

从建店之初,蓝岛大厦就把"以人为本"的组织文化建设当作组织的根本建设来抓。

1) 提炼升华出"亲和一致,奋力进取"的组织精神

在组织创建之初,为了确保大厦能于1993年1月18日开业,2 000多名蓝岛员工在没有水、没有电、没有暖气,甚至连厕所都无法使用的情况下,冒着零下十几度的严寒,进驻了二次装修工程尚未完工的大厦。广大员工克服重重困难,把价值5 000万元的商品肩扛、手提到6层楼上,创造了仅用22天时间就把一个30 000多平方米凌乱不堪的施工现场装扮成充满时代气息的现代化商厦的奇迹,在筹备开业的日子里,大厦没有发过一分奖金。这个奇迹的出现靠的是蓝岛人团结奉献、拼搏开拓的敬业精神和奉献精神。在此基础上,他们把组织精神凝练成8个字——亲和一致,奋力进取。其中,"和"是组织精神的精髓。这8个字是蓝岛人艰苦创业、团结奋斗、无私奉献精神的真实写照,它成为蓝岛发展的强大动力,成为蓝岛成功的根本所在。

2) 在组织精神的基础上,着力培育员工共同的价值观

大厦领导针对员工中年轻人占绝大多数的特点,因势利导,注意挖掘员工的进取意识,积极为他们提供施展才华的机会;另一方面,还力求使每位员工认识到,个人价值只有在组织目标的实现过程中才能得以实现,培养员工对于组织的认同感和归属感。经过几年的努力,形成了蓝岛特有的价值观体系。

① 组织精神:亲和一致,奋力进取。
② 价值观:在为事业而奋进的过程中最大限度地实现自我价值。
③ 组织风气:对组织有贡献的人将受到尊重,损害组织利益的人将受到谴责。
④ 员工信念:在出色的组织里工作光荣。
⑤ 行为取向:组织的需要就是我们的志愿。
⑥ 服务准则:微笑,真诚,迅速。

4. 导入"CIS"战略,塑造组织形象

在"走出自己特色"思路的前提下,蓝岛大厦聘请了一些具有丰富经验的商业系统退休领导组成顾问团,为蓝岛出谋划策;同时,又聘请了大专院校的专家、学者为蓝岛的经营战略提供咨询。与此同时,蓝岛大厦决定导入CIS,运用CIS战略,塑造蓝岛形象,以良好的形象在竞争中取胜。

① 视觉要素的设计。蓝岛大厦引入CIS战略,确定以蓝色为基本色调,形成了店徽、店旗、店服、包装用品等统一的组织视觉识别系统。

蓝岛大厦导入CIS的第一步体现在蓝岛大厦名字上。"蓝岛大厦"的名字,不仅朗朗上口,而且充满了文化气息,体现了鲜明的时代色彩。"蓝岛"的含义非常深远:蓝岛是一个不规则的多边形,酷似一座岛屿,外覆蓝色玻璃幕墙,具有海水般的颜色,"蓝岛"之名自然而生;蓝色象征蓝岛人宽广的胸怀,象征着蓝岛员工给予消费者满意的商品和温馨的服务;海中之岛,蕴藏着无尽的宝藏,预示着蓝岛永远繁荣富强。

② 蓝岛的店徽、工装和各种办公用品、运输车辆等都有蓝岛的标志,即蓝白相间的徽标。同时还把它引申到商品布局中,商品布局主色调店徽淡雅,以蓝白相间为主。

③ 蓝岛还设计了带有文化氛围的环境及布局名称。当顾客进入蓝岛,首先感受到的就是集生活情趣、文化修养、休闲娱乐为一体的享受空间。在一楼设有总服务台,大型电子屏

幕交替着出现温情的问候和带有商业文化色彩的导向性商品介绍。售货员身着蓝色制服，整洁淡雅，话语言谈充满了文化味和人情味，被孩子们亲切地称作"蓝精灵"。无论是大厦的整体设计，还是各商品部的布局设计，都弥漫着浓烈的文化气息，供消费者品味。

④《蓝岛文化》深入人心。开业伊始，蓝岛人就创办了《蓝岛商报》，每期均有一篇主要文章诠释蓝岛的经营策略，均有全体员工奋斗的佳绩和战果。《蓝岛商报》不仅是联结上下左右的纽带，也是蓝岛大厦职工的行为导向。蓝岛人还创作了店歌——《给世界的爱》及10首蓝岛之歌，如《每次当我从蓝岛走过》、《蓝岛情》、《要购物你就到蓝岛》、《相聚在蓝岛》等。商报和店歌使每个蓝岛人的心灵紧紧相连，融为一体，形成了充满文化气息的组织环境。

5. "蓝岛之情"公关活动效益显著

市场竞争是无情的，然而决定市场购买力的广大消费者是有情的，蓝岛人运用CIS战略中的BI，即组织行为识别系统，开展了一系列的情意服务。

1）礼仪小姐送温情

蓝岛大厦在1993年9、10两个月举办了"蓝岛文化购物节"。购物节期间，蓝岛大厦组织了礼仪小姐仪仗队，每周三、六两日在开业前10分钟进行礼仪表演。表演结束刚好到大厦营业时间，礼仪小姐分别站在大厦的各个门口迎接顾客，使顾客还未走进大厦，已经接受了蓝岛职工的一片温情。

2）热心周到见真情

蓝岛大厦的开架售货率达70%，这不仅方便了购物，更重要的是让顾客感到在蓝岛是被信任和被尊重的。遇到下雨天气，总服务台为那些来蓝岛购物而未带雨具的顾客准备了雨伞，没有借据，没有押金，服务台的同志客气地说一声："您下次顺路时把雨伞带回来。"尽管雨伞的回收率只有30%，但他们仍然坚持这一便民措施。顾客在便捷周到的服务中接受了蓝岛职工的一片真情。

3）敬老相助似亲情

蓝岛大厦热心公益事业。在1993年"九九重阳节"之际，蓝岛大厦慰问了在朝阳区的百岁老人，并把140位年逾古稀的老人及街道老龄工作者请到蓝岛大厦，为他们献花、赠送纪念品，陪他们逛蓝岛。他们还主动为弱智和残疾儿童捐款，受到社会好评。

蓝岛从开业之初，就运用CIS战略，通过多种措施广泛吸引社会各界关心"蓝岛"的事业，塑造蓝岛良好的社会形象。

4）蓝岛之友联谊会

蓝岛大厦邀请文艺界、体育界的名人和新闻界朋友建立了"蓝岛之友联谊会"，请他们到蓝岛联欢，向他们赠送优惠购物卡，听取他们对大厦目前工作和今后的意见和建议。这些人对此很受感动。大厦有活动时，他们有请必到，并义务演出。

5）百名厂长、专家、名人站柜台

1993年9月，考虑到组织的营销活动太单调——都搞商品展销、联展，蓝岛就把营销活动与公关活动有机组合起来，举办了文化购物节。这期间，蓝岛组织了百名厂长、专家、名人站柜台活动。靳羽西女士曾亲临蓝岛化妆品柜台进行了美容咨询和现场签字售书活动；著名演员寇世勋来到食品市场卖月饼。这些名人吸引了成千上万的顾客，日销售额直线上升。

6）"蓝岛之邻"联谊活动

蓝岛没有忘记左邻右舍的朋友。他们邀请了居住在大厦附近的街道居民、看自行车的老大妈、交通岗的工作人员，举办了"蓝岛与您携手"——消费者联谊活动，感谢这些邻居对大厦工作的支持。这些朋友都说，我们是蓝岛的常客，我们还要把亲朋好友都介绍来。

7）蓝岛挚友联谊活动

蓝岛职工认真对待"顾客留言"，不仅认真地研究、改进工作，还把给大厦提过批评意见的顾客邀请到蓝岛，向他们汇报蓝岛不断提高服务质量的情况，使消费者与蓝岛相互沟通，相互理解。

8）吸引顾客参与征文和摄影比赛

大厦面向社会开展了"蓝岛发展之我见"征文活动和购物节现场纪实摄影比赛，顾客们踊跃参加。

这些活动使蓝岛的知名度和美誉度迅速提高，也促进了蓝岛经济效益和社会效益的提高。

蓝岛大厦以其特有的魅力，赢得了广大消费者的信任与青睐。随着蓝岛知名度和经营业绩的不断提高，蓝岛的标准色——蓝色几乎成为京城商界的"流行色"，这可谓蓝岛文化和蓝岛形象四处传扬的真实写照。

9.2.2 蓝岛大厦案例分析

蓝岛大厦的成功，就像迎面吹来的一股清新的蓝色之风，让我们感受到现代商业组织全新的经营观念和经营思路，从中我们可以看到，文化导向是现代组织一条新的成功之路。

1. 文化战略和"文化形象"定位的确立，是蓝岛成功的根本所在

提高组织形象的文化含量和品位，这既是社会发展、文明进步的标志，也是组织自我完善意识的一种体现，更反映了现代竞争环境对于组织经营的客观要求，是组织追求"个性"和"差别性"的重要手段。现代组织的竞争已经发展到组织整体形象竞争的层面。现代组织管理水平的不断提高和技术条件的不断改善，使组织在单纯的产品、环境、营销手段等方面进行竞争已难决胜负，越来越多的组织在探索寻求组织"个性"的新途径。而组织文化作为组织在长期生产经营实践中创造的物质文化、行为文化、制度文化、精神文化的总和，是组织个体的、独特的、典型的、规范的行为模式综合体，它是一个组织区别于其他组织的最深层、最重要的特征。我们可以这样说，组织"个性"或"差别性"最本质的来源就是组织文化，优秀的组织文化所具备的强烈的典型性和排他性特征，使组织的生产经营行为具有明显区别于其他组织的独特风范，由此在社会公众中树立独具特色的组织形象。蓝岛独具慧眼，确立"以文兴商"的发展战略和"文化形象"的组织定位，并在其商品经营、市场营销活动、公共关系活动中始终贯穿着"以文兴商，以商促文"的文化经营意识，把组织的经济活动和文化的弘扬与传播活动巧妙结合起来，迎合了现代社会公众消费心理和审美情趣的变化，树立起了具有亲和力的独特文化形象，使一个初出茅庐的新组织在对手云集的市场中崭露头角，独树一帜。

蓝岛的成功使我们想起美国著名管理学家霍夫斯坦特说过的一句话：管理者必须具有"文化敏感性"。这可谓道出了现代组织成功的要诀！

2. 坚持"以人为本"的管理思想，着力培育组织精神和员工共享的价值观，是建设优秀的组织文化的关键

蓝岛总结创业史上员工们记录的点滴先进意识，不失时机地升华提炼出"亲和一致，奋力进取"的组织精神,并在经营实践中刻意培养组织员工共享的价值观,努力使员工的自我价值在组织目标的实现中得到承认和实现,从而调动了员工的工作积极性,提高了内部凝聚力,形成了内求团结、外求发展的坚强的组织整体。组织文化的"软性"约束和激励作用成为蓝岛发展的原动力;组织文化强大的凝聚功能和辐射功能,是蓝岛组织形象得以建立和巩固的深厚内在基础。

3. 严守顾客至上的商业道德,为顾客提供优质满意的服务,是蓝岛成功的重要基础

正如本书第 2 章所指出的"顾客至上的理念"和在第 4 章中关于"公共关系工作的原则是公众的利益优先",蓝岛在其经营活动中,较好地处理了"义利"关系,自觉地把市场经济的效益观与为人民服务的道义观融为一体,坚持"情系义利,以义带利,义利并举"的基本经营方针。在为顾客提供商品和服务的过程中,坚持"情义服务"的宗旨,千方百计为顾客提供便利、优质、真情实意的服务,处处让消费者感受到蓝岛为顾客着想的真诚心意,从而使组织在为公众提供优质满意的服务中实现了良好的经济效益。

4. 现代公共关系意识和手段的导入,是蓝岛组织形象得以巩固和不断提升的关键

蓝岛在现代公共关系意识的指导下,开展了系统性的公共关系工作。他们围绕"文化形象"定位战略,开展了全方位的蓝岛组织形象推进工作。例如,全面导入 CIS 战略,设计了独具蓝岛文化特色的商品形象、服务形象、环境形象、员工形象等;大力加强公共关系广告和新闻宣传活动,不失时机地提高组织知名度和美誉度,开展多种形式的公共关系活动,保持组织与各类公众的信息交流和感情联络;积极参与各种社会公益事业,主动承担组织的社会责任,表达蓝岛对社会的关心与回报;不断强化员工的公共关系意识教育,使树立和维护良好的组织形象逐渐成为全体员工自觉的意识和行动等。正是通过各项管理职能的有效发挥,以及各种传播沟通手段和策略的综合运用,使蓝岛大厦在社会公众中树立起与众不同的独特的组织形象,得到了广大社会公众的信任与支持。

课堂练习与思考

1. 用公共关系"四步法"分析长城饭店公共关系活动的过程。
2. 成功的公关活动来自于成功的公共关系策划,长城饭店在策划里根总统答谢会过程中,有哪些成功的经验?
3. 善于表现自己是塑造组织形象的关键,在这方面长城饭店给我们提供了哪些经验和启示?
4. 蓝岛大厦是如何开展"以文兴商"活动的?
5. 蓝岛大厦科学的经营理念有哪些?
6. 长城饭店与蓝岛大厦在公关活动中有哪些相同之处?

情景模拟训练题

请根据你所在班级的专业特点、生源构成特点。

策划一次大型公关活动,包括:活动主题、活动调查、目标设立、制订计划、计划实施方案、效果评估等环节。

参 考 文 献

[1] 李祝舜,李丽. 旅游公共关系学. 北京:高等教育出版社,1999.
[2] 孙宝水. 公共关系基础. 北京:中国高等教育出版社,2002.
[3] 将炳辉. 旅游案例分析与启示. 北京:中国旅游出版社,2003.
[4] 张玲莉. 公共关系原理与实务. 北京:高等教育出版社,2003.
[5] 杨丽萍. 公共关系原理与实务. 北京:高等教育出版社,2004.
[6] 傅琼,杨秀英,张克昌. 实用公共关系与礼仪. 北京:中国人民大学出版社,2004.
[7] 张谦. 饭店服务管理实例评析. 天津:南开大学出版社,2004.
[8] 甘朝有,王连义. 旅游业公共关系. 天津:南开大学出版社,2005.
[9] 杜炜. 旅游业公共关系理论与实务. 北京:旅游教育出版社,2005.
[10] 陈姮. 旅游交际礼仪. 大连:大连理工大学出版社,2005.
[11] 张国洪. 旅游公共关系. 天津:南开大学出版社,2005.
[12] 张舒哲,刘颖珊. 旅游公共关系. 北京:旅游教育出版社,2006.
[13] 谢苏,王明强,汪瑞军. 旅游组织公共关系. 北京:旅游教育出版社,2007.
[14] 中国旅游网站,http://www.traveler.net.cn/.
[15] 格莱泽. 旅游业危机管理. 安辉,译. 北京:中国旅游出版社,2004.
[16] 王湜. 旅游公共关系. 北京:化学工业出版社,2006.